關沮秦漢墓簡牘

湖北省荊州市周梁玉橋遺址博物館 編

中華書局

圖書在版編目(CIP)數據

闗沮秦漢墓簡牘/湖北省荆州市周梁玉橋遺址博物館編．—北京：中華書局，2001
ISBN 7-101-02641-9

Ⅰ．闗…　Ⅱ．湖…　Ⅲ．簡(考古)-匯編-沙市-秦漢時代　Ⅳ．K877.5

中國版本圖書館 CIP 數據核字(2000)第 49213 號

封面題簽　俞偉超
封面設計製作　楊華如　牛茜茜
電腦製作　王　鋼　崔淑華
責任編輯　李解民

闗沮秦漢墓簡牘
湖北省荆州市周梁玉橋遺址博物館
*
中　華　書　局　出　版　發　行
(北京豐臺區太平橋西里 38 號　100073)
北京朝陽未來科學技術研究所印刷廠印刷
*
787×1092 毫米 1/8・34 印張
2001 年 8 月第 1 版　2001 年 8 月北京第 1 次印刷
印數：1-2000 册　定價：480.00 元

ISBN 7-101-02641-9/H・166

目録

前言……………………………………一

彩版

周家臺三〇號秦墓竹簡、木牘(一)……………………五

蕭家草場二六號漢墓漆器(二)……………………六

周家臺三〇號秦墓、蕭家草場二六號漢墓銅器(三)……………………七

圖版

一　周家臺三〇號秦墓簡牘

(一)　曆譜(一—一五)……………………一一

秦始皇三十四年……………………一一

秦始皇三十六年、三十七年……………………一八

秦二世元年……………………二五

(二)　日書(一六—三七)……………………二六

(三)　病方及其它(三八—四五)……………………四八

二　蕭家草場二六號漢墓竹簡

蕭家草場二六號漢墓竹簡(四六—四九)……………………五六

三　墓葬發掘及出土文物

周家臺墓地全景(五〇)……………………六〇

周家臺三〇號秦墓漆器(五一)……………………六一

周家臺三〇號秦墓木器(五二)……………………六二

周家臺三〇號秦墓竹器等(五三)……………………六三

周家臺三〇號秦墓陶器、銅器(五四)……………………六四

周家臺三〇號秦墓竹簡放置情況及墓主牙齒(五五) …… 六五
蕭家草場墓地外景(五六) …… 六六
蕭家草場二六號漢墓墓坑、槨室(五七) …… 六七
蕭家草場二六號漢墓槨室頂板和滲水情況(五八) …… 六八
蕭家草場二六號漢墓槨室頭箱中的隨葬器物(五九) …… 六九
蕭家草場二六號漢墓槨室的平面布局(六〇) …… 七〇
蕭家草場二六號漢墓縱橫隔梁揭取後的槨室和頭箱門窗結構等(六一) …… 七一
蕭家草場二六號漢墓漆器(六二—六六) …… 七二
蕭家草場二六號漢墓漆器、木器(六七、六八) …… 七七
蕭家草場二六號漢墓木器(六九、七〇) …… 七九
蕭家草場二六號漢墓竹器(七一) …… 八一
蕭家草場二六號漢墓竹器、陶器(七二) …… 八二
蕭家草場二六號漢墓陶器、銅器(七三) …… 八三
蕭家草場二六號漢墓銅器、竹簡出土狀況及食品等(七四) …… 八四
蕭家草場二六號漢墓墓主頭骨等(七五) …… 八五
周家臺三〇號秦墓木製品木材顯微構造(七六) …… 八六
周家臺三〇號秦墓、蕭家草場二六號漢墓木製品木材顯微構造(七七) …… 八七
蕭家草場二六號漢墓木製品木材及蘆葦、蛋膜顯微構造(七八) …… 八八

簡牘釋文與考釋

凡例 …… 九一
一　周家臺三〇號秦墓簡牘 …… 九三
(一)　曆譜 …… 九三
秦始皇三十四年 …… 九三
秦始皇三十六年、三十七年 …… 九九

秦二世元年 …… 一〇三
（二） 日書 …… 一〇四
（三） 病方及其它 …… 一二六
二 蕭家草場二六號漢墓竹簡（遣策） …… 一三八

墓葬發掘報告

周家臺三〇號秦墓發掘報告 …… 一四五
蕭家草場二六號漢墓發掘報告 …… 一六一

圖

周家臺、蕭家草場墓地位置圖（一） …… 一八七
周家臺墓葬分布圖（二） …… 一八八
周家臺三〇號秦墓橫剖面圖與縱剖面圖（三） …… 一八九
周家臺三〇號秦墓木槨結構示意圖（四） …… 一九〇
周家臺三〇號秦墓木棺結構圖（五） …… 一九〇
周家臺三〇號秦墓平面圖（六） …… 一九一
周家臺三〇號秦墓漆器（七） …… 一九二
周家臺三〇號秦墓漆圓奩（八） …… 一九三
周家臺三〇號秦墓木器一（九） …… 一九四
周家臺三〇號秦墓木器二（一〇） …… 一九四
周家臺三〇號秦墓竹器、陶器、銅器、鐵器及其它（一一） …… 一九五
周家臺三〇號秦墓竹簡出土時被竹笥包裹情況（一二） …… 一九六
周家臺三〇號秦墓竹笥編席揭取後竹簡及其它器物放置情況（一三） …… 一九六
周家臺三〇號秦墓竹笥中竹簡取出後的底部器物位置（一四） …… 一九七
周家臺三〇號秦墓竹簡尾端側視圖（一五） …… 一九八
蕭家草場墓地墓葬分布圖（一六） …… 一九九

圖版

一〇　九　八　七　六　五　四　三　二　一

一一 一二 一三 一四 一五 一六 一七 一八 一九 二〇

圖版三

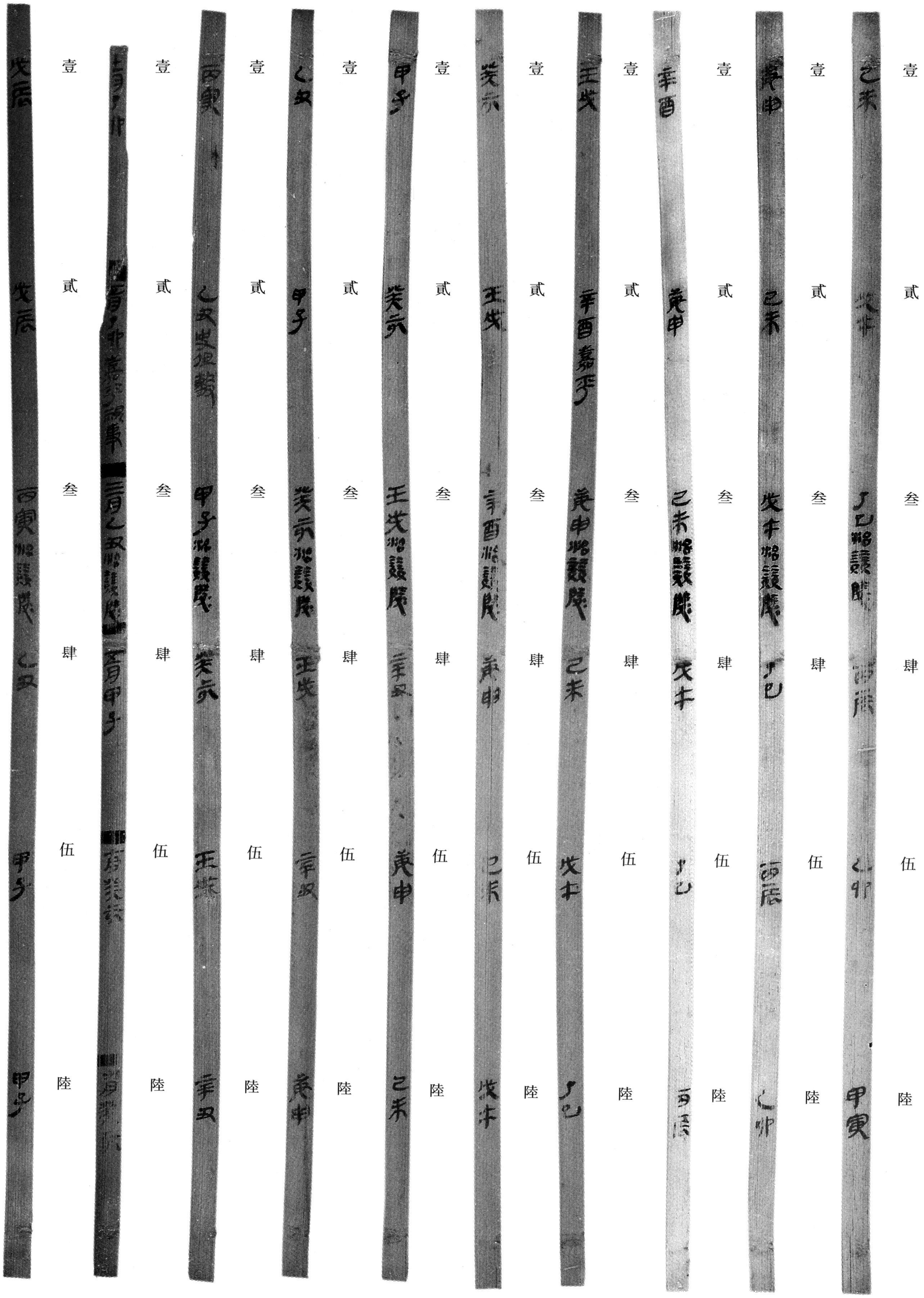

三〇 二九 二八 二七 二六 二五 二四 二三 二二 二一

一二八 一二九 一三〇

壹

背面

貳

叁

肆

伍

壹

正面

貳

木牘

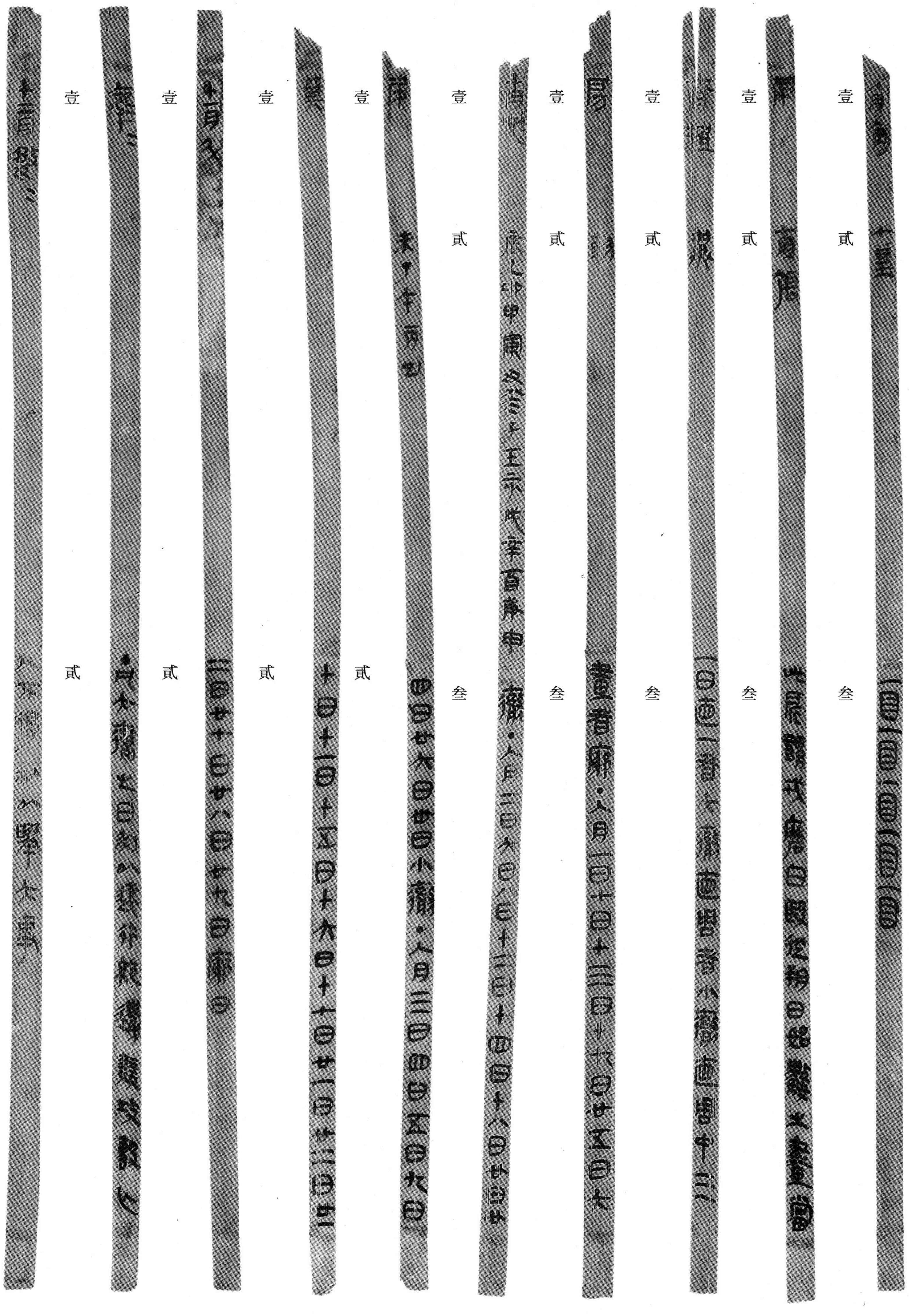

壹 貳 叁

一三一 一三二 一三三 一三四 一三五 一三六 一三七 一三八 一三九 一四〇

一五〇　一四九　一四八　一四七　一四六　一四五　一四四　一四三　一四二　一四一

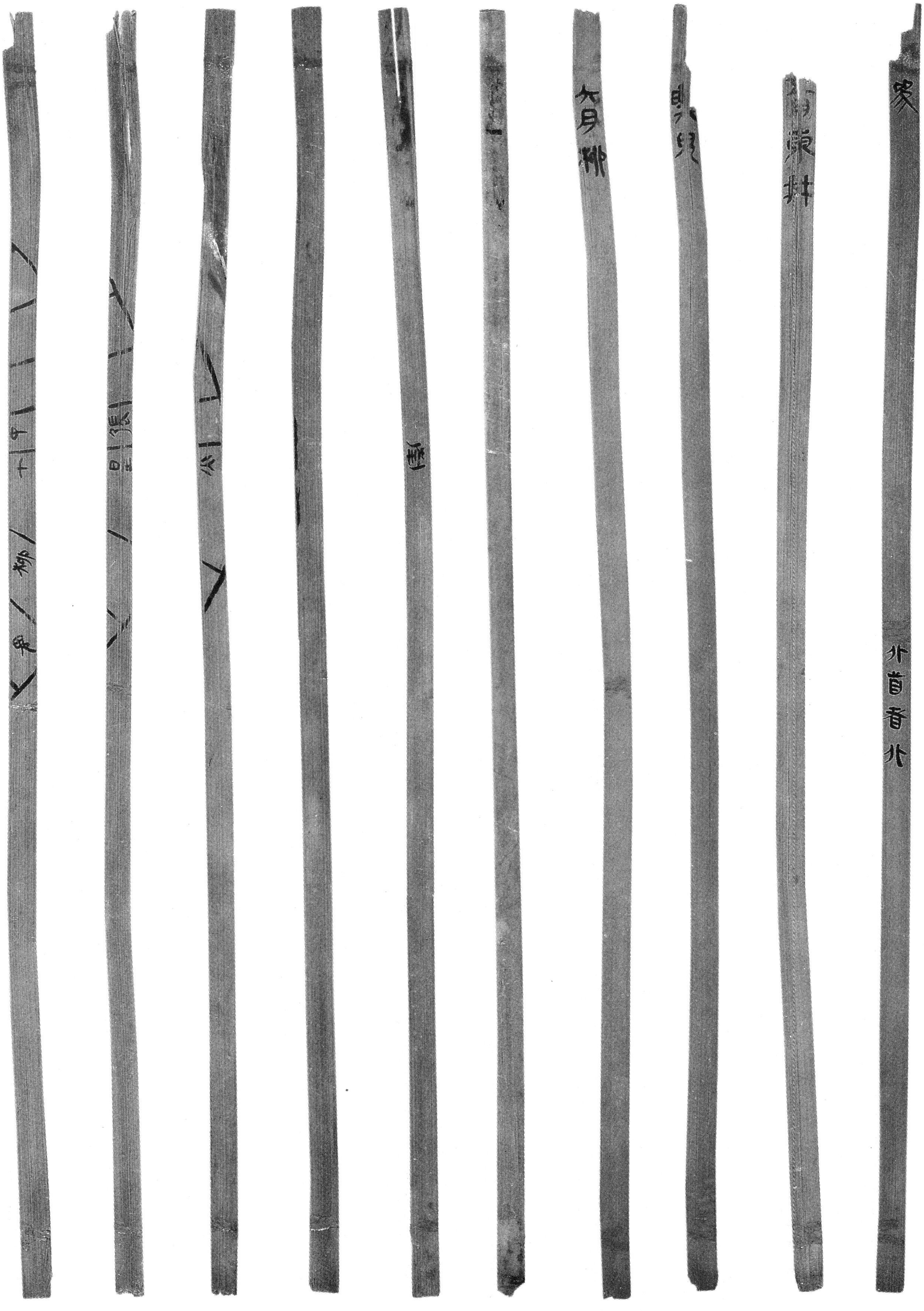

壹

貳

一六〇 一五九 一五八 一五七 一五六 一五五 一五四 一五三 一五二 一五一

一七〇　一六九　一六八　一六七　一六六　一六五　一六四　一六三　一六二　一六一

一八〇　一七九　一七八　一七七　一七六　一七五　一七四　一七三　一七二　一七一

一九〇　一八九　一八八　一八七　一八六　一八五　一八四　一八三　一八二　一八一

一九一 一九二 一九三 一九四 一九五 一九六 一九七 一九八 一九九 二〇〇

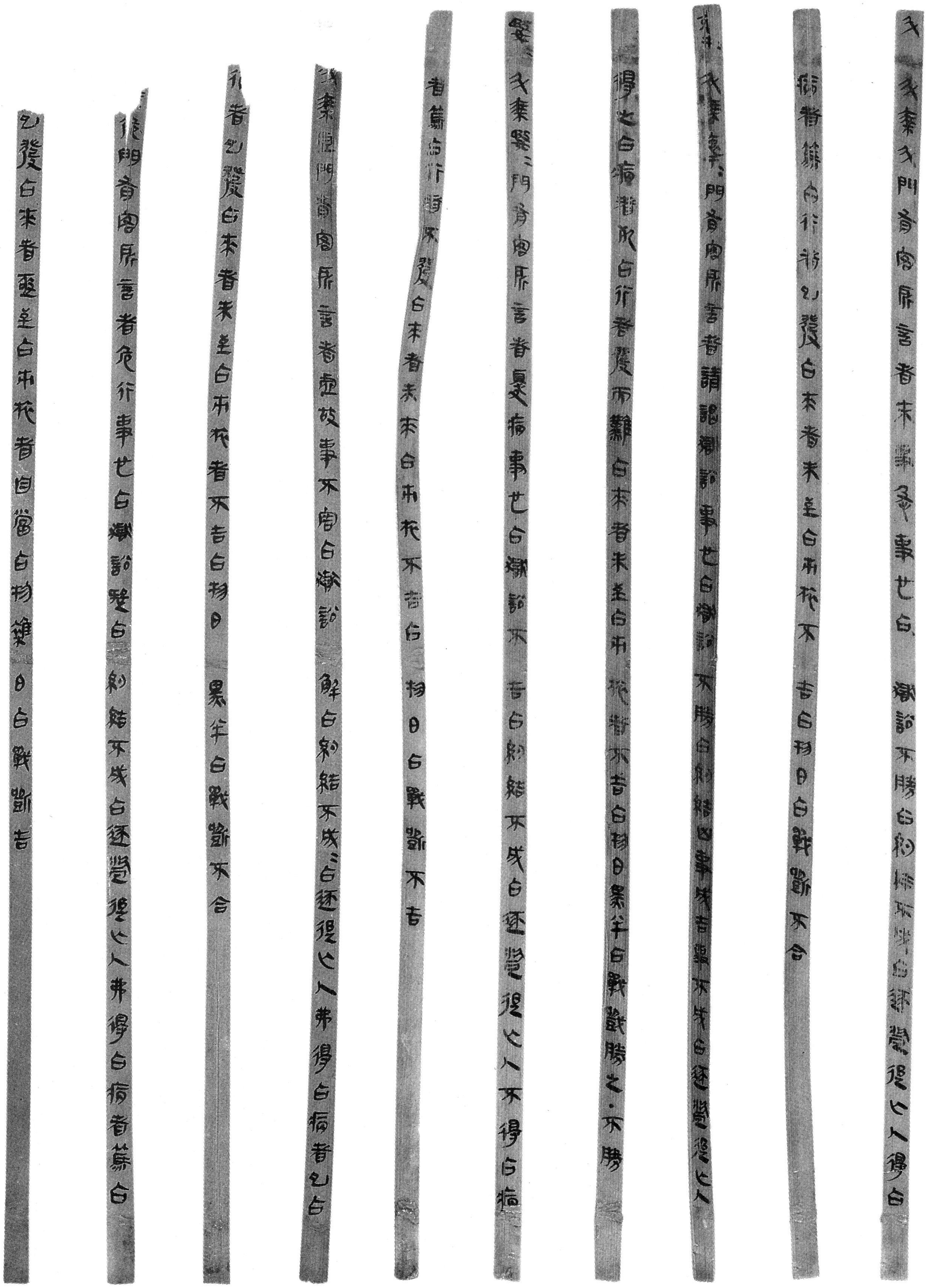

二〇一 二〇二 二〇三 二〇四 二〇五 二〇六 二〇七 二〇八 二〇九 二一〇

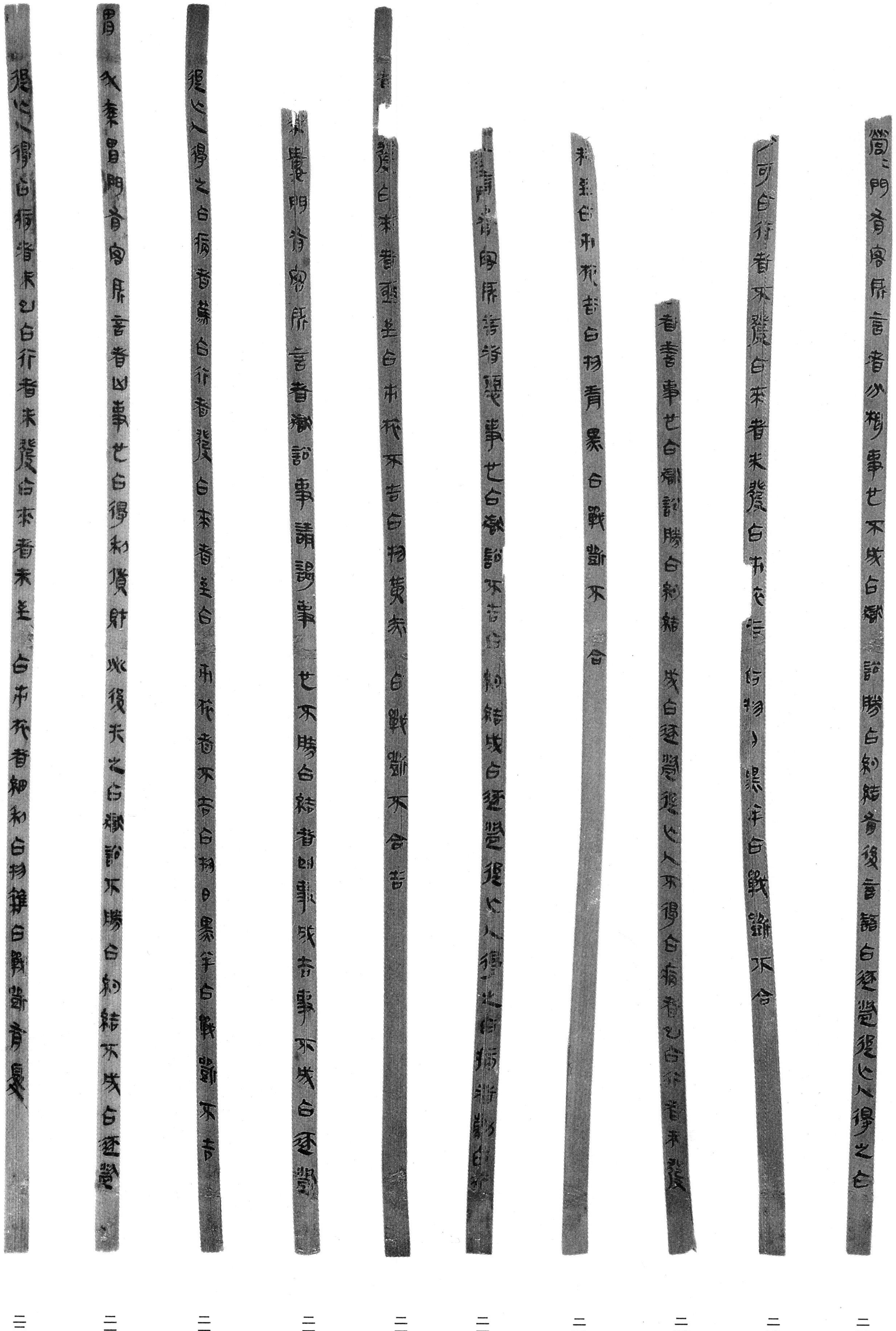

二二〇　二一九　二一八　二一七　二一六　二一五　二一四　二一三　二一二　二一一

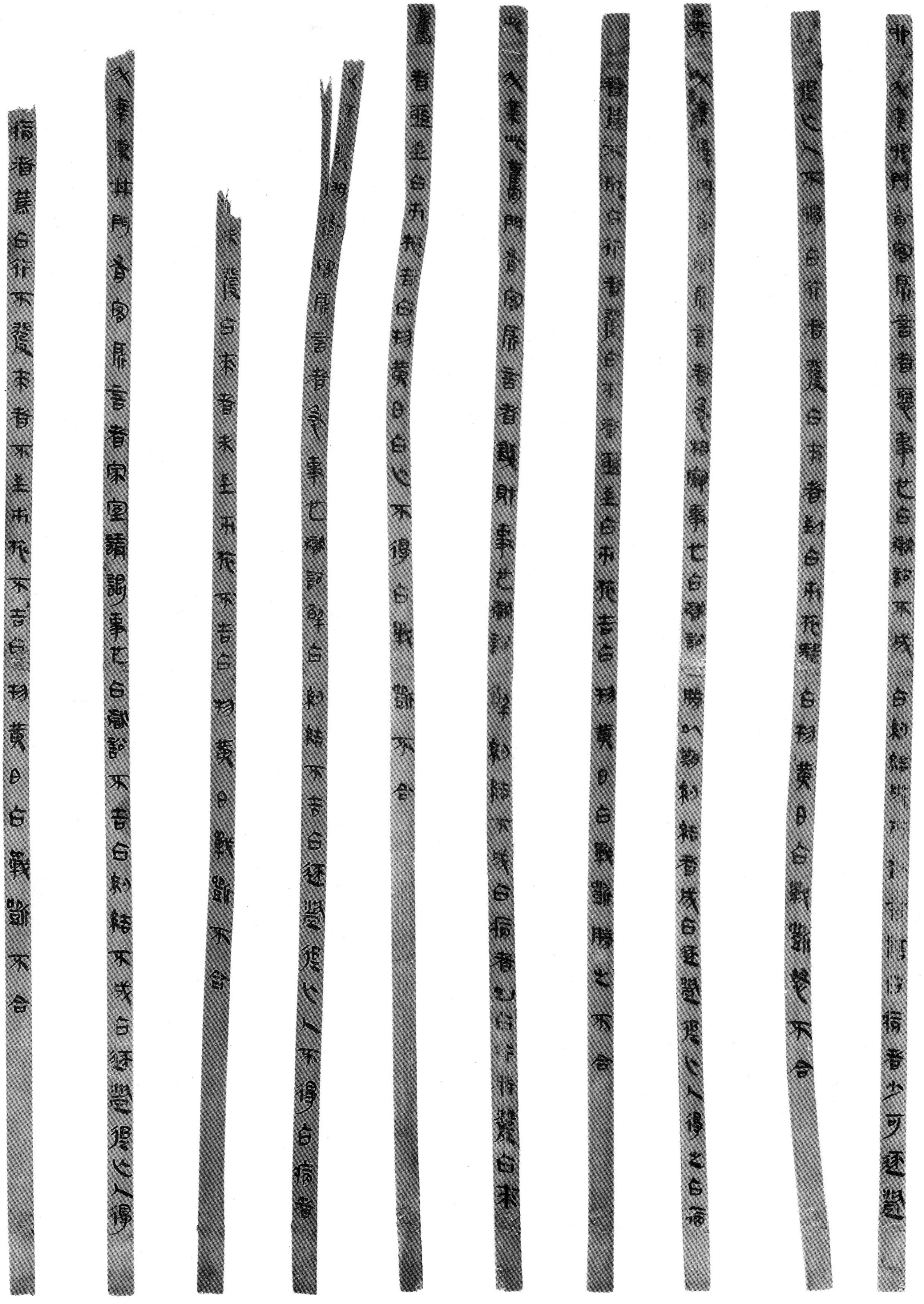

二二一　二二二　二二三　二二四　二二五　二二六　二二七　二二八　二二九　二三〇

二三一　二三二　二三三　二三四　二三五　二三六　二三七　二三八　二三九　二四〇

二四一 二四二 二四三 二四四 二四五 二四六 二四七 二四八 二四九 二五〇

二五一 二五二 二五三 二五四 二五五 二五六 二五七 二五八 二五九 二六〇

圖版二九

二七〇　二六九　二六八　二六七　二六六　二六五　二六四　二六三　二六二　二六一

二八〇 二七九 二七八 二七七 二七六 二七五 二七四 二七三 二七二 二七一

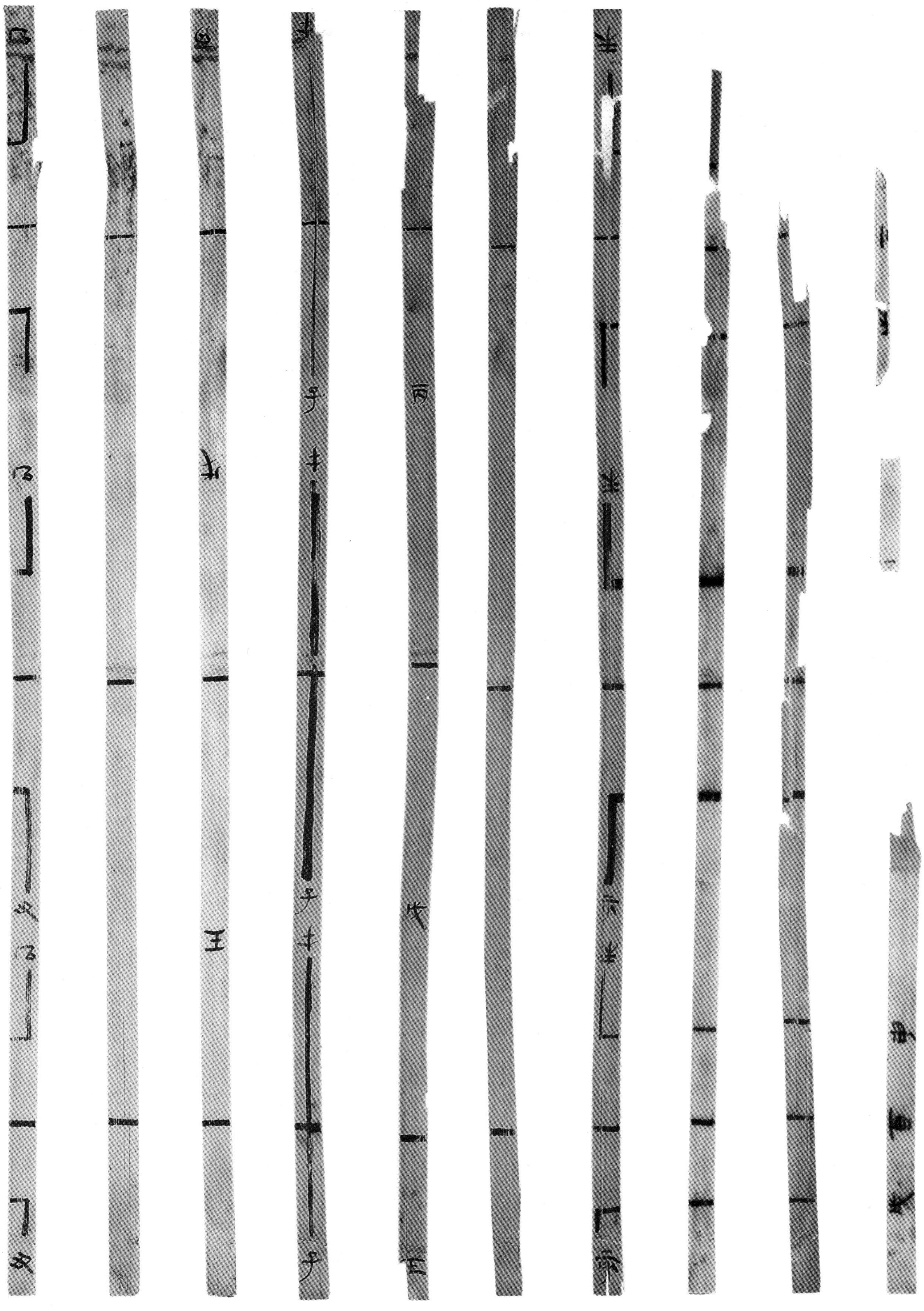

二九〇　二八九　二八八　二八七　二八六　二八五　二八四　二八三　二八二　二八一

三〇〇 二九九 二九八 二九七 二九六 二九五 二九四 二九三 二九二 二九一

圖版三三

三〇八 三〇七 三〇六 三〇五 三〇四 三〇三 三〇二 三〇一

綫圖一（簡一五六—一八一號）

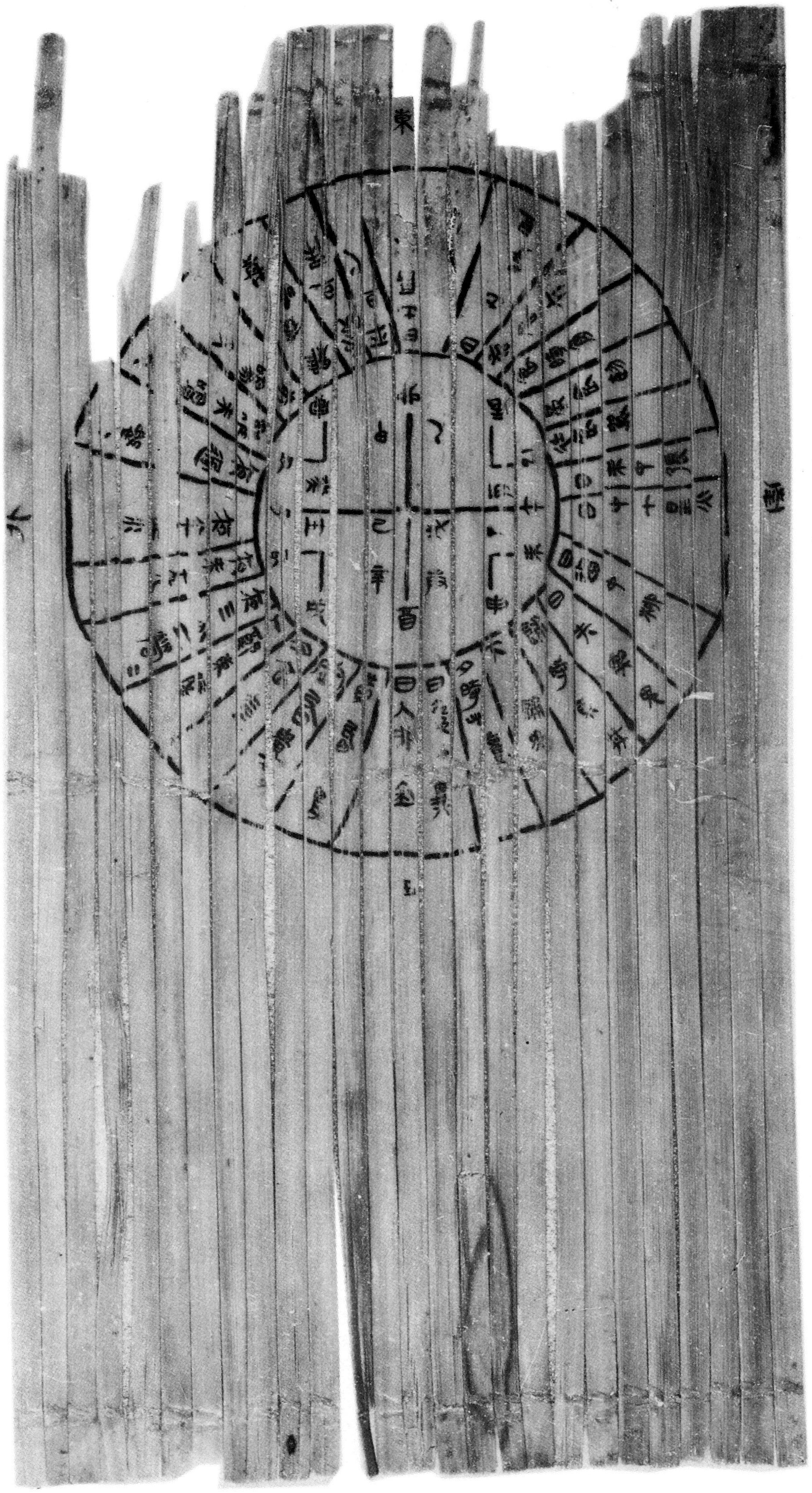

一八一 一八〇 一七九 一七八 一七七 一七六 一七五 一七四 一七三 一七二 一七一 一七〇 一六九 一六八 一六七 一六六 一六五 一六四 一六三 一六二 一六一 一六〇 一五九 一五八 一五七 一五六

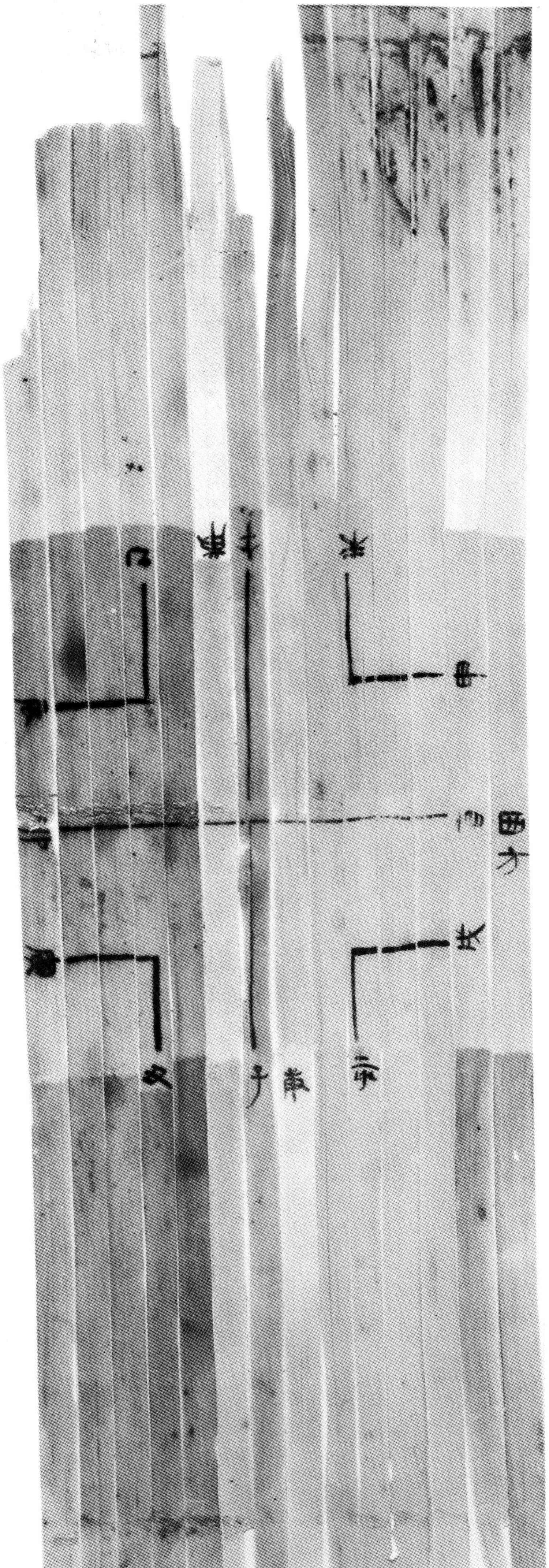

二七九　二七八　二七七　二七六　二七五　二七四　二七三　二七二　二七一　二七〇　二六九　二六八　二六七　二六六

綫圖二（簡二六六—二七九號）

綫圖三（簡二八一—二九三號）

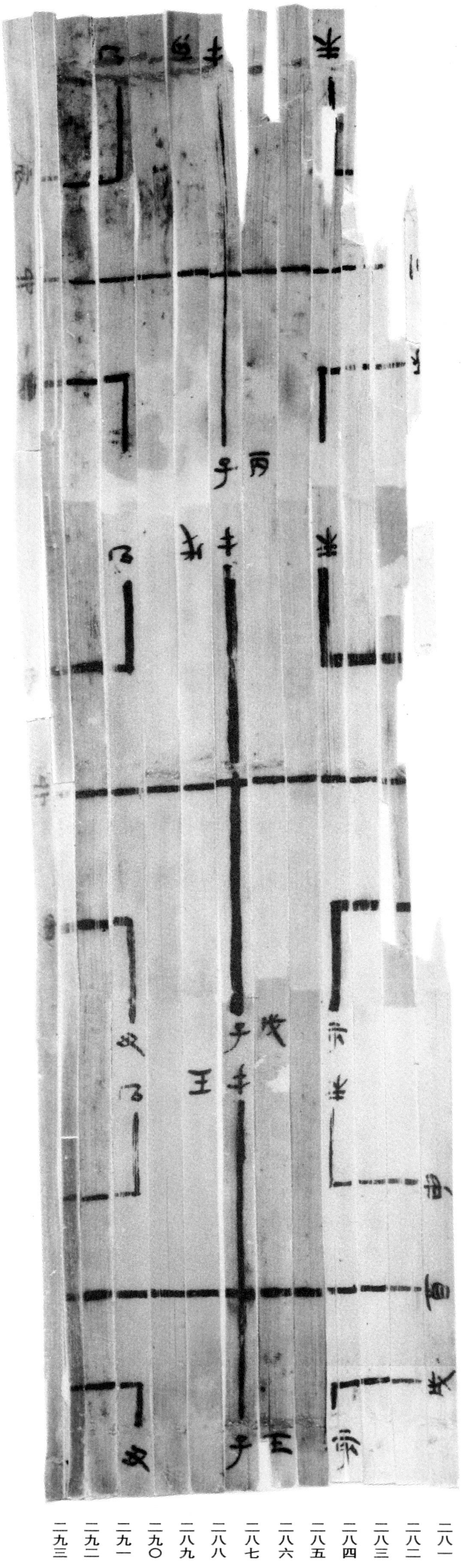

二九三　二九二　二九一　二九〇　二八九　二八八　二八七　二八六　二八五　二八四　二八三　二八二　二八一

綫圖四（簡二九六—三〇八號）

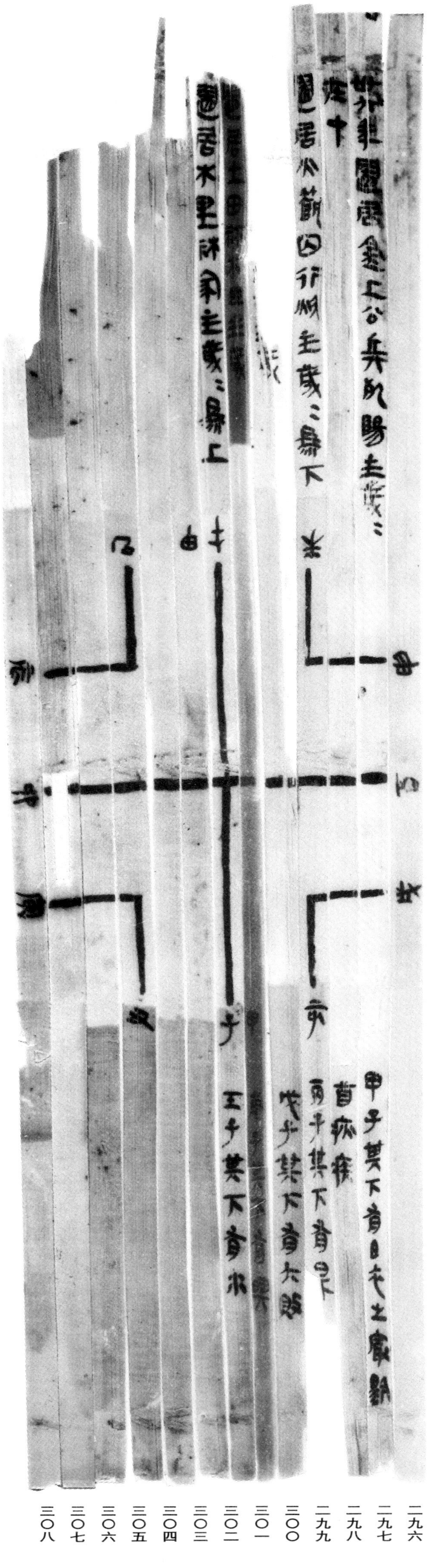

三〇八 三〇七 三〇六 三〇五 三〇四 三〇三 三〇二 三〇一 三〇〇 二九九 二九八 二九七 二九六

三一八　三一七　三一六　三一五　三一四　三一三　三一二　三一一　三一〇　三〇九

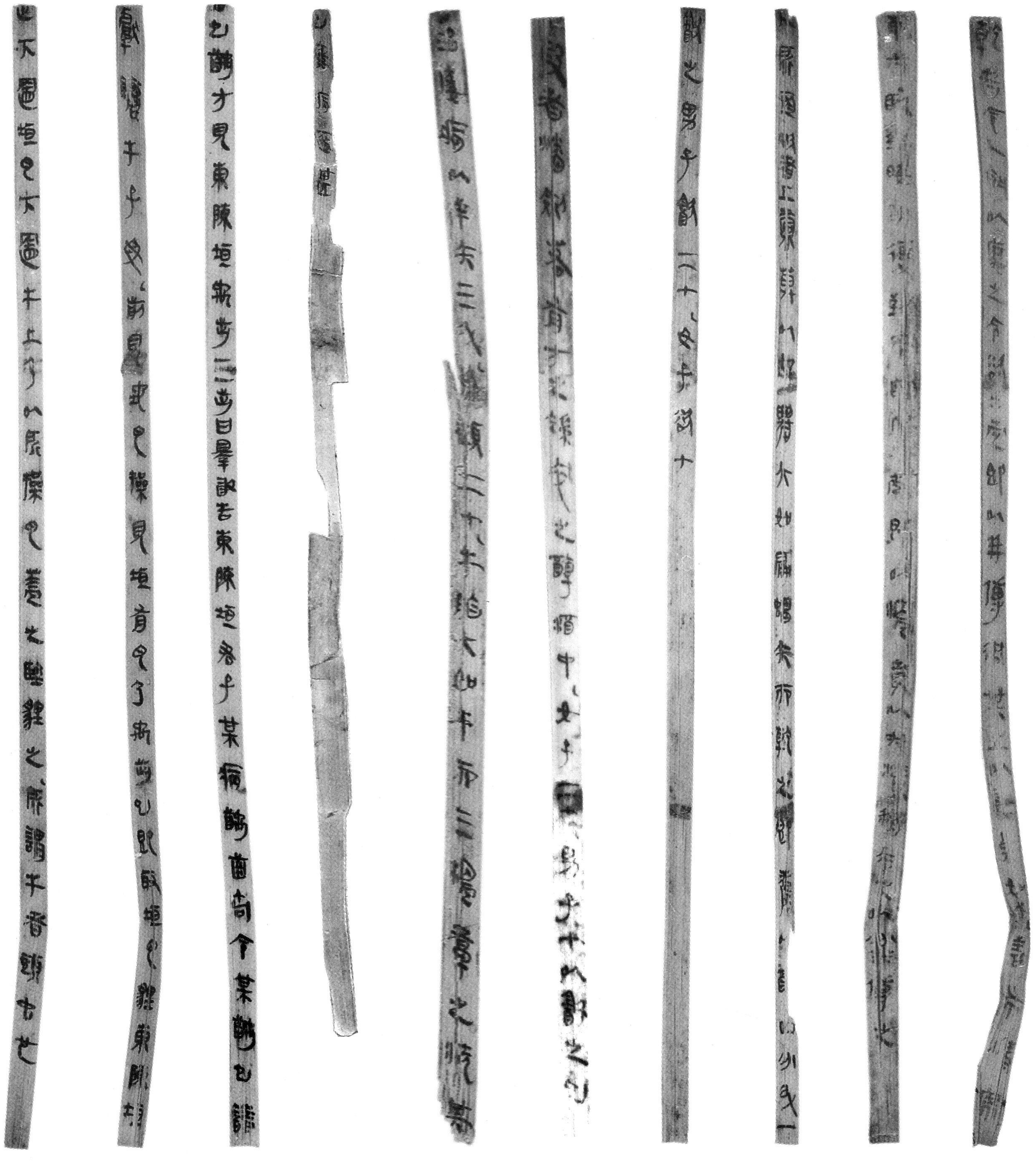

三二八 三二七 三二六 三二五 三二四 三二三 三二二 三二一 三二〇 三一九

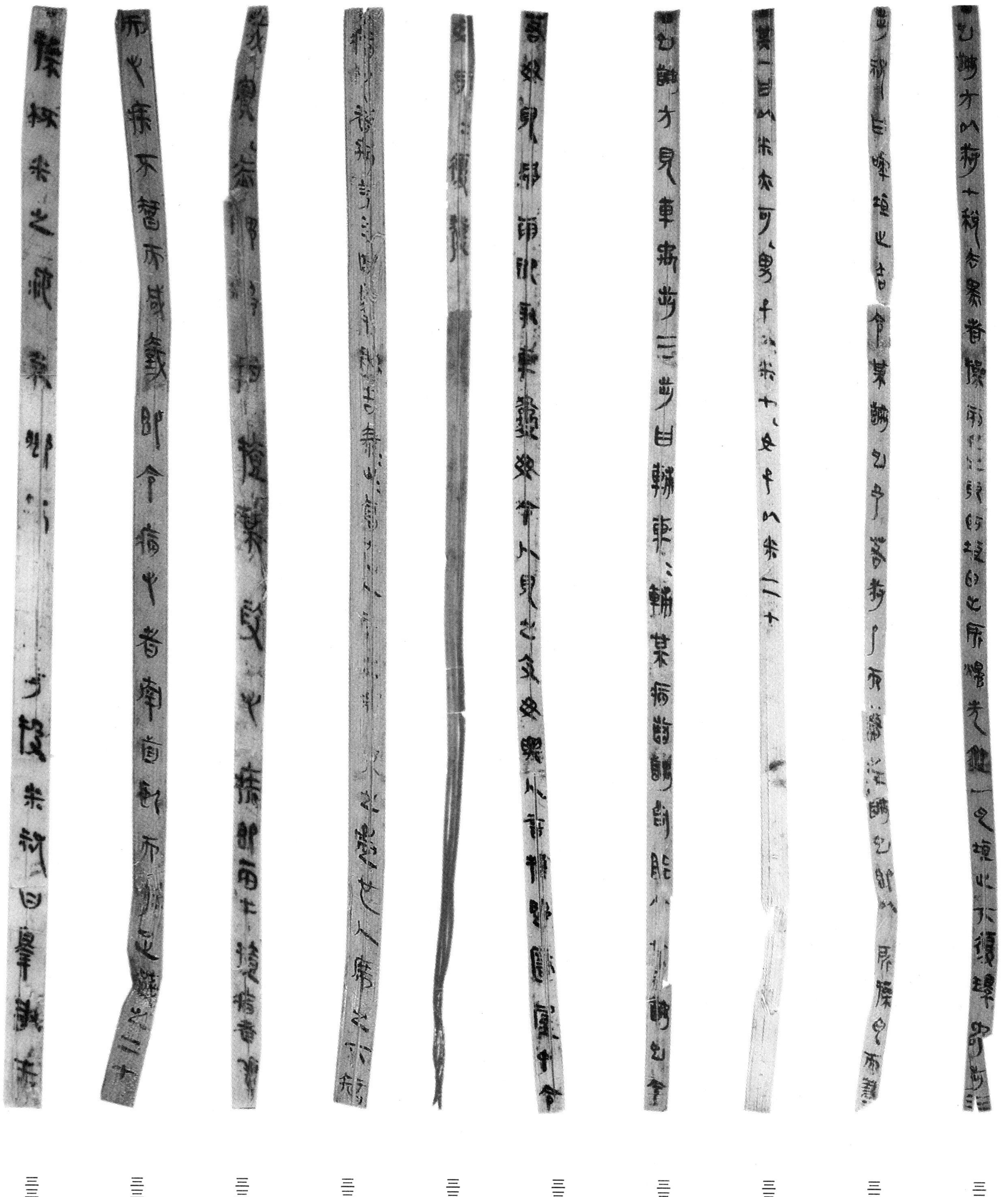

三二八　三二七　三二六　三二五　三二四　三二三　三二二　三二一　三二〇　三一九

三三九　三四〇　三四一　三四二　三四三　三四四　三四五　三四六　三四七　三四八

三五八 三五七 三五六 三五五 三五四 三五三 三五二 三五一 三五〇 三四九

三五九 三六〇 三六一 三六二 三六三 三六四 三六五 三六六 三六七 三六八

三七八 三七七 三七六 三七五 三七四 三七三 三七二 三七一 三七〇 三六九

三八三 三八二 三八一 三八〇 三七九

一〇　九　八　七　六　五　四　三　二　一

二〇 一九 一八 一七 一六 一五 一四 一三 一二 一一

三〇 二九 二八 二七 二六 二五 二四 二三 二二 二一

三五　三四　三三　三二　三一

周家臺墓地全景（北→南）

2 A型漆耳杯(ZM30:6)外底烙印的文字符號

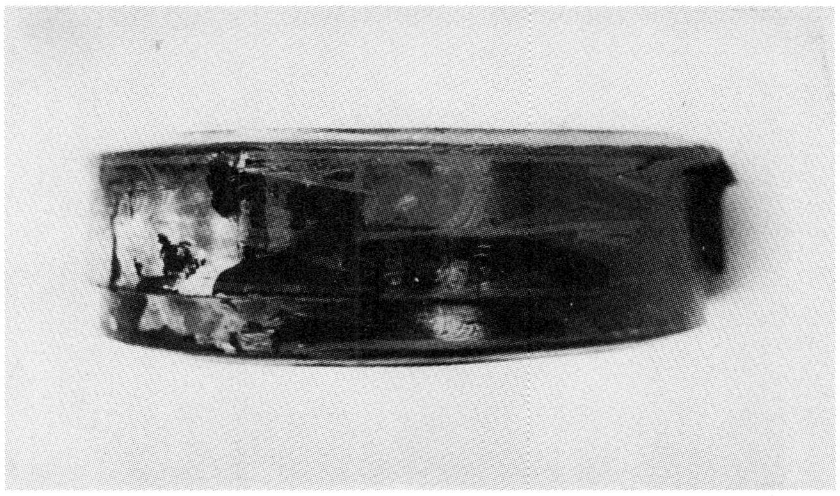

1 漆圓奩(ZM30:14)蓋邊外壁刻畫的文字符號

4 漆圓奩(ZM30:14)

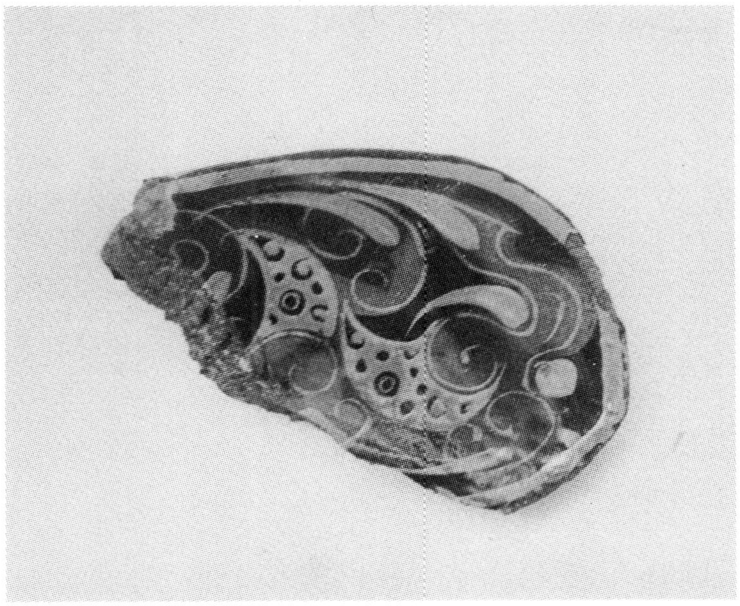

3 漆匕(ZM30:15)

6 漆勺(ZM30:12)

5 C型漆耳杯(ZM30:11)

2 木馬(ZM30:7)

1 A型木俑(ZM30:10)

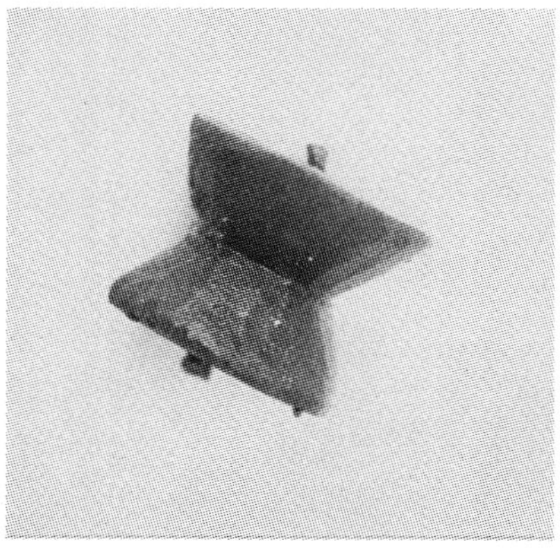

5 木轉輪(ZM30:13—11)

4 木匕(ZM30:23)

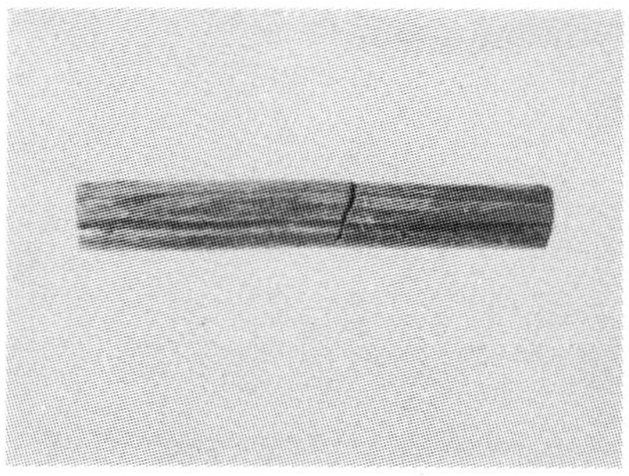

3 小木條(ZM30:13—13)

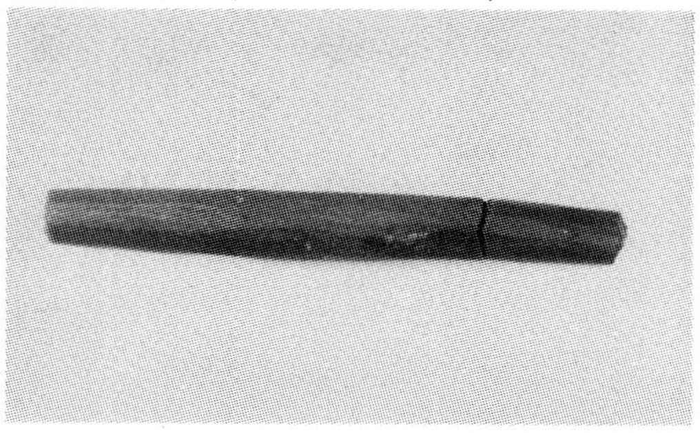

7 木絞繩棒(ZM30:17)

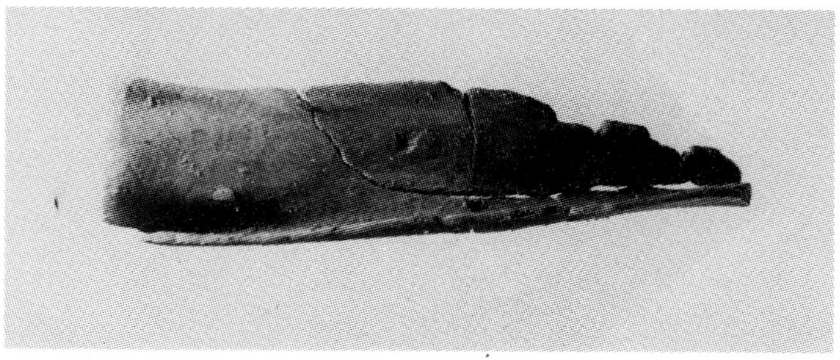

6 木箕形器(ZM30:13—6)

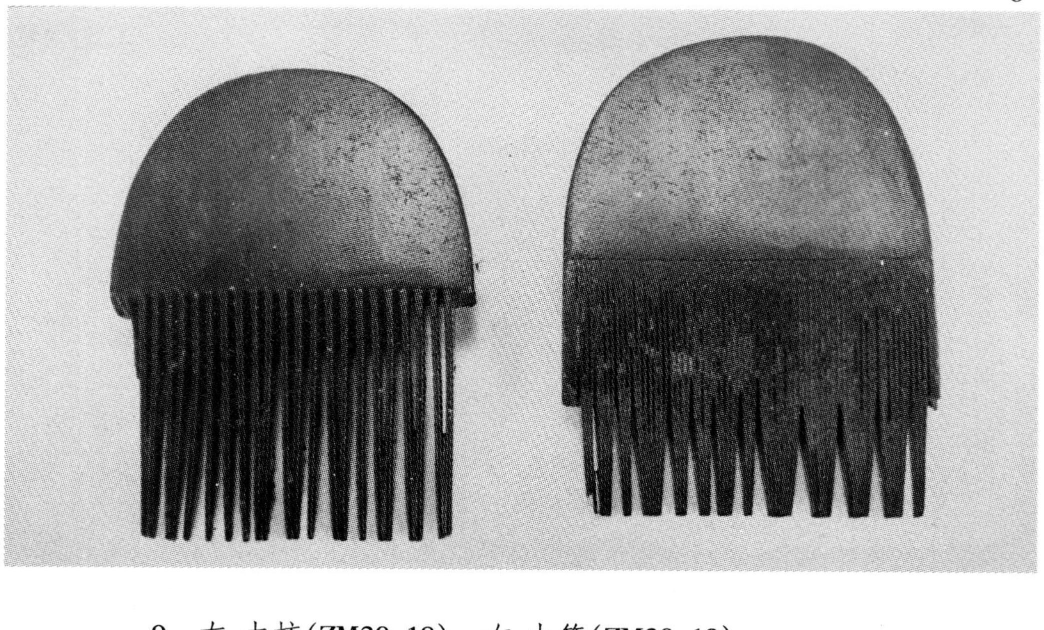

9 左 木梳(ZM30:18) 右 木篦(ZM30:19)

8 木柄形器(ZM30:13—2)

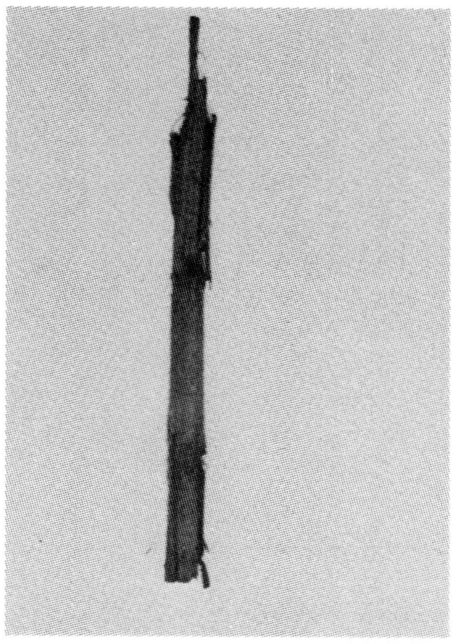

2 竹筆杆(ZM30:13—5)

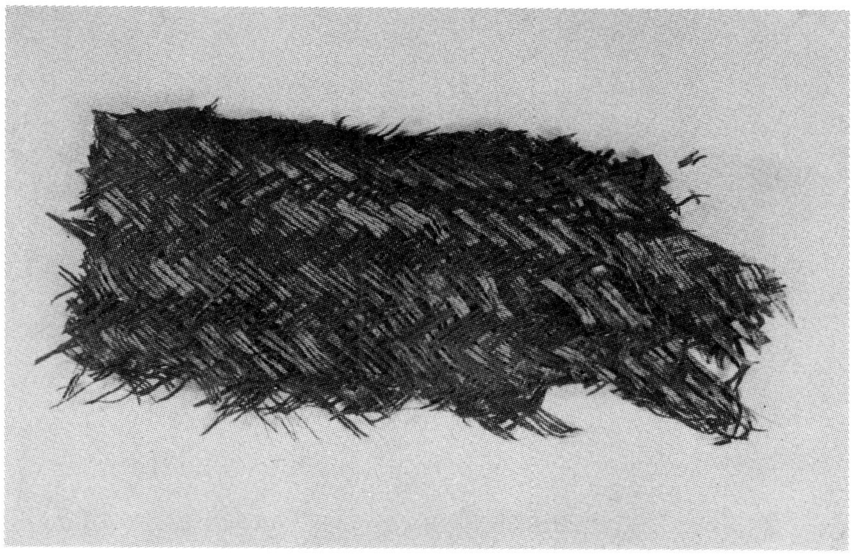

1 竹笥(ZM30:13)編席

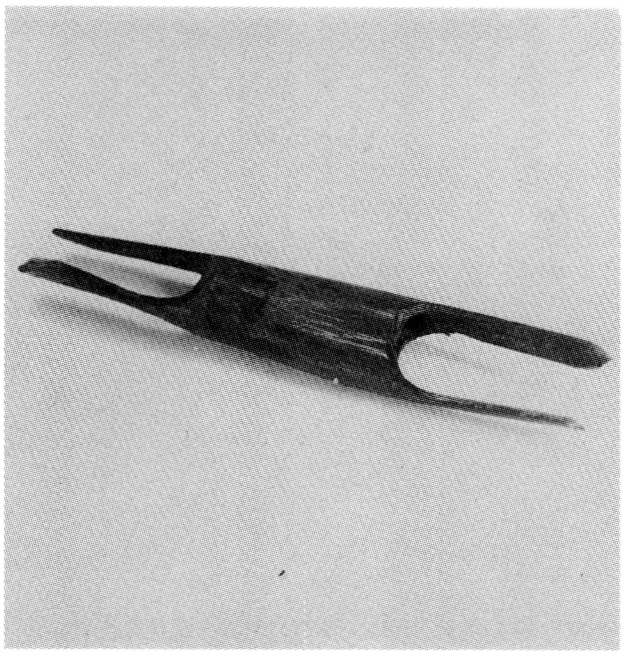

4 竹筆套(ZM30:13—9)

3 竹算籌(ZM30:13—3)

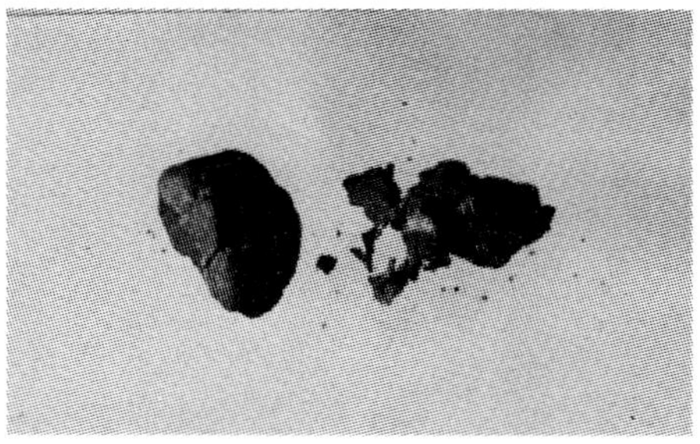

6 塊墨(ZM30:13—4)

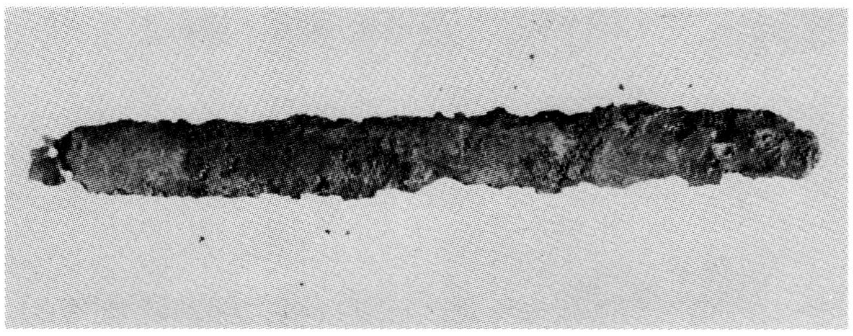

7 鐵削刀(ZM30:13—12)

5 薪(ZM30:16)

2 陶壺(ZM30:2)

1 陶甑(ZM30:3)

3 陶罐(ZM30:4)

5 陶瓮(ZM30:1)

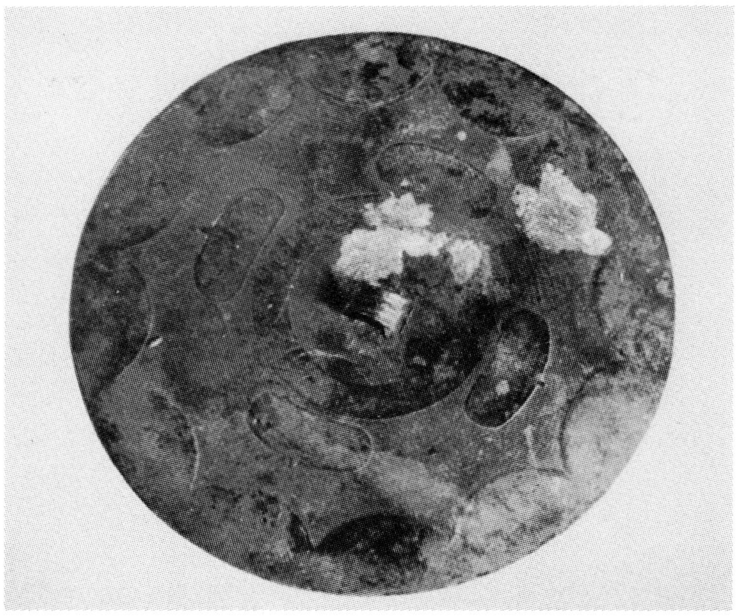

4 銅鏡(ZM30:20)

7 陶盤(ZM30:8)

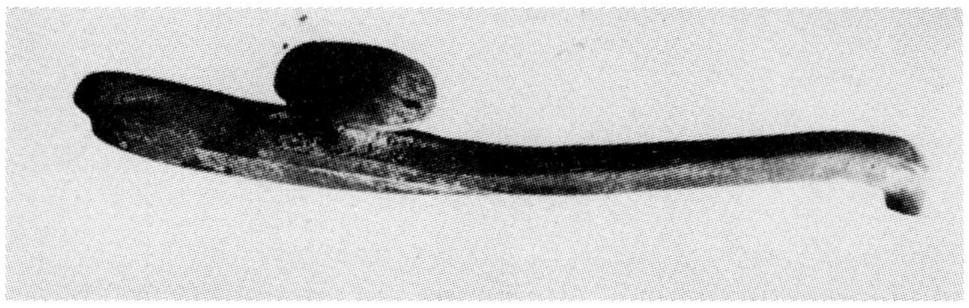

6 銅帶鉤(ZM30:13—14)

1 竹笥(ZM30:13)編席包裹竹簡的狀況

2 剥離竹笥編席後竹簡同其它器物放置情況

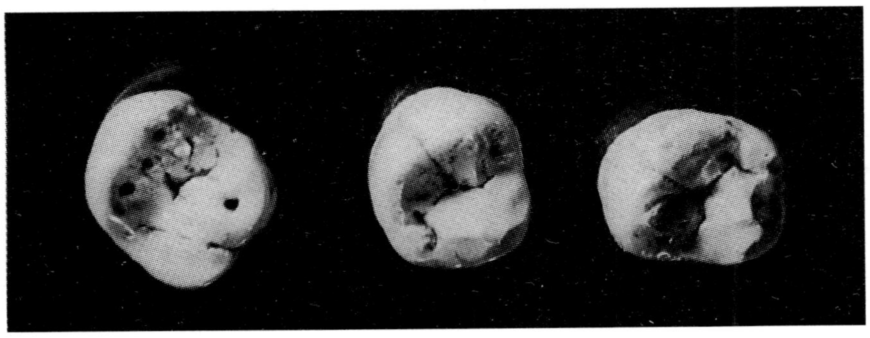

3 墓主(ZM30)的三顆上臼齒

1 蕭家草場墓地全景(北→南)

2 蕭家草場二六號漢墓(西→東)

1 正在發掘墓坑(XM26)内填土(西→東)

2 位於墓坑(XM26)下部的槨室(東→西)

3 正在起吊槨室(XM26)蓋板(東→西)

4 壓在槨室(XM26)蓋框西端上的一根横方木條(西→東)

1 棺蓋（XM26）上竹簾保存情況（東→西）

2 取出縱橫隔梁後木棺（XM26）在槨室中的位置（東→西）

2 槨室(XM26)頭箱北門板內側上端墨書的"Ⅹ"字

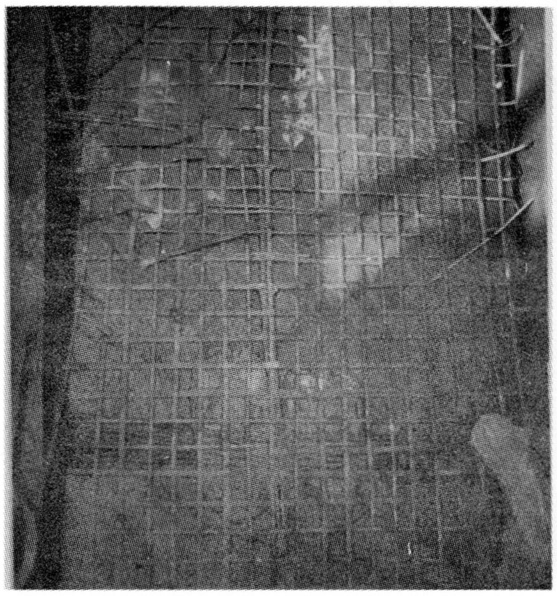

3 棺蓋(XM26)上竹簾細部結構

1 縱橫隔梁揭取後的槨室(東→西)

4 頭箱(XM26)門窗內側結構情況(西→東)

1 漆盒(XM26:50)

2 漆盒(XM26:50)蓋頂紋飾

2 漆盒(XM26:50)蓋頂内壁刻畫的文字符號

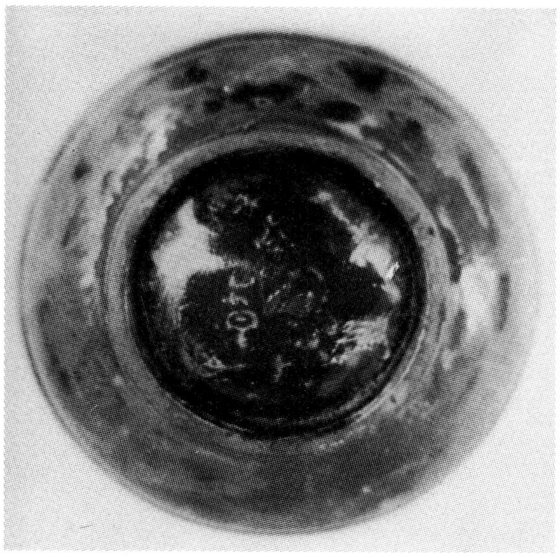

1 漆盒(XM26:50)底外中心烙印的文字符號

3 漆盂(XM26:8)

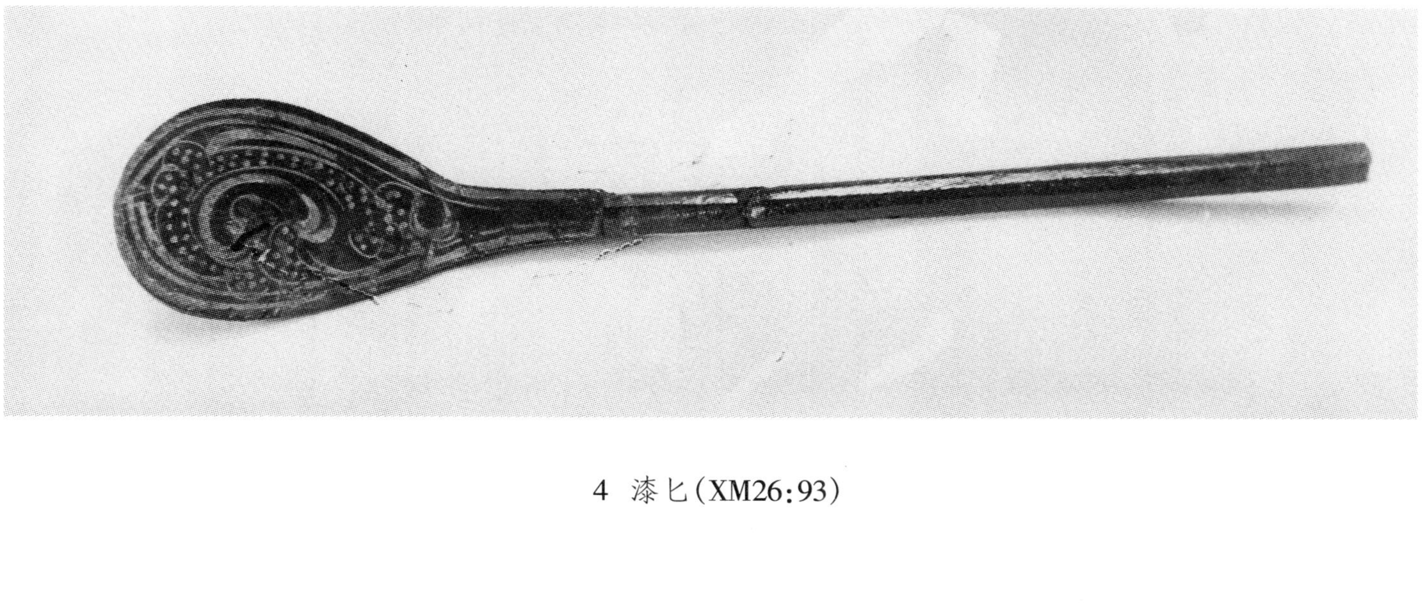

4 漆匕(XM26:93)

1 D型漆耳杯(XM26:61)

2 C型漆耳杯(XM26:57)
外底烙印的文字符號

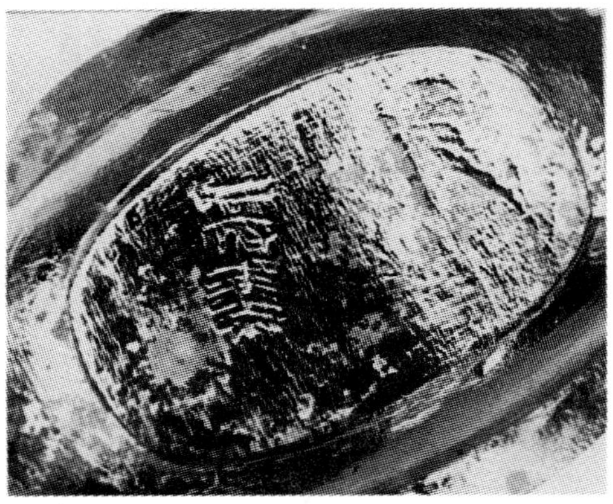

3 C型漆耳杯(XM26:58)
外底烙印的文字符號

4 漆小卮(XM26:29)

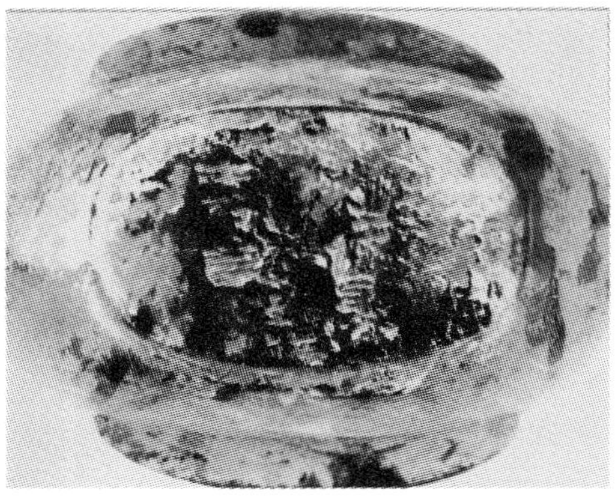

5 C型漆耳杯(XM26:64)
外底烙印的文字符號

6 C型漆耳杯(XM26:69)
外底烙印的文字符號

2 C 型漆耳杯(XM26:89)
外底烙印的文字符號

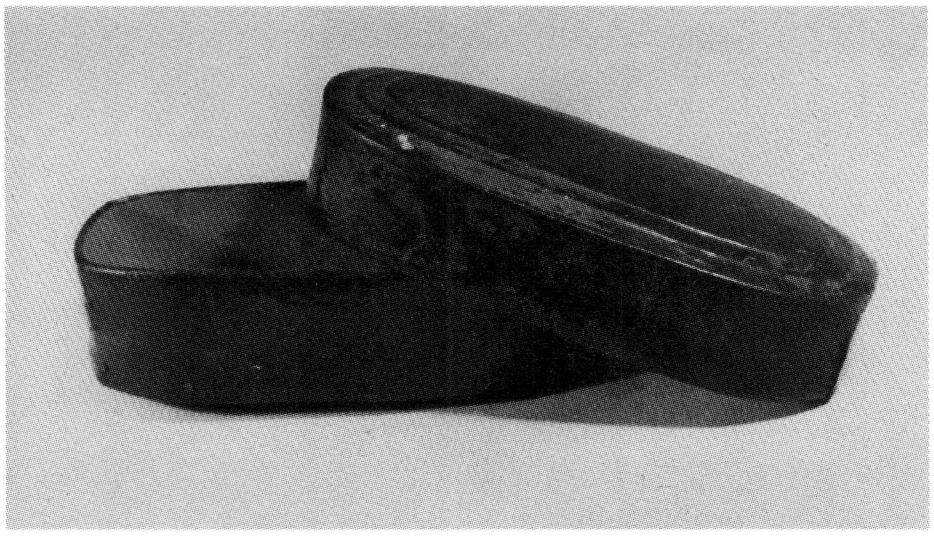

1 漆小橢圓奩(XM26:88)

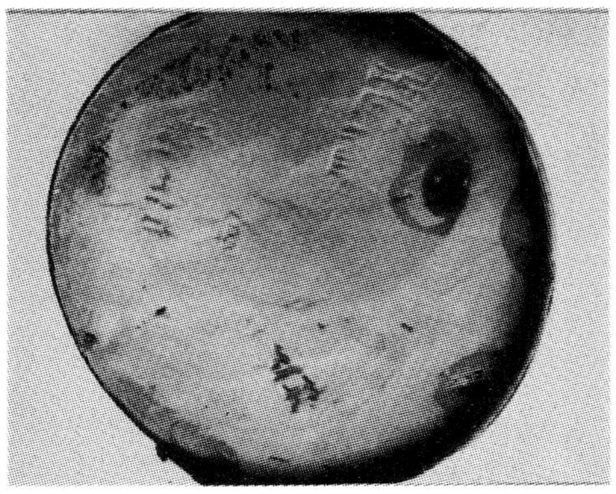

3 漆大卮(XM26:36)
蓋頂内壁烙印的文字符號

4 漆圓奩(XM26:1)

7 A 型圓雕木立俑(XM26:72)

6 漆大橢圓奩(XM26:31)
蓋頂内壁刻畫的文字符號

5 漆圓奩(XM26:1)
蓋邊外壁烙印的文字符號

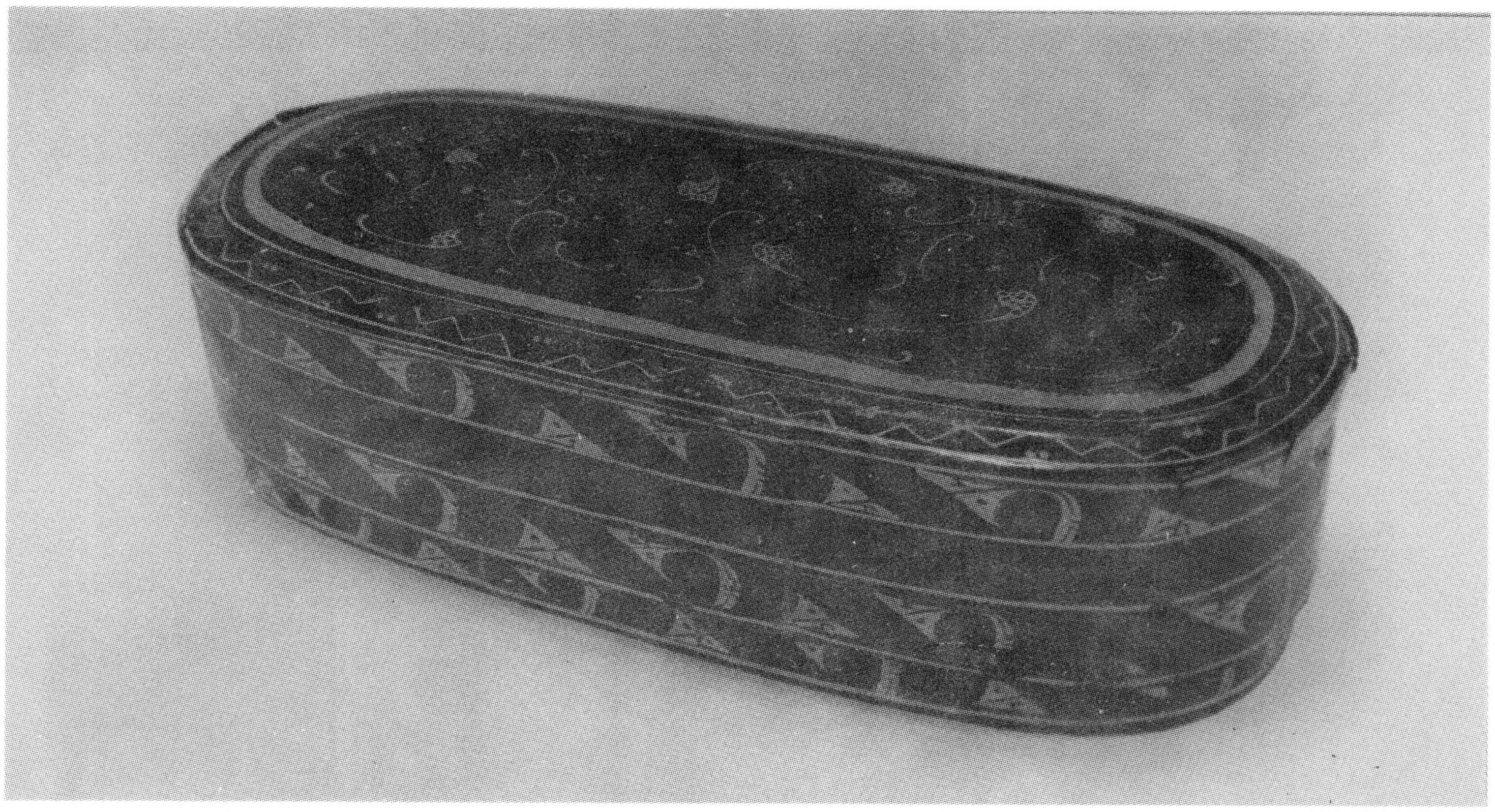

1 漆大橢圓奩(XM26:31)

4 C型圓雕木立俑(XM26:19)

3 B型圓雕木立俑(XM26:71)

2 A型圓雕木立俑(XM26:15)

3 A型木片俑(XM26:78)

2 A型木片俑(XM26:28)

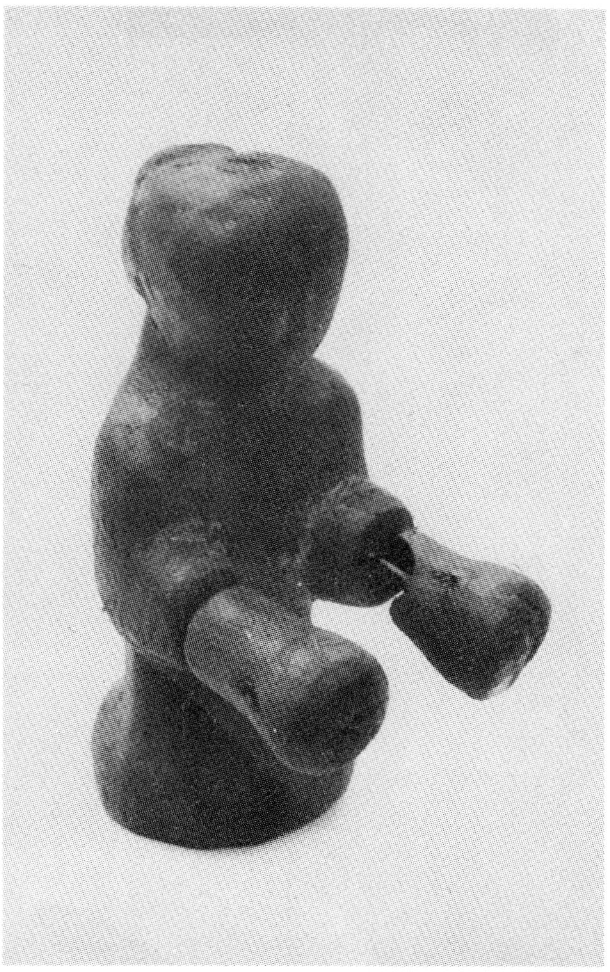

1 圓雕木御俑(XM26:67)

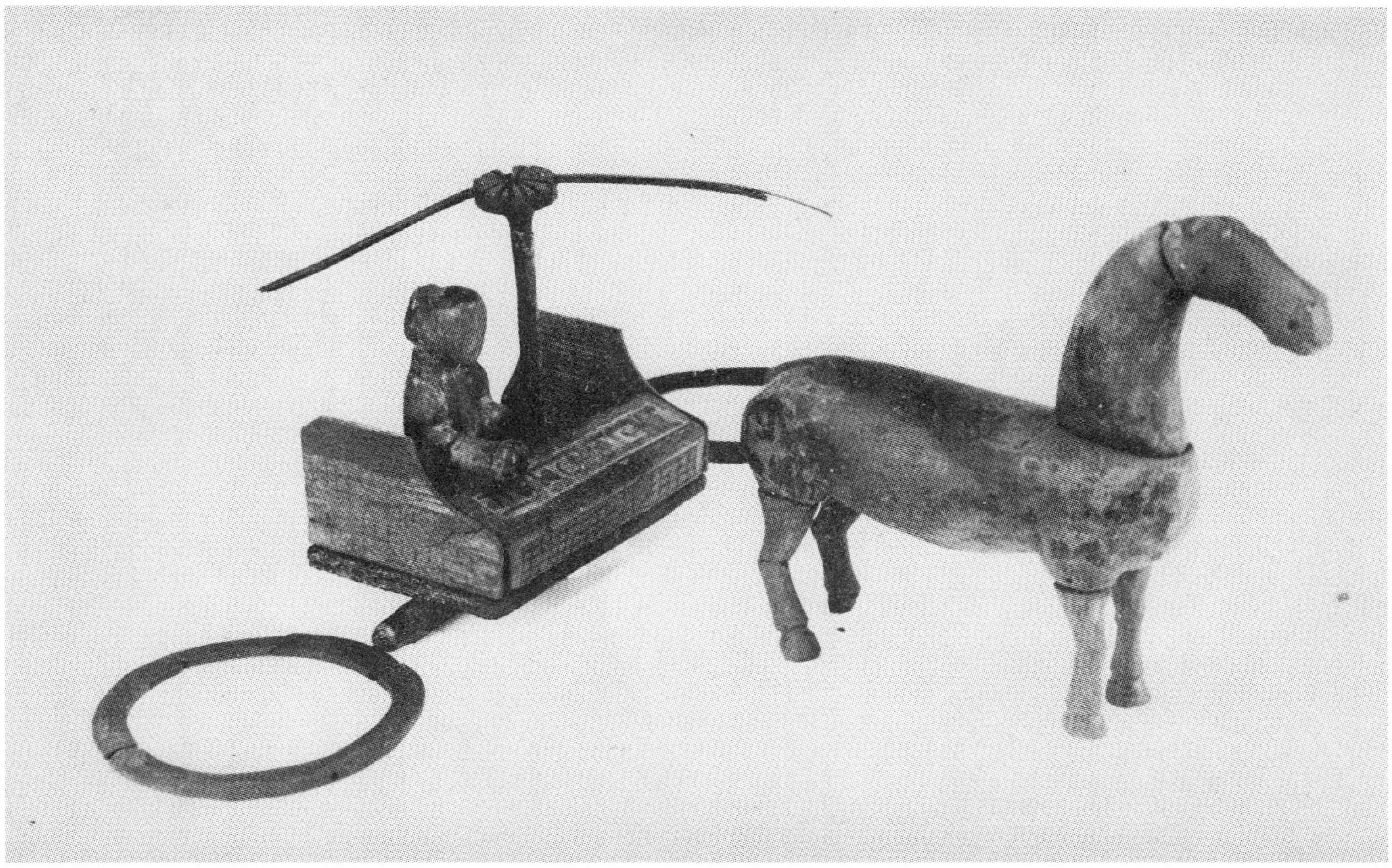

4 木車(XM26:18)

2 木馬(XM26:23)

1 右 B 型木片俑(XM26:75) 左 B 型木片俑(XM26:79) 中 C 型木片俑(XM26:76)

4 木篦(XM26:77)

3 木梳(XM26:73)

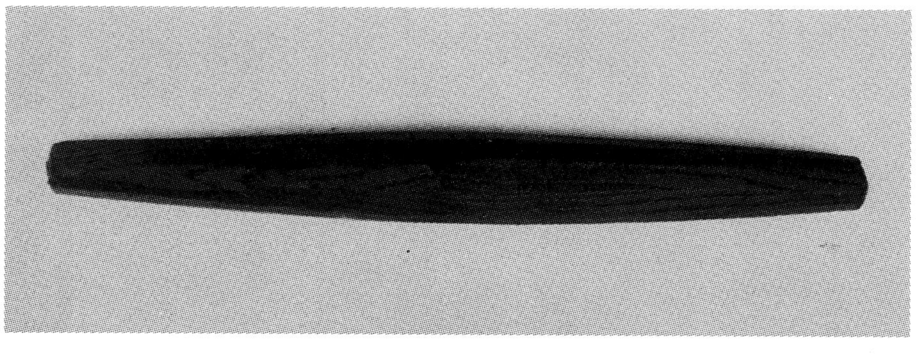

6 木絞繩棒(XM26:55)

5 木三角形器(XM26:97)

1 隨葬物品被取出後的竹笥(XM26:81)

2 竹笿(XM26:53)

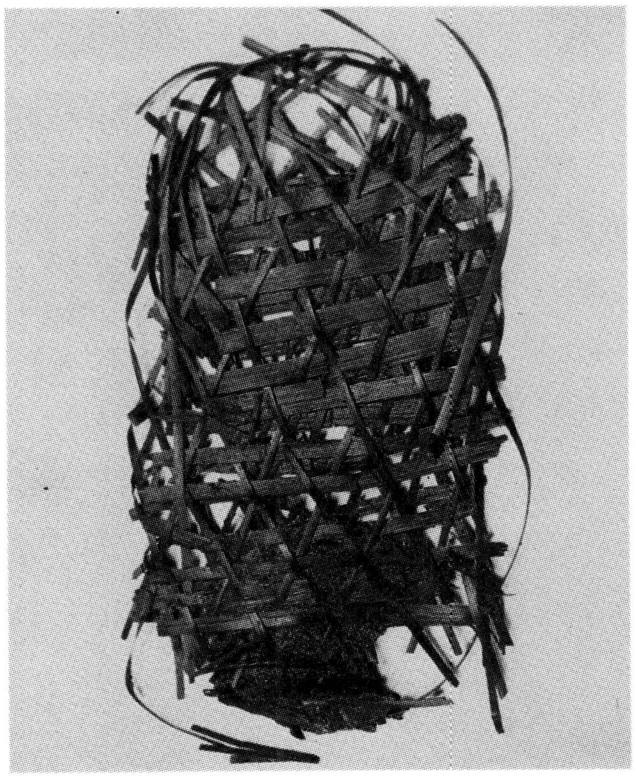

3 竹笿(XM26:32)

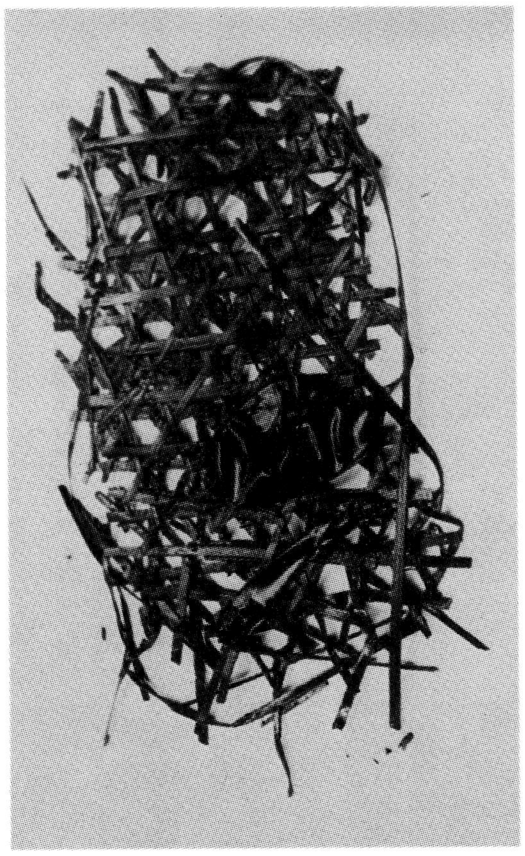

4 竹笿(XM26:42)

5 竹簍(XM26:37)

2 雞蛋蛋膜(XM26:94—1)

1 銅盤(XM26:13)

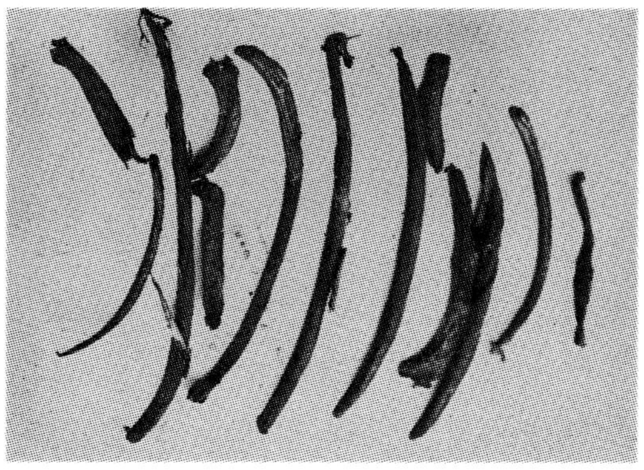

4 幼猪肋骨(XM26:81—10)

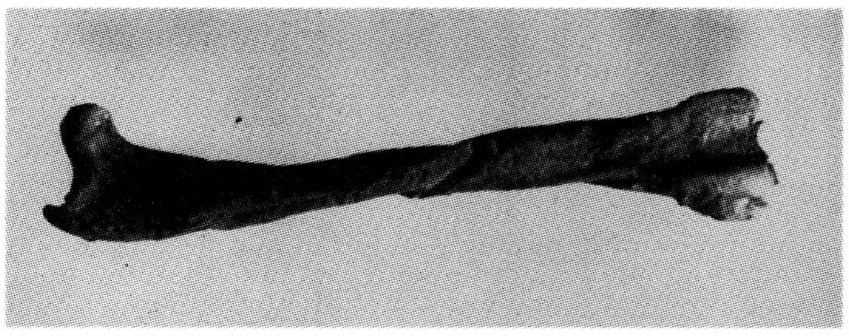

3 雞股骨(XM26:81—20)

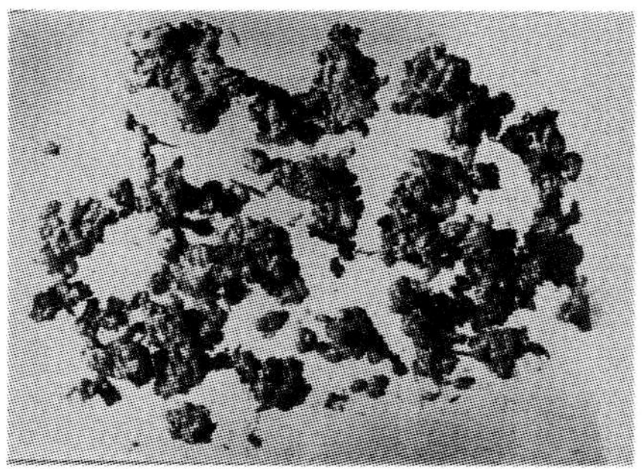

7 粟米(XM26:81—1)

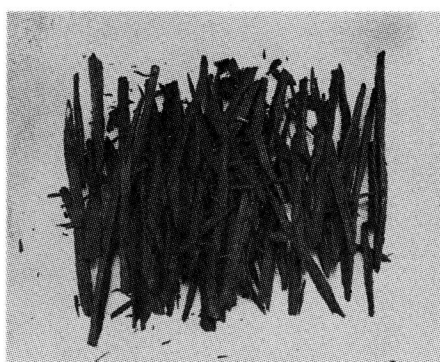

6 薪(XM26:14)

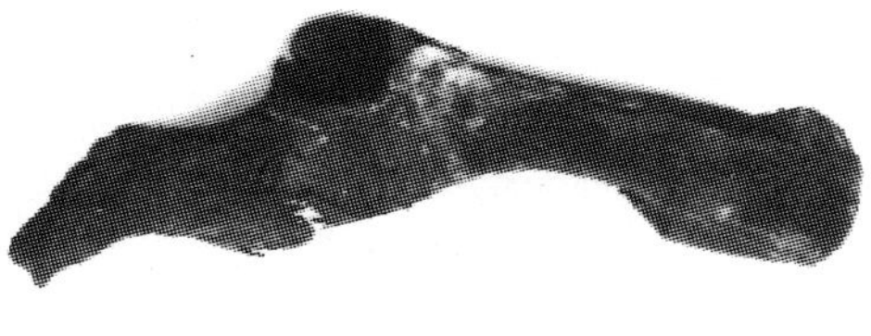

5 幼猪髖骨(XM26:81—19)

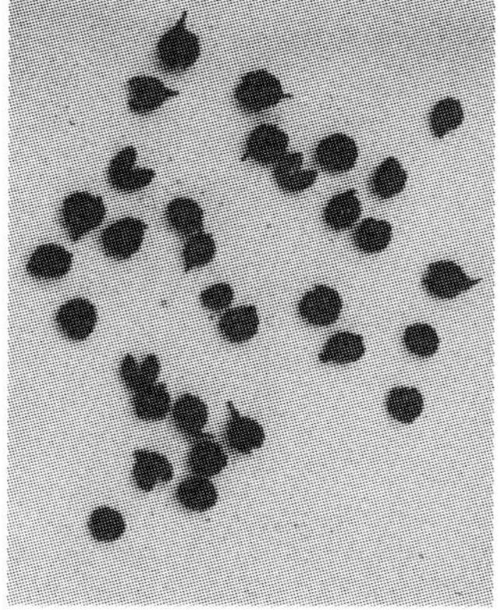

9 花椒(XM26:81—3)

10 生薑(XM26:81—2)

8 横置於竹笥蓋面上的竹簡(XM26:80)

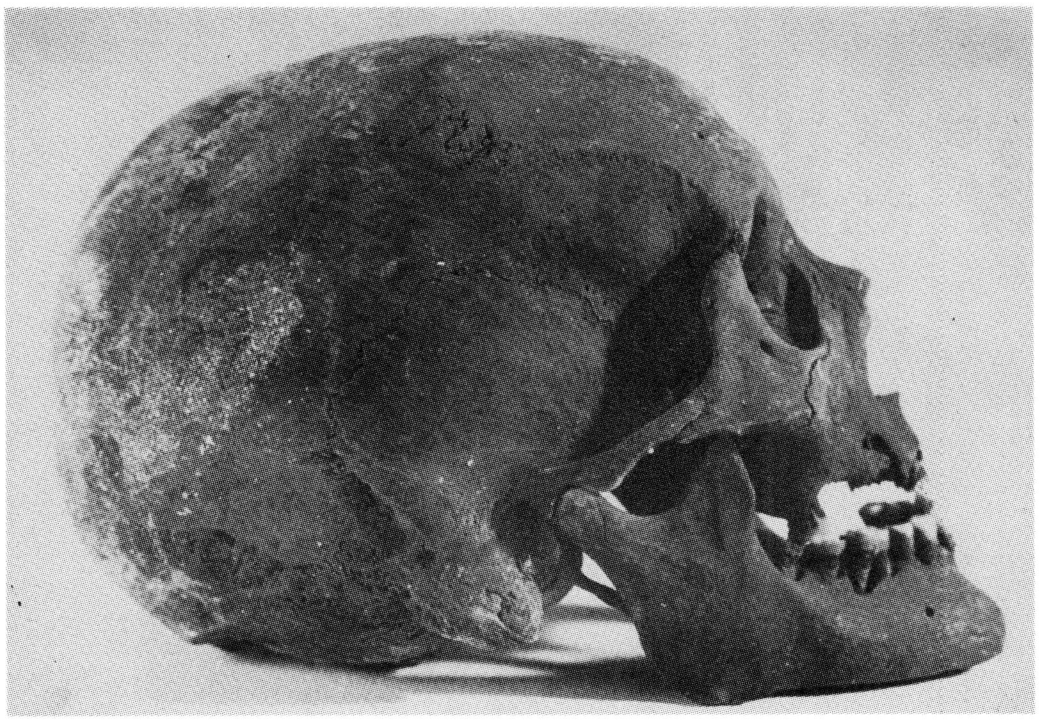

1 墓主(XM26)頭骨側面

3 墓主(XM26)頭骨頂面

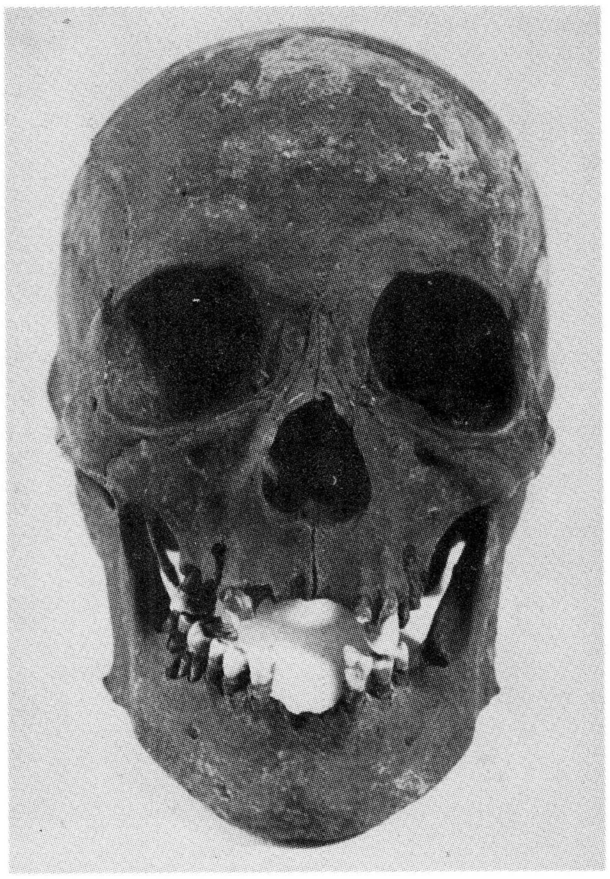

2 墓主(XM26)頭骨正面

7 蘆葦根莖(XM26:87—1)

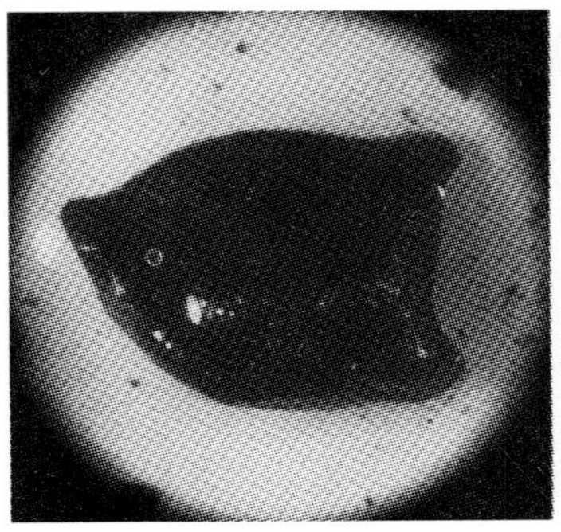

6 八角(XM26:53—3)

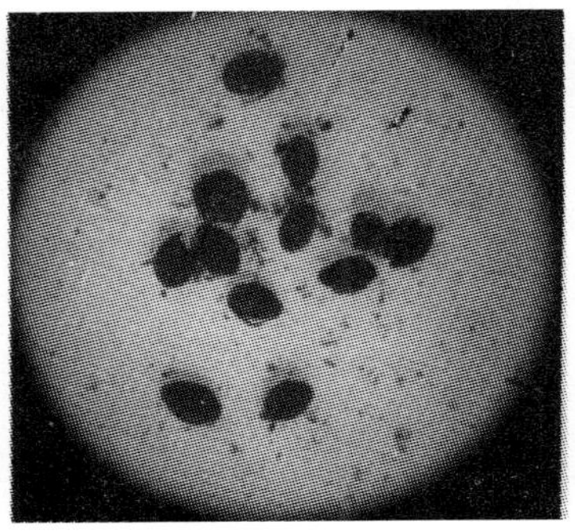

5 稗粒(XM26:53—2)

4 稻粒(XM26:53—1)

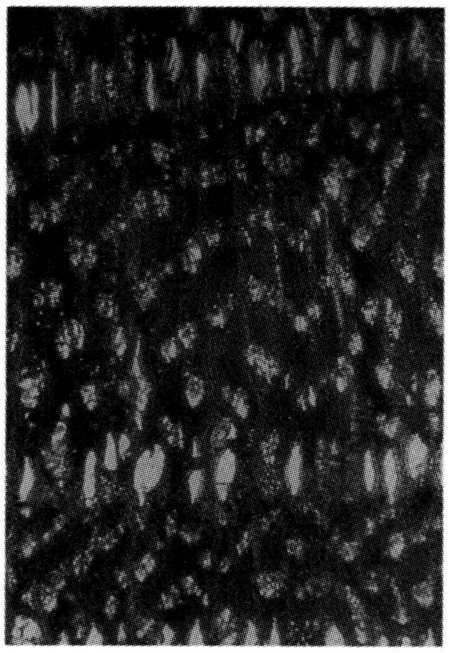
1 榆木(ZM30 槨牆板)橫切面

2 榆木(ZM30 槨牆板)弦切面

3 榆木(ZM30 槨牆板)徑切面

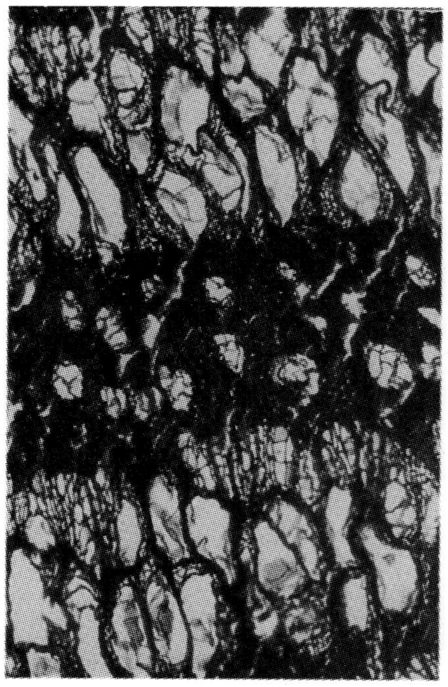
4 梓木(ZM30 棺擋板)橫切面

5 梓木(ZM30 棺擋板)弦切面

6 梓木(ZM30 棺擋板)徑切面

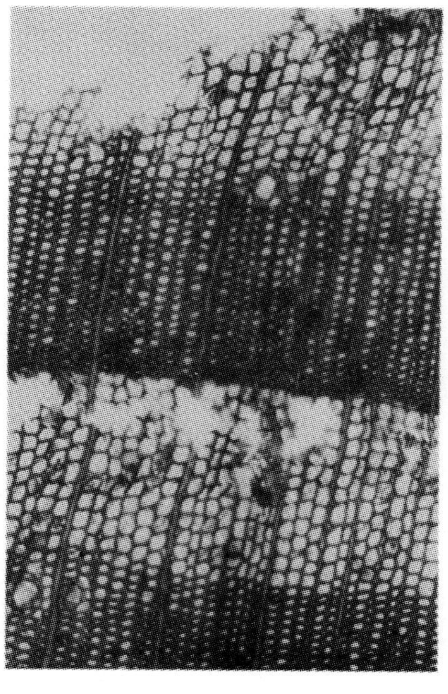
7 油杉(ZM30 木櫝)橫切面

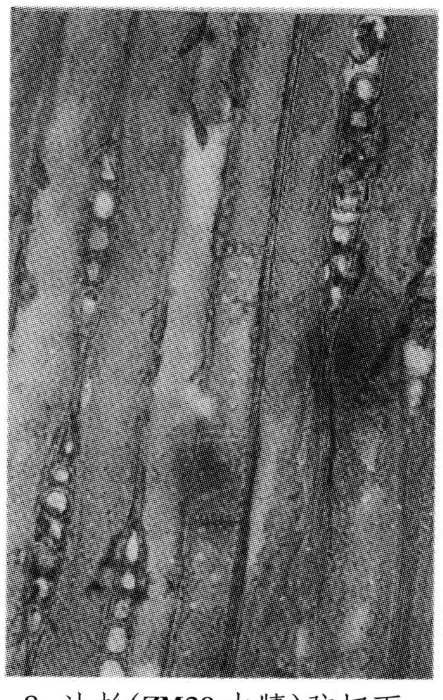
8 油杉(ZM30 木櫝)弦切面

9 油杉(ZM30 木櫝)徑切面

3 白皮松(ZM30 薪)徑切面

2 白皮松(ZM30 薪)弦切面

1 白皮松(ZM30 薪)横切面

6 黄連木(XM26 槨室横隔梁)徑切面

5 黄連木(XM26 槨室横隔梁)弦切面

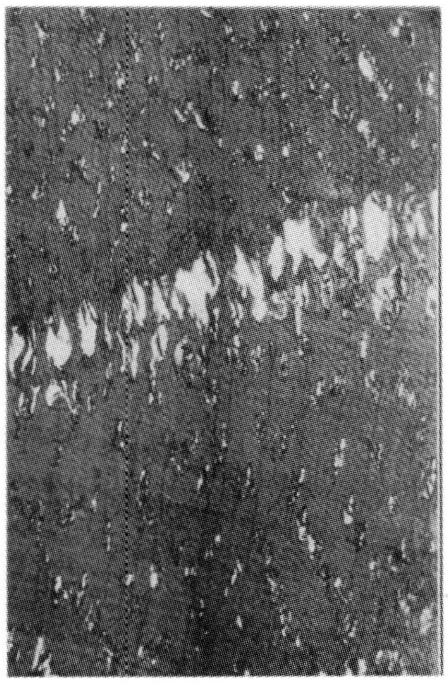

4 黄連木(XM26 槨室横隔梁)横切面

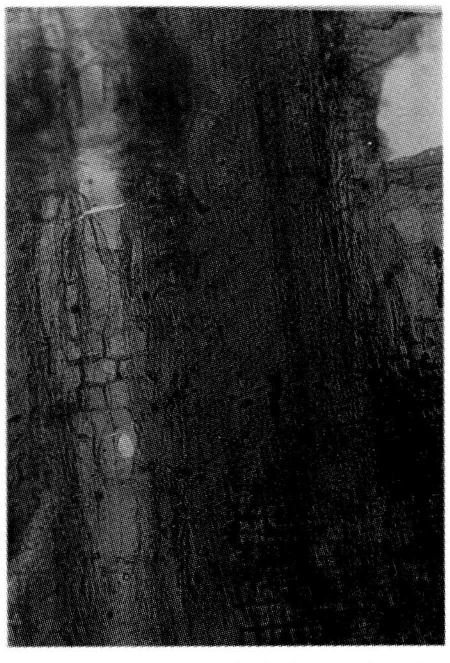

9 梓木(XM26 棺底板)徑切面

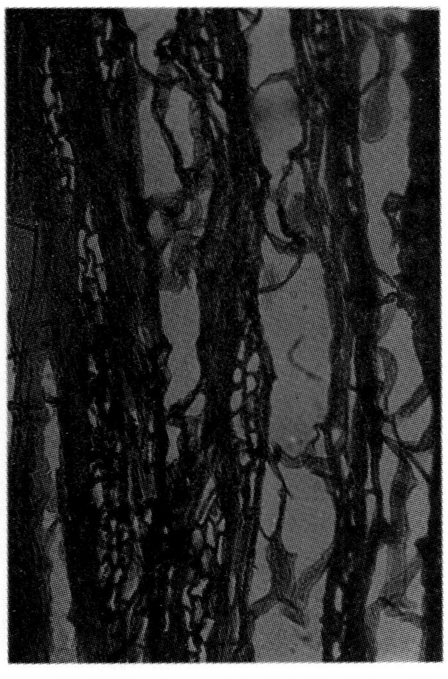

8 梓木(XM26 棺底板)弦切面

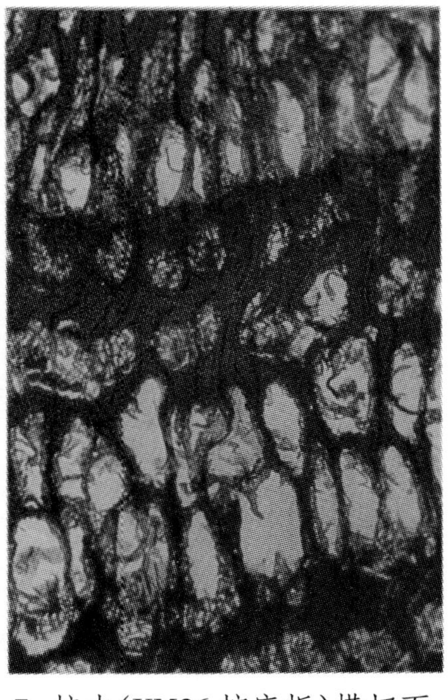

7 梓木(XM26 棺底板)横切面

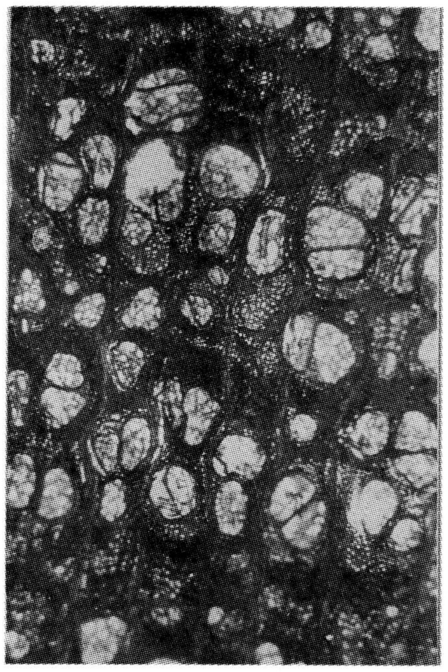

1 楸木(XM26薪)横切面

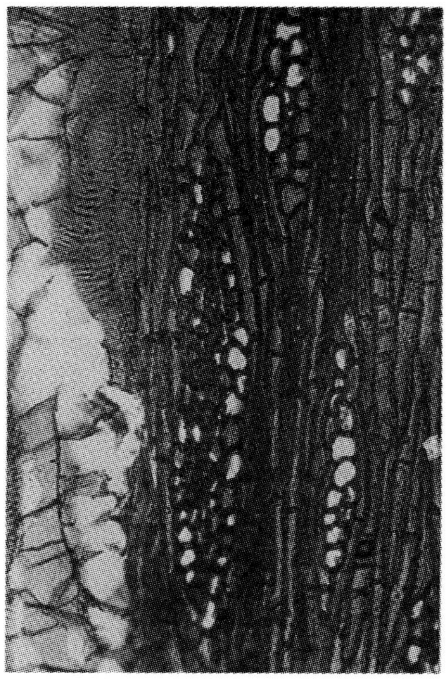

2 楸木(XM26薪)弦切面

3 楸木(XM26薪)徑切面

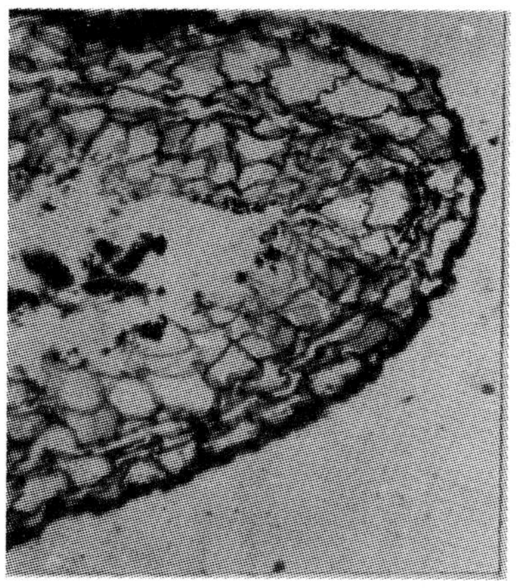

4 蘆葦根狀莖横切面
示散生維管束

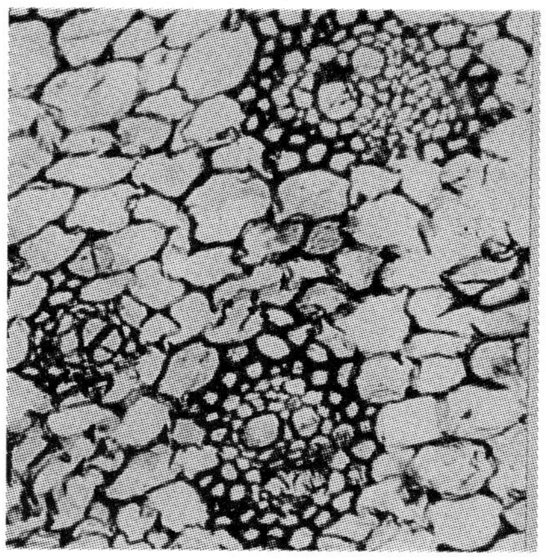

5 蘆葦莖稈横切面
示皮層部分

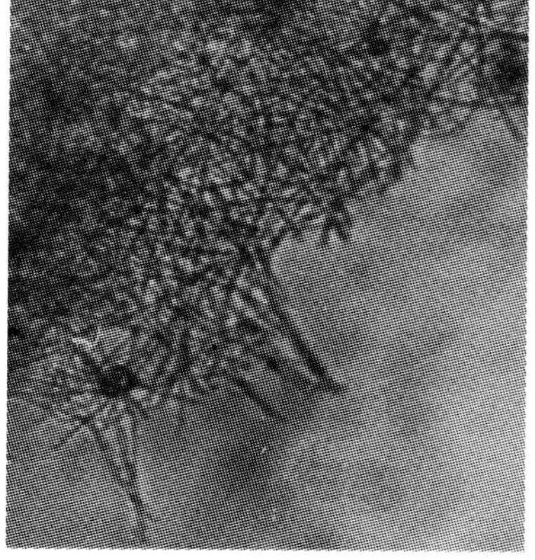

6 蛋膜離析裝片
示膜纖維

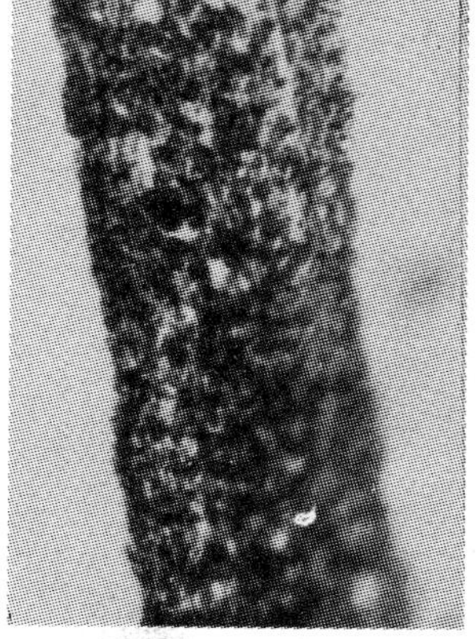

7 蛋膜横切面
示纖維排列方式

簡牘釋文與考釋

一　周家臺三〇號秦墓簡牘

（一）　曆譜〔一〕

秦始皇三十四年〔二〕

簡號	十月	十二月	二月	四月	六月	八月
一	[■十月戊戌]〔三〕	[■十二月丁酉]	■二月丙申宿競（竟）陵。〔一八〕	■四月乙未	■六月甲午	■八月癸巳
二	[己亥]	戊戌	丁酉宿井韓鄉。〔一九〕	丙申	乙未	甲午
三	[庚子]	己亥	戊戌宿江陵。〔二〇〕	丁酉	丙申	乙未
	[辛丑〔四〕	庚子	己亥	戊戌	丁酉	丙申]
四	[壬寅]	辛丑	庚子	己亥	戊戌	丁酉
五	[癸卯]	壬寅	辛丑	庚子	己亥	戊戌
六	甲辰	癸卯	壬寅	辛丑	庚子	己亥
七	乙巳	甲辰	癸卯	壬寅	辛丑	庚子
八	丙午	乙巳	甲辰	癸卯	壬寅	辛丑
九	丁未	丙午	乙巳	甲辰	癸卯	壬寅
一〇	戊申	丁未	丙午	乙巳	甲辰	癸卯
一一	己酉	戊申	丁未起江陵。〔二一〕	丙午	乙巳	甲辰
一二	庚戌	己酉	戊申宿黃郵。〔二二〕	丁未	丙午	乙巳
一三	辛亥	庚戌	己酉宿競（竟）陵。	戊申	丁未去〔二三〕左曹，坐南廥。	丙午

壬子	辛亥	庚戌宿都鄉。〔一三〕	己酉	戊申	丁未	一四
癸丑	[壬]子	辛亥宿鐵官。〔一四〕	庚戌	己酉	戊申	一五
[甲寅]	[癸丑]	壬子治鐵官。	辛亥	庚戌	己酉	一六
乙卯	甲寅	癸丑治鐵官。	壬子	辛亥就建□陵。	庚戌	一七
丙辰	乙卯	甲寅宿都鄉。	癸丑	壬子	辛亥	一八
丁巳	丙辰守丞〔五〕登、史豎，〔六〕除。到。	乙卯宿競(竟)陵。	甲寅	癸丑	壬子	一九
戊午	丁巳守丞登、□史□□之□□。	丙辰治競(竟)陵。	乙卯	甲寅	癸丑	二〇
己未	戊午	丁巳治競(竟)陵。	丙辰	乙卯	甲寅	二一
庚申	己未	戊午治競(竟)陵。	丁巳	丙辰	乙卯	二二
辛酉	庚申	己未治競(竟)陵。	戊午	丁巳	丙辰	二三
壬戌	辛酉嘉平。〔七〕	庚申治競(竟)陵。	己未	戊午	丁巳	二四
癸亥	壬戌	辛酉治競(竟)陵。	庚申	己未	戊午	二五
甲子	癸亥	壬戌治競(竟)陵。	辛丑〈酉〉〔一一〕	庚申	己未	二六
乙丑	甲子	癸亥治競(竟)陵。	壬戌	辛丑〈酉〉	庚申	二七
丙寅	乙丑史但轂(繫)。〔八〕	甲子治競(竟)陵。	癸亥	壬戌	辛丑〈酉〉	二八
十一月丁卯	正月丁卯〔九〕嘉平視事。〔一〇〕	三月乙丑治競(竟)陵。	五月甲子	七月癸亥	九月癸亥〔一二〕	二九
戊辰	戊辰	丙寅治競(竟)陵。	乙丑	甲子	甲子	三〇
己巳	己巳	丁卯宿□上。	丙寅	乙丑	乙丑	三一
庚午	庚午	戊辰宿路陰。〔一五〕	丁卯	丙寅	丙寅	三二
辛未	辛未	己巳宿江陵。	戊辰	丁卯	丁卯	三三

壬申	壬申	庚午到江陵。	己巳	戊辰	戊辰	三四
癸酉	癸酉	辛未治後府。〔二六〕	庚午	己巳	己巳	三五
甲戌	甲戌	壬申治。	辛未	庚午	庚午	三六
乙亥	乙亥	癸酉治。	壬申	辛未	辛未	三七
丙子	丙子	甲戌	癸酉	壬申	壬申	三八
丁丑	丁丑	乙亥	甲戌	癸酉	癸酉	三九
戊寅	戊寅	丙子	乙亥	甲戌	甲戌	四〇
己卯	己卯	丁丑	丙子	乙亥	乙亥	四一
庚辰	庚辰	戊寅	丁丑	丙子	丙子	四二
辛巳	辛巳	己卯	戊寅	丁丑	丁丑	四三
壬午	壬午	庚辰	己卯	戊寅	戊寅	四四
癸未	癸未	辛巳賜。	庚辰	己卯	己卯	四五
甲申	甲申	壬午	辛巳	庚辰	庚辰	四六
乙酉	乙酉	癸未奏上。	壬午	辛巳	辛巳	四七
丙戌	丙戌	甲申史𢖍(徹)〔二七〕行。	癸未	壬午	壬午	四八
丁亥	丁亥史除，不坐椽曹從公，〔二二〕〔二一〕宿長道。	乙酉	甲申	癸未	癸未	四九
戊子	戊子宿迣嬴邑北上渧。〔二三〕	丙戌後事已。〔二八〕	乙酉	甲申	甲申	五〇
己丑	己丑宿迣離涌〔二四〕西。	丁亥治競(竟)陵。	丙戌	乙酉	乙酉	五一
庚寅	庚寅宿迣□□□北。	戊子	丁亥	丙戌	丙戌	五二
辛卯	辛卯宿迣羅涌西。	己丑論脩賜。〔二九〕	戊子	丁亥	丁亥	五三

壬辰	壬辰宿迣離涌東。	庚寅	己丑	戊子	戊子	五四
癸巳	癸巳宿區邑。〔二五〕	辛卯	庚寅	己丑	己丑	五五
甲午	甲午宿競（竟）陵。〔二六〕	壬辰	辛卯	庚寅	庚寅	五六
乙未	乙未宿尋平。〔二七〕	癸巳	壬辰	辛卯	辛卯	五七
丙申		甲午并左曹。〔三〇〕	癸巳	壬辰	壬辰	五八
■後九月大〔三四〕	●戊戌	●甲辰	●庚戌	●丙辰		五九
癸巳	己亥	乙巳	辛亥	丁巳		六〇
甲午	庚子	丙午	壬子	戊午		六一
乙未	辛丑	丁未	癸丑	己未		六二
丙申	壬寅	戊申	甲寅	庚申		六三
丁酉	癸卯	己酉	乙卯	辛酉〔三五〕		六四

〔一〕 本組曆譜分書竹簡和木牘兩個部分。竹簡曆譜包括秦始皇三十四年、秦始皇三十六年、秦始皇三十七年。木牘曆譜僅有秦二世元年。均按其年代先後順序編排。

秦始皇三十四年曆譜係按原有的編聯順序復原的。秦以十月爲歲首，見《漢書·高帝紀》注。曆譜中，該年十三個月分次排列，雙月排在前面，單月排在其後，閏月（後九月）排在最後。每枚簡自上而下分作六欄（後九月分作五欄），每欄記一日干支，這樣，雙月或單月中的六個月同一日的干支就都依照欄次記在同一枚簡上（後九月除外），於是全年三八四天（含後九月三十天）的日干支全部排出。

秦始皇三十四年曆譜竹簡的復原排列，對照本篇圖一五《周家臺三〇號秦墓竹簡尾端側視圖》（以下簡稱《側視圖》），可以從原編乙組竹簡位置得到相應的印證。儘管圖中所顯示的六四枚竹簡排列順序已經散亂，我們仍能按照其順序號確定當時竹簡在收卷時卷轉的基本方向。在該圖中我們可以觀察到，即在本段曆譜書寫完畢後，以其餘下的四枚空白簡爲中心，按逆時針方向卷轉，後九月日干支簡卷在裏層，單月的日干支簡卷在中間，雙月的日干支簡則卷在外層。從我們下面列舉的兩組編號竹簡中，不難看出它們在《側視圖》中的排列位置存在着與其編號順序相一致的規律。這兩組竹簡編號是一二、一三、一四、一五號和二六、二七、二八、二九號。

秦始皇三十六年、三十七年曆譜由六二枚竹簡（六九號至一三〇號）所組成，其中有秦始皇三十六年十二個月朔日干支簡一一枚，秦始皇三十七年十二個月朔日干支簡一二枚，以及屬於上述兩年的日干支簡三九枚（含首端殘斷簡一四枚）。從《側視圖》觀察，竹簡原有的編聯順序已完全散亂。由於受到滲水的浮力，有的竹簡已離析游動。從清理的情況看，二五枚可見干支的日干支簡多混雜在上述兩年的月朔日干支簡之中，同時，也未曾發現一枚屬於其他年份的月朔日干支簡或年號簡。因之，我們推斷這二五枚竹簡亦應爲秦始皇三十六年、三十七年中的日干支簡。一四枚首端殘斷簡係因浮離到外面而受殘，可以肯定，它們原來是有干支的，應當也是屬於上述兩年中的日干支簡。故此，我們將其歸類到日干支簡中。在安排這一段簡序時，即先按年份排列各月朔日干支簡，日干支簡附於其後，首端殘斷簡排在最後。

秦二世元年木牘曆譜，正面從上至下分兩欄書有秦二世元年十二個月朔日干支及月大小。背面從上至下分五欄：壹欄分行書有秦二世元年十二月戊戌嘉平、己卯日之記事，貳、叁、肆、伍欄則依次書寫該月的全月日干支。

〔二〕本段曆譜由六四枚竹簡（一號至六四號）所組成。它列有全年十三個月（含後九月）的日干支，對照《中國先秦史曆表·秦漢初朔閏表》，當係秦始皇三十四年（公元前二一三年）曆譜。曆譜中除正月、五月、七月朔日干支相差一日外，其餘月朔日干支完全相合。

〔三〕「十月戊戌」四字及二、三、四、五號簡壹欄所列四日干支「己亥」、「庚子」、「壬寅」、「癸卯」均已殘缺，現按照六號簡壹欄所列日干支「甲辰」予以推算補足。這樣排定正與《中國先秦史曆表·秦漢初朔閏表》秦始皇三十四年十月朔日干支相吻合。按照同樣的方法，我們將一六號簡壹欄干支補足爲「甲寅」、一號簡貳欄月朔日干支補足爲「十二月丁酉」、一六號簡貳欄干支補足爲「癸丑」。

〔四〕此處空缺一簡，在清理中未見其殘片，當爲脱簡。簡上六欄應有十月、十二月、二月、四月、六月、八月共六個月份初四之日干支。按照其前後日的干支排列順序，這六個月干支應分別爲「辛丑」、「庚子」、「己亥」、「戊戌」、「丁酉」、「丙申」，今予補足。

〔五〕「守丞」及以下文字分雙行書寫，下一簡亦同。「守」，試守。《漢書·楊胡朱梅雲傳》：「朱雲以六百石秩，試守御史大夫。」「丞」，縣丞。從筆迹看，「守丞登到」係一句。

〔六〕「豎」，人名。簡上「豎」字下原有鈎識。「除」，《漢書·景帝紀》「初除之官」，顔師古注：「凡言除者，除故官就新官也。」

〔七〕「嘉平」，臘日。《史記·秦始皇本紀》：「三十一年十二月，更名臘曰嘉平。」

〔八〕「但」，人名。「毄」，拘禁。

〔九〕按當年十二月晦日「乙丑」的干支順序排定，次年正月朔日的干支當爲「丙寅」而不是「丁卯」，這樣排定正與《中國先秦史曆表·秦漢初朔閏表》所列秦始皇三十四年正月朔日干支相合，故簡文中正月干支應當全部後移一天，且爲大月。

〔一〇〕「視事」，治事。「嘉平視事」當指在嘉平節日後開始治事。

〔一一〕「宿長道」倒書在「丁亥」日之上，表示此三字當屬於正月丁亥日這一欄。全句當讀作：「史除，不坐椽曹從公，宿長道。」「長道」，地名。

〔一二〕「坐」，坐罪。唐玄應《一切經音義》卷二：「坐，罪也。謂相緣罪也。」「椽」，讀作掾，屬吏。下文「曹」，古代分科辦事的官署機構。《漢書·薛宣傳》：「坐曹治事。」全句「不坐掾曹從公」，指不在官署内處理公務。

〔一三〕「贏邑」，地名，屬於迣。「上渧」，地名，在贏邑北。「渧」字不很清楚，待辨識。

〔一四〕「離涌」，地名，屬於泄。下文或以音近寫作「羅涌」。涌，指涌水。《水經注》卷三五《江水經》云：「又東至華容縣西，夏水出焉，又東南當華容縣南，涌水出焉。」《注》云：「水至夏水南通於江，謂之涌口。」涌水即今湖北省監利縣東南俗名乾港湖者（參看楊守敬、熊會貞《水經注疏》）。

〔一五〕「區邑」，地名。

〔一六〕「競」，通「竟」。「競陵」即竟陵，地名，在今湖北省潛江市西北。

〔一七〕「尋平」，地名。

〔一八〕「陵」字之上一字從字形看似爲「競」字。

〔一九〕「井韓鄉」，地名。《說文》訓「韓」爲「井垣」。如果按照前一日「宿競（竟）陵」、後一日「宿江陵」推算，「井韓鄉」的地理位置應在上述兩地之間。

〔二〇〕「江陵」，楚舊都郢，南郡治，今湖北省荊州市荊州區境內。

〔二一〕「起」，出發。「起江陵」，從江陵出發。

〔二二〕「黃郵」，地名。「郵」，傳遞文書的驛站，《漢書·薛宣傳》《注》：「行書之舍，亦如今之驛及行道館舍也。」「黃郵」見於《水經注》卷三一：「棘水又南逕新野縣，歷黃郵聚。世祖建武三年，傅俊、岑彭進擊秦豐，先拔黃郵者，謂之黃郵水，大司馬吳漢破秦豐於斯水之上，其聚落悉爲蠻居，猶名黃郵蠻。」根據簡文前一日「起江陵」、後一日「宿竟陵」的記載，推算作者當日所宿「黃郵」，其地理位置當在江陵至竟陵之間，並非《水經注》所載之「黃郵」。

〔二三〕「都鄉」，地名。

〔二四〕「鐵官」，負責鐵礦開採和冶煉的官府機構。

〔二五〕「路陰」，地名。

〔二六〕「後府」，指作者所任職的官署機構，據上一簡簡文當在江陵。

〔二七〕「勶」，同「徹」。《字彙·力部》：「勶，古徹字。」此處爲人名。

〔二八〕「後事」，指後府之事。「已」，完畢。

〔二九〕「論」，論罪。「脩」、「賜」，皆爲人名。

〔三〇〕「并」，合并。「左曹」，指縣下屬的官署機構。

〔三一〕「辛丑」，爲「辛酉」之筆誤。以下二七號簡伍欄中「辛丑」、二八號簡陸欄中「辛丑」同。

〔三二〕「去」，離開。下文「廥」，《說文》：「芻藁之藏也。」

〔三三〕按簡文八月晦日「辛酉」的干支排定，九月的朔日干支當爲「壬戌」，而不是「癸亥」，故簡文中九月日干支當全部後移一天。那麼，該月晦日干支亦當爲「辛卯」，後九月朔日干支則爲「壬辰」。這樣排定，與《中國先秦史曆表·秦漢初朔閏表》所列秦始皇三十四年後九月朔日干支相合。

〔三四〕此月爲這一年的閏月。秦以閏月置於歲末，稱後九月。《睡虎地秦墓竹簡·大事記》三號簡有「五十六年，後九月，昭(王)死」，可爲證。

〔三五〕本簡後原編聯有空白簡四枚，其順序號爲六五、六六、六七、六八(見圖版七)。

秦始皇三十六年〔一〕、三十七年〔二〕

[十月　丙]辰大〔三〕六九

十一月　丙戌小七〇

乙卯　十二月大七一

[乙酉]　正月小〔四〕七二

甲寅　二月大七三

[甲申]〔五〕　三月小七四

癸丑　四月大七五

[癸]未　五月小七六

[壬子]　六月大七七壹

壬午　七月大七八

八月　壬子〔六〕七七貳

辛巳　九月小七九

卅六年日〔七〕八〇背

十月　辛亥小八〇正

[十一月　庚辰]大〔八〕八一

十二月　庚戌小八二

[正]月　己卯大八三

二月　己酉小八四
三月　戊寅大八五
四月　戊申小八六
五月　丁丑大八七
六月　丁未小　　　澤〔九〕八八
七月　丙子大八九
八月　丙午小九〇
九月　乙亥大九一

〔一〕本段秦始皇三十六年曆譜（含標題），是由十二枚竹簡（六九號至八〇號背）所組成，其上列有十二個月朔日干支。在其簡文所列完整、清晰的七個月份朔日干支中，對照《中國先秦史曆表·秦漢初朔閏表》，除八月朔日干支相差一日外，其餘六月均完全相合。據此，我們推定這十二枚竹簡所列曆表，當屬秦始皇三十六年（公元前二一一年）曆譜。

〔二〕本段秦始皇三十七年曆譜，是由十二枚竹簡（八〇號正至九一號）所組成，其上列有十二個月朔日干支。在其簡文所列完整、清晰的八個月份朔日干支中，對照《中國先秦史曆表·秦漢初朔閏表》，除十月、十二月朔日干支相差一日外，其餘六月均完全相合。據此，我們推定這十二枚竹簡所列曆表當屬秦始皇三十七年（公元前二一〇年）曆譜。

〔三〕本簡「十月丙辰」四字已殘缺，「辰」字還殘留有部分筆畫。據本簡「十月大」和下簡「十一月丙戌小」推算，十月的朔日干支當爲「丙辰」，這正與《中國先秦史曆表·秦漢初朔閏表》所列秦始皇三十六年十月朔日干支相合。

〔四〕本簡上端殘缺，從僅存的小片簡上還可以看出其上書有三字，我們辨識爲「正月小」三字的右半部，當是秦始皇三十六年正月朔日干支無疑。根據前一簡簡文爲「乙卯　十二月大」推算，本簡所書正月朔日干支當是「乙酉」。又因前一簡與後一簡上的朔日干支均排在月名之上，因之，本月朔日干支當排定爲「乙酉　正月小」。

〔五〕本簡月朔日干支已缺損，根據前一簡簡文「甲寅　二月大」推算，本簡三月的朔日干支當補足爲「甲申」，這正與《中國先秦史曆表·秦漢初朔閏表》所列秦始皇三十六年三月朔日干支相合。按照同樣的方法，我們推定，七六號簡五月朔日干支當補足爲「癸未」（這與該簡簡首所殘留「未」字的左半部筆畫也是相吻合的），七七號簡壹欄六月朔日干支當補足爲「壬子」。

〔六〕「八月　壬子」書在七七號簡的下端，未書明月大小，按下一簡九月朔日干支爲「辛巳」推算，八月當爲月小，因之，簡文「八月」下當脱一「小」字。但如果對照《中國先秦史曆表·秦漢初朔閏表》，八月朔日干支爲「辛亥」，八月則月大，兩者相差一天。

〔七〕「卅六年日」書寫在本簡篾青的一面，當是此簡之前一一枚竹簡所書十二個月曆譜的標題，標明此曆譜即爲秦始皇三十六年曆譜。在本簡篾黄的一面簡首書有秦始皇三十七年「十月辛亥小」五字，前一年曆譜的標題與後一年曆譜的歲首同書於一枚簡的兩面，可以看出秦始皇三十六年、三十七年這兩年的曆譜原來就是依次編聯在一起的。

〔八〕「十一月庚辰」五字已殘缺，其下「辰」字還殘留部分筆畫。據本簡簡文爲「月大」和下一簡「十二月　庚戌小」推算，十一月的朔日干支當爲「庚辰」，這正與《中國先秦史曆表·秦漢初朔閏表》所列秦始皇三十七年十一月朔日干支相合。

〔九〕「澤」，水積聚處。《釋名·釋地》：「下而有水曰澤。」在「六月　丁未小」下記有「澤」，疑指在這一月裏本地因雨水積聚形成水患。

甲子〔一〕九二

乙丑九三

丁卯九四

戊辰九五

己巳九六

辛未　食人米四斗，〔三〕魚米四斗。九七

丁亥九八

戊子九九

己丑一〇〇

庚寅一〇一

辛卯一〇二

壬辰一〇三

癸巳一〇四

乙未一〇五

丙申一〇六

丁酉一〇七

戊戌一〇八

己亥一〇九

庚子一一〇

辛丑一一一

壬寅一一二

癸卯一一三

甲辰一一四

乙巳一一五

癸亥一一六

□□〔三〕一一七

□□一一八

□□　此中牀。一一九

□□一二〇

□□一二一

□□一二二

□□一二三

□□一二四

□□一二五

□□一二六

□□一二七

□□一二八

□□　☒□陽邔〔四〕一二九

□□一三〇

〔一〕本簡至一一六號簡文均爲日干支。因原有的編聯順序已混亂，現暫按六十甲子次序排列，其内容亦爲日干支下記事，當爲曆譜。

〔二〕「食人米四斗」及下文「魚米四斗」，疑記給予養魚人糧食之事。

〔三〕本簡至一三〇號簡首均已殘，根據這批竹簡出土時所在的位置，我們推斷它們並非空白簡，其上的簡文都應爲曆譜中的日干支，每枚簡首缺損二字，因之，兹將它們按出土登記號次序排列在日干支簡之後。

〔四〕本簡的上段殘片與下段殘簡的結合處能吻合，其上殘存三字當爲日干支下記事。因字形缺損過甚，其文字不能識出。

秦二世元年〔一〕（木牘）

正面壹

十月乙亥小
十一月甲辰大
十二月甲戌小
端月癸卯大〔二〕
二月癸酉小
三月壬寅大
四月壬申小

正面貳

五月辛丑大
六月辛未小
七月庚子大
八月庚午小　大〔三〕
九月己亥大

背面壹

以十二月戊戌嘉平，〔四〕月不盡四日。
十二[月]己卯□到。〔五〕
廷賦所，〔六〕一籍虔廿。〔七〕

背面貳

甲戌
乙亥
丙子
丁丑
戊寅

背面叁

己卯
庚辰
辛[巳]
壬午
癸未
甲申
乙酉
丙戌
丁亥

背面肆

戊子
己丑
庚寅
辛卯
壬辰
癸巳
甲午
乙未
丙申
丁酉

背面伍

戊[戌]
己亥
庚子
辛丑
壬寅
癸〔八〕

〔一〕在木牘正面，分壹、貳兩欄列有全年十二個月朔日干支和月大小，對照《中國先秦史曆表·秦漢初朔閏表》，除十月、十二月、二月相差一日外，其餘各月朔日干支與秦二世元年完全相合。據此，我們推定本牘正面兩欄所列曆表當屬秦二世元年（公元前二〇九年）曆譜。

〔二〕「端月」，即正月，因避秦始皇嬴政諱而書成「端月」。

〔三〕「大」字當指八月爲月大。「大」字之上爲「八月庚午小」，這可能是當時採用兩種不同曆法的緣故，因而形成了月小與月大之别。

〔四〕「十二月戊戌嘉平」，爲臘日，即十二月二十五日，與其下文「月不盡四日」相吻合。「嘉平」下原有鈎識。

〔五〕此行應接讀木牘左邊一行。

〔六〕「廷」，郡縣官署。「賦所」，收賦的機構。

〔七〕「一」，意爲皆。「籍」，讀爲藉。「度」，即蓆字。度、席均從庶省聲。「十二月己卯□到廷賦所，一藉度廿」，是説交賦的事，應在十二月的己卯日送到收賦的地點，交納農産品用的車或船都須墊以二十張蓆（席）。

〔八〕此「癸」字之前的二十九個干支即爲十二月全月日干支。因十二月月小，「癸」字當是衍文。可以看出，寫這些干支的人是要推算交賦往返的日數，因而第貳欄以十二月朔日「甲戌」開始，第叁欄以到廷賦所的「己卯」日開始，第伍欄則以「戊戌」日即「嘉平」開始。

（二）日書〔一〕

八月〔二〕 角，〔三〕一三一壹亢。〔四〕一三二壹

九月 抵（氐），〔五〕一三三壹房。〔六〕一三四壹

十月 心，〔七〕一三五壹尾，〔八〕一三六壹箕。〔九〕一三七壹

十一月 斗，〔一〇〕一三八壹牽＝（牽牛）。〔一一〕一三九壹

十二月 婺＝（婺女），〔一二〕一四〇壹虚，〔一三〕一四一壹危。〔一四〕一四二壹

正月 營＝（營室），〔一五〕一四三壹東辟（壁）。〔一六〕一四四壹

二月 奎，〔一七〕一四五壹婁。〔一八〕一四六壹

三月 胃，〔一九〕一四七壹卯（昴）。〔二〇〕一四八壹

四月 畢，〔二一〕一四九壹此（觜）觿（巂），〔二二〕一五〇壹參。〔二三〕一五一壹

五月 東井，〔二四〕一五二壹輿鬼。〔二五〕一五三壹

六月　柳，〔二六〕二五四壹七星。〔二七〕一三一貳

七月　張，〔二八〕一三二貳翼，〔二九〕一三三貳軫。〔三〇〕一三四貳

〔一〕本組竹簡數量最多，其文字篇幅最長。主要内容有「二十八宿」占、「五時段」占、「戎磨日」占、「五行」占等，因此，將本組篇名擬定爲《日書》。它是全部竹簡中編聯次序保存最好的一組，我們盡力按照原有的編聯次序予以復原編排。從《側視圖》觀察即可看出，它是以「二十八宿」占和「戎磨日」占作爲本組竹簡起卷的開始，按順時針方向卷轉，「五時段」占等部分卷在中間，「五行」占等則卷在外層。我們經過反覆檢驗，證明按照這種次序來復原是確實的、可信的。本組中段與後段之間的部分竹簡出土登記號與編排順序號的一致性，即可説明這一點。如二三八、二三九、二四〇、二四一、二四二、二四三、二四四、二四五、二四六、二四七、二四八號，二六三、二六四、二六五、二六六、二六七、二六八、二六九、二七〇、二七一號等。

爲了保持「二十八宿」占這一段内容的整體性，我們將位於一三一號叁欄至一三六號叁欄、一三七號貳欄至一四八號貳欄、一五一號貳欄中的簡文，排列到與之内容相近的二六一號之前。

本組竹簡上計有四幅綫圖，分别按次編以（一）、（二）、（三）、（四），它們均係將若干枚竹簡並列靠攏組合一個平面，然後在其上以墨綫繪製圖形，因之有的一條綫段畫在多枚竹簡上。圖中的文字也是由内向外或向四方書寫的，有的一個字書在兩枚竹簡上，只有將整幅綫圖的竹簡靠攏拼合後，圖中的文字才能識讀。

〔二〕自本簡至一五四號簡首列有十二月名及各月所值的星宿。這與西漢星占術中式之天盤上的十二月將表示法基本相同，即表示天盤中十二月將所值二十八星宿的分置情況。所謂月將，是古代星占家出於星占術發展的需要，用來標定太陽在一年十二個月份裏運行的十二個方位。它是根據古代二十八星宿分赤道周圍的宿度推算出來的。這十二個方位，由於其位置上的特殊，星占家將其附會天意，加以神化，視其爲日神、月神之巡所，並配有十二神護守，這便定格成了十二月將。這裏的十二月將是用十二月份名來表示的，八月即表示八月將。簡文排列以八月爲起始，這正與「八月將天罡」相一致（參見嚴敦傑：《關於西漢初期的式盤和占盤》，《考古》一九七八年第五期；《式盤綜述》，《考古學報》一九八五年第四期）。

〔三〕「角」，二十八宿之一。《開元占經·東方七宿占》引《石氏星經》曰：「角二星。」

〔四〕「亢」，二十八宿之一。《開元占經·東方七宿占》引《石氏星經》曰：「亢四星。」簡文「亢」字下隱有筆畫，係原有誤寫，修改未净所致。

〔五〕「掋」，通「氐」，二十八宿之一。《開元占經·東方七宿占》引《石氏星經》曰：「氐七星。」

〔六〕「房」，二十八宿之一。《開元占經·東方七宿占》引《石氏星經》曰：「房四星，鈎鈐二星。」《史記·天官書》：「旁有兩星曰衿，北一星曰舝。」

〔七〕「心」，二十八宿之一。《開元占經·東方七宿占》引《石氏星經》曰：「心三星。」

〔八〕「尾」，二十八宿之一。《開元占經·東方七宿占》引《石氏星經》曰：「尾九星。」

〔九〕「箕」，二十八宿之一。東方青龍七宿的末一宿，有星四顆。

〔一〇〕「斗」，二十八宿之一。《開元占經·北方七宿占》引《石氏星經》曰：「南斗六星。」

〔一一〕「牽牛」，二字爲合文，二十八宿之一。《開元占經·北方七宿占》引《石氏星經》曰：「牽牛六星。」

〔一二〕「婺女」，二字爲合文，即須女，二十八宿之一。《開元占經·北方七宿占》引《石氏星經》曰：「須女四星。」

〔一三〕「虛」，二十八宿之一。《開元占經·北方七宿占》引《石氏星經》曰：「虛二星。」

〔一四〕「危」，二十八宿之一。《史記·天官書》：「危爲蓋屋。」《索隱》引宋均：「危上一星高，旁兩星隋下，似乎蓋屋也。」

〔一五〕「營室」，二字爲合文，二十八宿之一。《開元占經·北方七宿占》引《石氏星經》曰：「營室二星，離宫六星。」

〔一六〕「東壁」，二十八宿之一。《開元占經·北方七宿占》引《石氏星經》曰：「東壁二星。」

〔一七〕「奎」，二十八宿之一。《開元占經·西方七宿占》引《石氏星經》曰：「奎十六星。」

〔一八〕「婁」，二十八宿之一。《開元占經·西方七宿占》引《石氏星經》曰：「婁三星。」

〔一九〕「胃」，二十八宿之一。《開元占經·西方七宿占》引《石氏星經》曰：「胃三星。」

〔二〇〕「卯」，通「昴」，二十八宿之一。西方七宿的第四宿，有星七顆。

〔二一〕「畢」，二十八宿之一。《開元占經·西方七宿占》引《石氏星經》曰：「畢八星，附耳一星。」

〔二二〕「此觿」，二十八宿之一。《淮南子·天文》作「觜巂」。《開元占經·西方七宿占》引《石氏星經》曰：「觜巂三星。」

〔二三〕「參」，二十八宿之一。《開元占經·西方七宿占》引《石氏星經》曰：「參三星。」

〔二四〕「東井」，二十八宿之一。《開元占經·南方七宿占》引《石氏星經》曰：「東井八星，鉞一星。」

〔二五〕「輿鬼」，二十八宿之一。《開元占經·南方七宿占》引《石氏星經》曰：「輿鬼五星。」

〔二六〕「柳」，二十八宿之一。《開元占經·南方七宿占》引《石氏星經》曰：「柳八星。」本簡後原編聯有空白簡一枚，其順序號爲一五五，其簡首有一小段墨迹，疑爲相鄰竹簡上的文字壓印附上，疑並非作者所爲（下同）（見圖版一八）。

〔二七〕「七星」，二十八宿之一。南方七宿的第四宿，有星四顆。

〔二八〕「張」，二十八宿之一。《開元占經·南方七宿占》引《石氏星經》曰：「張六星。」

〔二九〕「翼」，二十八宿之一。《開元占經·南方七宿占》引《石氏星經》曰：「翼二十二星。」

〔三〇〕「軫」，二十八宿之一。南方七宿的最末一宿，有星四顆。

辰、〔一〕乙、卯、甲、寅、丑、癸、子、壬、亥、戌、辛、酉、庚、申、一三五貳未、丁、午、丙、巳。一三六貳

〔一〕本簡及下一簡貳欄所列十二地支、八天干（唯無戊、己二天干），與下面綫圖（一）中心部位的二十個干支排列順序相同。在綫圖（一）中可以看出，這二十個干支是以東方地支「辰」爲起

點，逆時針方向旋轉布列的。

綫圖(一)(簡一五六—一八一號)

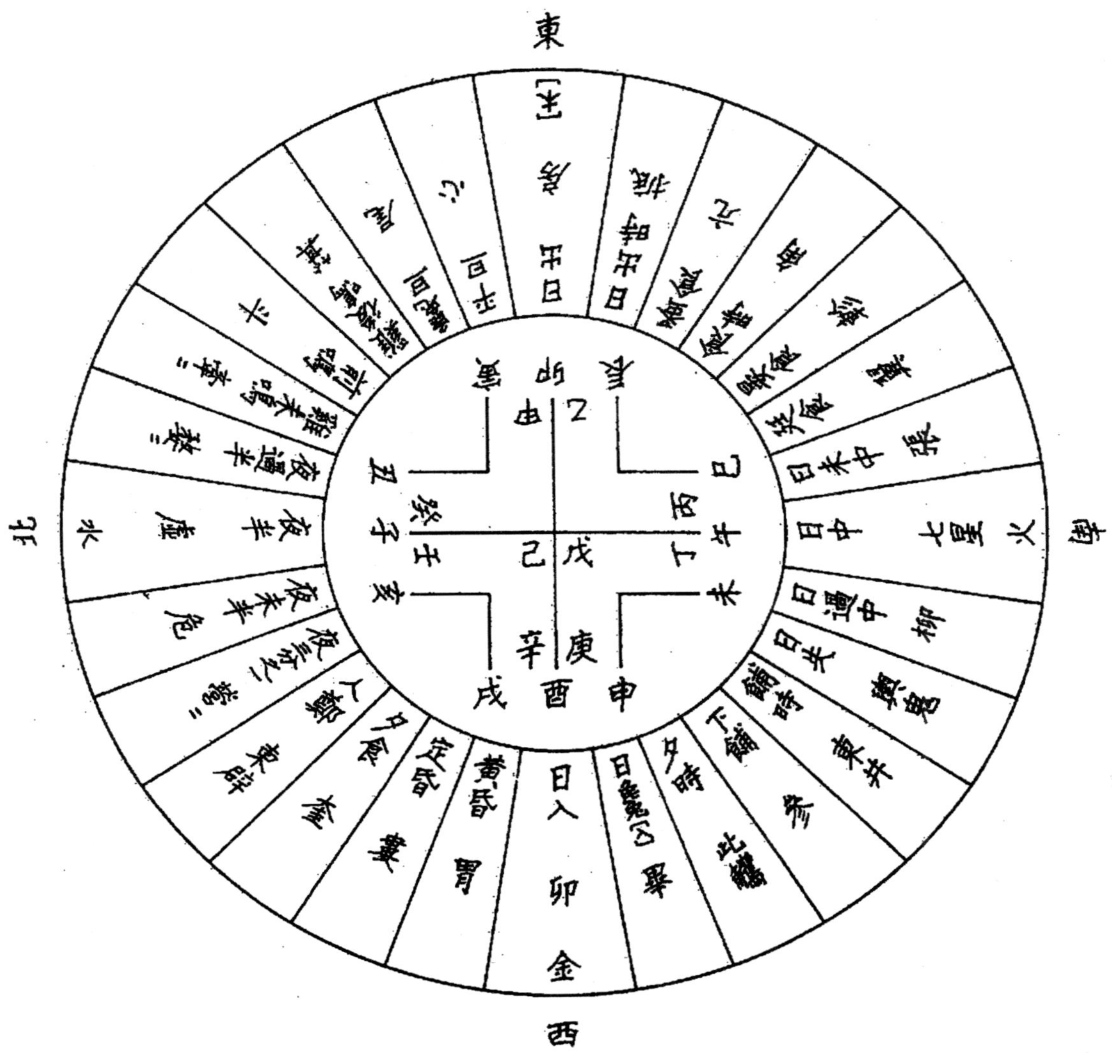

綫圖（一）〔一〕（簡一五六—一八一號）

甲、乙、丙、丁、庚、辛、壬、癸、戊、己。〔二〕

子、丑、寅、卯、辰、巳、午、未、申、酉、戌、亥。

夜半	虛	水〔三〕	北〔四〕
夜過半	婺＝（婺女）		
雞未鳴	牽＝（牽牛）〔五〕		
前鳴〔六〕	斗		
雞後鳴	箕		
毚旦〔七〕	尾		
平旦	心		
日出	房	[木]〔八〕	東
日出時	⿰扌底（氐）		
蚤食	亢		
食時	角		
晏食〔九〕	軫		
廷食	翼		
日未中	張		
日中	七星	火〔一〇〕	南
日過中	柳		
日失（昳）〔一一〕	輿鬼		

餔時　東井
下餔　參
夕時　此(觜)觿(巂)
日毚[入]　畢
日入　卯(昴)　金〔一二〕　西
黄昏　胃
定昏　婁
夕食　奎
人鄭〔一三〕　東辟(壁)
夜三分之一〔一四〕　營=(營室)
夜未半　危

〔一〕　此圖由二十六枚竹簡拼合，以兩個大小不等的同心圓構成。在大圓外側的上、下、左、右，分别標以「東」、「西」、「北」、「南」，表示四方。在大小兩圓之間的圓環部分，用二十八條直綫分割成二十八塊扇面，每塊扇面由内向外書有文字，從内容上看，可以分爲内、中、外三圈。

内圈順時針方向依次記有二十八個時稱，若以「夜半」作爲一日之始，其次第爲：夜半、夜過半、雞未鳴、前鳴、雞後鳴、毚旦、平旦、日出、日出時、蚤食、食時、晏食、廷食、日未中、日中、日過中、日失(昳)、餔時、下餔、夕時、日毚入、日入、黄昏、定昏、夕食、人鄭(定)、夜三分之一、夜未半。這種將一天時間平分爲二十八個時分的「一日分時之制」，乃是迄今爲止關於二十八時稱的最早記載。

中圈逆時針依次列有二十八宿名，以角宿爲起點，即是東方七宿：角、亢、氐、房、心、尾、箕；北方七宿：斗、牽牛、婺女、虚、危、營室、東壁；西方七宿：奎、婁、胃、昴、畢、觜巂、參；南方七宿：東井、輿鬼、柳、七星、張、翼、軫。

外圈在上、下、左、右四個方位標有木、金、水、火，與大圓外所書「東」、「西」、「北」、「南」相對應。《淮南子·天文》云：「東方木也，……其日甲乙；南方火也，……其日丙丁；中央土也，……其日戊己；西方金也，……其日庚辛；北方水也，……其日壬癸。」圓環中的内、中、外三圈文字排列參差不齊，可以看出其書寫次序是以扇面爲單位由内向外，而並非按内、中、外分圈書就的。

在此圖中央的小圓内繪有「井」圖形，以北向十二地支中的「子」爲起點，按照其順序，分布於圖形四面的十二個端點，其間内側記有除「戊」、「己」以外的八天干，「戊」、「己」二天干則記於中心部位。《淮南子·天文》云：「子午、卯酉爲二繩，丑寅、辰巳、未申、戌亥爲四鉤。」所謂「二繩」係指位於圖形中心互相垂直交叉的二綫；所謂「四鉤」則指圖形四角所示的「乚」。

古代星占所用之式由天、地兩盤構成。天盤在地盤之上可以旋轉，以斗柄指向。《淮南子·天文》云：「天道曰圓，地道曰方。」「天圓地方，道在中央。」本圖列有十天干、十二地支、二十八宿及東、北、西、南四個方向等，與漢式地盤的基本内容相同，與安徽阜陽汝陰侯墓出土的西漢初年式盤（殷滌非：《西漢汝陰侯墓出土的占盤和天文儀器》，《考古》一九七八年第五期）和甘肅武威出土的東漢初年式盤（甘肅省博物館：《武威磨嘴子三座漢墓發掘簡報》，《文物》一九七二年第十二期）也是基本相似的。

〔二〕此處釋文按十天干的「甲」字爲起始排列，下文則按十二地支的「子」字爲起始排列。《漢書·百官公卿表》唐顔師古《注》曰：「甲、乙、丙、丁、庚、辛、壬、癸皆有正位，唯戊、己寄位耳。」

〔三〕「水」，五行之一。《淮南子·天文》云：「北方水也，……其日壬癸。」

〔四〕「北」與其圓環扇面中的文字呈相對倒書形態。一五六號簡上的「南」字亦然。在本簡之前有空白簡一枚，其順序號爲一八〇（見圖版二〇）。在一八一號簡後原編聯有空白簡五枚，其順序號爲一八二、一八三、一八四、一八五、一八六（見圖版二一）。

〔五〕「牽牛」二字爲合文，係按文例補足。

〔六〕據文例，「前鳴」之前脱一「雞」字。

〔七〕「毚」，即「纔」，初，方始。毚旦，天剛亮，於平旦之前。

〔八〕「木」，五行之一。《淮南子·天文》云：「東方木也……其日甲乙。」

〔九〕「晏食」，晏，晚也。晏食在食時之後，所表示的時間爲食時之末。

〔一〇〕「火」，五行之一。《淮南子·天文》云：「南方火也……其日丙丁。」

〔一一〕「失」，同「昳」，日昃也，午後日偏斜。

〔一二〕「金」，五行之一。《淮南子·天文》云：「西方金也，……其日庚辛。」

〔一三〕「鄭」，讀爲「定」。「人鄭」即「人定」，當在夜深安息之時。《後漢書·來歙傳》曰：「臣夜人定後爲何人所賊傷。」《睡虎地秦墓竹簡·日書乙種》一五六號簡上有「人定」時稱，表示的時間是在黄昏之後的子時。

〔一四〕「夜三分之一」，漢以三分之一爲少半，三分之二爲大半。《夏侯陽算經》卷一曰：「二分之一爲中半，三分之二爲太（大）半，三分之一爲少半，四分之一爲弱半，此漏刻之數也。」「夜三分之一」，即「夜少半」，表示的時間是在「夜未半」之前。

角：斗乘角，〔一〕門有客，所言者急事也。獄訟，〔二〕不吉；約結，〔三〕成；逐盗、追亡人，〔四〕得；占病者，已；占行者，未發；占來者，一八七未至；占〔市旅〕者，〔五〕不吉；占物，〔六〕黄、白；戰斲（鬭），不合。〔七〕一八八

〔一〕斗乘角，即指天盤上北斗斗柄指向地盤上二十八星宿的角位，這是式占法則所要求遵循的。

〔二〕 據文例，「獄訟」這一占項之上原脱一「占」字，下文「約結」、「逐盗」、「戰鬭」每一占項之上亦各脱一「占」字。

〔三〕 「約結」，指雙方定約。

〔四〕 「亡人」，指逃亡在外的人，如奴婢。

〔五〕 「市旅」，商販。《考工記·總序》：「通四方之珍異以資之，謂之商旅。」鄭玄《注》：「商旅，販賣之客也。」

〔六〕 「物」，顔色。《周禮·春官·保章氏》「以五雲之物辨吉凶」，鄭玄《注》：「物，色也。」

〔七〕 「合」，合戰。《史記·龜策列傳》云：「命曰首仰足肣，有内無外。占病，病甚不死；……行者，不行；來者，不來；擊盗，不見；……請謁、追亡人，不得。」其中占項多與本條占辭類同。

［亢：］斗乘亢，門有客，所言者行事也，請謁事也，〔一〕不成。占獄訟，不吉；占約結，不成；占逐盗、追亡人，一八九得之；占病者，篤；〔二〕占行者，不發；占來者，不至；占市旅，不吉；占物，青、赤；占戰斲（鬭），不合·不得。一九〇

〔一〕 「請謁」，請托求見。《韓非子·孤憤》：「則修智之士不事左右，不聽請謁矣。」

〔二〕 「篤」，病重。

［抵（氐）：斗乘］抵（氐），門有客，所言者憂病事也。占獄訟，不解；占約結，相抵亂也；〔一〕占逐盗、追亡人，得之；占病者，篤；一九一［占行］者，不發；占來者，亟至；占市旅，不吉；占物，青、黄；占戰斲（鬭），不吉。一九二

〔一〕 「抵」，通「抵」。「亂」，通「讕」。抵亂，即抵讕，拒不承認。《漢書·梁孝王傳》：「王陽（佯）病抵讕，置辭驕嫚。」

［房：斗乘］房，門有客，所言者家室事，人中子也，多昆弟。占獄訟，解；占約結，成；占逐盗、追亡人，得之；占病，〔一〕少一九三［可；占行者，☒；占來］者，未至；〔二〕占市旅，吉；占物，白；占戰斲（鬭），不合。一九四

〔一〕 據文例，「病」字之下原脱一「者」字。

〔二〕 據文例及文字的位置間距，上一簡「少」字之後應爲一「可」字，本簡「未」字之上亦缺損「行者」這一占項，可按次補出「可」、「占」、「行」、「者」、「占」、「來」六字，在所補出的第四字「者」字之下還空缺一至二字，因字數難以確定，故以☒標示。

[心]：斗乘心，門有客，所言者]☒樹賞賜事也，占[獄訟]，□；〔一〕約結，〔二〕成；逐盜、追亡人，不得；一九五[占病者，少可；占]行者，〔三〕已發；占來者，亟至；占市旅，吉；占物，赤、黃；戰斲(鬭)，不合。一九六

〔一〕按文字的位置間距，「占」字下缺損三字，據文例，當可補爲「獄」、「訟」、「□」。

〔二〕據文例，「約結」這一占項上原脱一「占」字，下文「逐盜」、「戰鬭」每一占項之上亦各脱一「占」字。

〔三〕按文字的位置間距，此簡簡首缺損三字，據文例，當補出「占」、「病」、「者」三字。在缺損的「者」字之下還殘存三字的左半部分，參照一九三號、二一二號、二二一號同項簡文，根據這殘存的三字筆畫補爲「少」、「可」、「占」。

[尾：斗]乘尾，門有客，所言者吉事也。占獄訟，勝；占約結，成；占逐盜、追亡人，得之；占病者，已；占行者，一九七已發；占來者，亟至；占市旅，吉；占物，青、黃；占戰斲(鬭)，勝，不合。一九八

箕：斗乘箕，門有客，所言者急，善事成，不善不成。占獄訟，急，後解；占約結，不成；占逐盜、追亡人，得而復一九九失之；占病者，篤；占行者，不發；占來者，亟至；占市旅者，自當；〔一〕占物，黃、青；占戰斲(鬭)，不合。二〇〇

〔一〕「自當」，指行商不賺不賠。

斗：斗乘斗，門有客，所言者末事、〔一〕急事也。占獄訟，不勝；占約結，不成；占逐盜、追亡人，得；占二〇一病者，篤；占行者，已發；占來者，未至；占市旅，不吉；占物，白；占戰斲(鬭)，不合。二〇二

〔一〕「末」，非根本的，不重要的事情。

牽=(牽牛)：斗乘牽=(牽牛)，門有客，所言者請謁、獄訟事也。占獄訟，不勝；占約結，凶事成，吉事不成；占逐盜、追亡人，二〇三得之；占病者，死；占行者，發而難；占來者，未至；占市旅者，不吉；占物，白、黑半；占戰斲(鬭)，勝之·不勝。二〇四

婺＝(婺女)：斗乘婺＝(婺女)，門有客，所言者憂病事也。占獄訟，不吉；占約結，不成；占逐盜、追亡人，不得；占病二〇五者，篤，占行者，不發；占
來者，未來；占市旅，不吉；占物，白；占戰斲(鬬)，不吉。二〇六

[虛：斗]乘虛，門有客，所言者虛〔一〕故事，〔二〕不害。〔三〕占獄訟，解；占約結，不成＝(成，成)；〔四〕占逐、〔五〕追亡人，弗得；占病者，已；占二〇七[行]
者，已發；占來者；未至；占市旅者，不吉；占物，白、黑半；占戰斲(鬬)，不合。二〇八

〔一〕「虛」，假的，不真實的。這裏使用「虛」字，可能與本條處於「虛」宿有關。下二〇九號簡上「危」與此同。

〔二〕「故事」，舊事。下二三五號簡有「家室、故事」之語。

〔三〕「不害」，沒有妨害。《左傳·桓公六年》：「謂其三時不害而民和年豐也。」

〔四〕「成」字下爲重文符號。此句可讀作「占約結，不成，成」，與二〇四號簡「勝之，不勝」同例。

〔五〕據文例，「逐」字下原脱一「盜」字。

[危：斗乘]危，門有客，所言者危行事也。〔一〕占獄訟，疑；占約結，不成；占逐盜、追亡人，弗得；占病者，篤；占二〇九[行者]，已發；占來者，亟
至；占市旅者，自當；占物，雜、〔二〕白；占戰斲(鬬)，吉。二一〇

〔一〕「危行」，帶有風險的行爲。

〔二〕「雜」，雜色。

[營＝(營室)：〔一〕斗乘]營＝(營室)，門有客，所言者分楬事也，〔二〕不成。占獄訟，勝；占約結，有後言語；〔三〕占逐盜、追亡人，得之；占二一一[病
者]，少可；占行者，不發；占來者，未發；占市旅，吉；占物，白、黑半；占戰斲(鬬)，不合。二一二

〔一〕「營＝」爲合文，係按文例補出。

〔二〕「楬」，作標誌用的小木樁。

〔三〕「後言語」，指背後的議論。《尚書·益稷》：「汝無面從，退有後言。」

[東辟(壁)：斗乘東辟(壁)，門有客，所言]者善事也。占獄訟，勝；占約結，成；占逐盜、追亡人，不得；占病者，已；占行者，未發；二二三[占來者]，未至；占市旅，吉；占物，青、黑；占戰斵(鬭)，不合。二二四

[奎：斗乘]奎，〔一〕門有客，所言者惡事也。占獄訟，不吉；占約結，成；占逐盜、追亡人，得之；占病者，勮；〔二〕占行二二五者，□發；〔三〕占來者，亟至；占市旅，不吉；占物，黄、赤；占戰斵(鬭)，不合，吉。二二六

〔一〕「奎」字之下原有重文符號，係誤衍。

〔二〕「勮」，同「劇」。姚文田、嚴可均《説文校議》：「《説文》無劇字，即勮。」

〔三〕據文例及文字的間距，「者」字之下只空缺一字，參照一八七號、一九〇號、一九六號等同項簡文，所空缺的一字應爲「未」或「不」、或「已」，由殘筆看，以「已」字可能性爲大。

[婁：斗乘]婁，門有客，所言者獄訟事、請謁事也。不勝；〔一〕占結者，〔二〕凶事成，吉事不成；占逐盜、二一七追亡人，得之；占病者，篤；占行者，發；占來者，至；占市旅者，不吉；占物，白、黑半；占戰斵(鬭)，不吉。二一八

〔一〕據文例，在「不勝」二字之前原脱去「獄訟」這一占項。

〔二〕在「占」字下原脱一「約」字。

胃：斗乘胃，門有客，所言者凶事也。占得利、貨、財，必後失之；占獄訟，不勝；占約結，不成；占逐盜、二一九追亡人，得；占病者，未已；占行者，未發；占來者，未至；占市旅者，細利；〔一〕占物，雜；占戰斵(鬭)，有憂。二二〇

〔一〕「細利」，小利，利潤不厚。

卯(昴)：斗乘卯(昴)，門有客，所言者惡事也。占獄訟，不成；占約結，成而有言語；占病者，少可；逐盜、二二一追亡人，〔一〕不得；占行者，發；占來者，到；占市旅，疑；占物，黄、白；占戰斵(鬭)，怒，不合。二二二

〔一〕 據文例，「逐盜、追亡人」這一占項之上原脱一「占」字。此占項應書在「病者」這一占項之前。

畢：斗乘畢，門有客，所言者，急相竆（窮）事也。〔一〕占獄訟，勝：，以期約結者，〔二〕成：，占逐盜、追亡人，得之：，占病二二三者，篤，不死：，占行者，發：，占來者，亟至：，占市旅，吉：，占物，黄、白：，占戰斲（鬬），勝之，不合。二二四

〔一〕 「竆」，「窮」之異體。《馬王堆漢墓帛書·老子甲本·德經》「其用不竆」，今本《老子》第四十六章作「其用不窮」。

〔二〕 據文例，在「以期約結者」這一占項上原脱一「占」字。

此（觜）巂：〔一〕斗乘此（觜）巂，門有客，所言者錢財事也。獄訟，〔二〕解：，約結，不成：，占病者，已：，占行者，發：，占來二二五者，亟至：，占市旅，吉：，占物，黄、白：，占亡，〔三〕不得：，占戰斲（鬬），不合。二二六

〔一〕 「此巂」二字分書在本簡及下一簡簡首，應横讀。

〔二〕 據文例，「獄訟」這一占項之上原脱一「占」字。下文「約結」占項之上亦脱一「占」字。

〔三〕 據文例，「亡」字之上原脱「逐」、「盜」、「追」三字，「亡」字之下原脱一「人」字。本占項應書在「病者」這一占項之前。

［參：斗］乘參，門有客，所言者急事也。獄訟，〔一〕解：，占約結，不吉：，占逐盜、追亡人，不得：，占病者，二二七□：，［占行者］，未發：，〔二〕占來者，未至：，市旅，不吉：，占物，黄、白：，戰斲（鬬），不合。二二八

〔一〕 據文例，「獄訟」這一占項之上原脱一「占」字。下文「市旅」、「戰鬬」每一占項之上原亦各脱一「占」字。

〔二〕 據文例及文字的位置間距，「未」字之上，可補四字，即「□」、「占」、「行」、「者」，在所補的「占」字之上只能空缺一字。參照一八七號、一九〇號、二〇四號、二一五號等同項簡文，所空缺的一字應爲「已」或「篤」、或「死」、或「勮」。後面二三四號同項簡文中所空缺的一字亦同。

［東井］：斗乘東井，門有客，所言者家室、請謁事也。占獄訟，不吉：，占約結，不成：，占逐盜、追亡人，得：，二二九［占］病者，〔一〕篤：，占行，〔二〕不發：，來者，〔三〕不至：，市旅，不吉：，占物，黄、白：，占戰斲（鬬），不合。二三〇

〔一〕 據文例及文字的間距，在「病」字之上應當補足一個「占」字。

〔二〕 據文例，「行」字之下原脱一「者」字。

〔三〕 據文例，「來者」這一占項之上原脱一「占」字。下文「市旅」占項之上亦脱一「占」字。

〔輿鬼：斗〕乘輿鬼，門有客，所言者獄訟、請謁事也。占獄訟，不解：，占約結，不成：，占逐盜、追亡人，二三二〔得：，占〕病者，〔一〕死：，占行者，不發：，占來者，不至：，占市旅，不吉：，占物，赤、黑，占戰斲（鬭），吉。二三三

〔一〕 據文例及文字的間距，在「病」字之上當可補足「得」、「占」二字。

〔柳：斗乘柳，門有客〕，所言者憂病事也。占獄訟，毄（繫）留，〔一〕不吉：，占約結，不成：，占逐盜、追亡人，不得：，二三三〔占病者〕，□：，占行者，〔二〕未發：，占來者，不至：，占市旅，不吉：，占物，青、赤：，占戰斲（鬭），不吉。二三四

〔一〕 「繫留」，被拘留。

〔二〕 據文例及文字的間距，「占」字之上當可補足四字，即「占」、「病」、「者」、「□」，在所補的「者」字之下當空缺一字。

〔七星：斗乘七星，門有客〕，所言者家室、〔一〕故事也。問獄訟，勝：，占約結，成：，占逐盜、追亡人，得：，占病者，已：，占二三五〔行者，□□：，占來〕者，〔二〕不至：，占市旅者，自當：，占物，青、黃：，占戰斲（鬭），不合。二三六

〔一〕 「室」字之下原有鈎識。

〔二〕 據文例及文字的位置間距，「者」字之上當可補足六字，即「行」、「者」、「□」、「□」、「占」、「來」，在所補出的第二字「者」字之下應空缺二字。參照一八七號、一九〇號、一九六號等同項簡文，所空缺的二字應爲「未發」或「不發」，或「已發」。

〔張：斗乘〕張，門有客，所言者變治事也。占獄訟，勝：，占約結，成：，占逐盜、追亡人，得之：，占病二三七者篤：，占行者，發：，占來者，亟至：，占市旅，吉：，占物，青、黃：，占戰斲（鬭），勝。二三八

翼：斗乘翼，門有客，所言者行事也。占獄訟，已；占約結，成；占逐盜、追亡人，得；占病者，有二三九瘳；占行者，已發；占來者，亟至；占市旅，吉；占物，青、黃；占戰斲（鬭），不合。二四〇

軫：斗乘軫，門有客，所言者宦御若行者也。〔一〕占獄訟，解；占約結，成；占逐盜、追亡人，不得；占病者，二四一已；以有求，不得；占行者，已發；占來者，亟至；占市旅，吉；占物，黃、白；占戰斲（鬭），不合。二四二

〔一〕「宦御」，指任官。「若」，或。

求斗术曰：〔一〕以廷子爲平旦而左行，〔二〕髏（數）東方平旦以雜之，〔三〕得其時宿，即斗所乘也。二四三

〔一〕以下簡文爲操作「二十八宿」占之方法。此占法二十八宿與干支對應關係，類於漢以下式盤，參看劉樂賢《睡虎地秦簡日書研究·星篇》（文津出版社一九九四年）。

〔二〕「廷」，《後漢書·郭太傳》《注》引《倉頡》：「直也。」此處意爲正值。「左行」，左周而行，即逆時針方向旋轉。《淮南子·天文》云「紫官執斗而左旋」，可爲印證。

〔三〕「雜」，合也。

此正月平旦毄（繫）申者，〔一〕此直引也。今此十二月子日皆爲平，宿右行。·毄（繫）行。〔二〕二四四

〔一〕「繫」，爲星占家用來稱謂北斗斗柄指向的術語。《睡虎地秦墓竹簡·日書甲種》四七號簡正壹簡文云：「十月招搖繫未，玄戈繫尾。」（《睡虎地秦墓竹簡》，文物出版社一九九〇年）參見饒宗頤、曾憲通《楚地出土文獻三種研究》第四一三至四一五頁（中華書局一九九三年）；劉樂賢《睡虎地秦簡日書研究》《玄戈篇》、《星篇》（文津出版社一九九四年）。

〔二〕「繫行」二字之上有墨作的圓點，表明此二字爲一三一號簡至本簡一段簡文的標題。以上簡文所論應即《漢書·藝文志》兵陰陽家所説「斗擊」。

	朝	莫食	日中	日失(昳)時	日夕時〔一〕	二四五
亥	有後言。	不言。	令復見之。	怒言。	請後見。	二四六
子	告，聽之。	告，不聽。	有美言。	復好見之。	有美言。	二四七
丑	有怒。	有美言。	遇怒。	有告，聽。	有惡言。	二四八
[寅]〔二〕	有得，怒。	說(悦)。〔三〕	不得言。	不得言。	有告，聽。	二四九
[卯]	有請命，許。〔四〕	說(悦)。	告，聽之。	請謁，聽。	有怒。	二五〇
辰〔五〕	告，不聽。	告，聽之。	請命，許。	有告，遇怒。	請謁，許。	二五一
[巳]	不說(悦)。	告，聽之。	告，不聽。	有告，遇怒	後有言。	二五二
[午]〔六〕	許。	百事不成。	告，聽之。	有造，〔七〕惡。	說(悦)。	二五三
[未]〔八〕	有美]言。	令復之。	有惡言。	說(悦)。	不治。	二五四
[申]〔九〕	□怒]。	得語。	不說(悦)。	有後言。	請謁，許。	二五五
[酉]〔一〇〕	▨	▨	▨	▨	遇惡。	二五六
[戌]〔一一〕	▨	▨	說(悦)。	有言，聽。	有惡言。	二五七

〔一〕「朝」、「莫食」、「日中」、「日失(昳)時」、「日夕時」爲古代一日之五個時段。《睡虎地秦墓竹簡·日書甲種》類似内容標題爲《吏》，其一五七號簡正有「朝、晏、晝、日虒、夕」五個時段，與此相類同。甘肅天水放馬灘秦簡也有相近内容。本簡出土登記號緊連在前一段簡的標題「繫行」之後，可以看出本段竹簡與前段竹簡的編聯順序並未混亂。關於本段竹簡，由於簡首殘缺文字較多，因而要根據它們在出土時編聯順序或位置，同時參考《睡虎地秦墓竹簡·日書甲種》同類簡文相關的占辭内容來排定。二四五至二四八號簡，原有的編聯順序清楚，可以肯定它是以「亥」作爲十二地支的起始，這與《睡虎地秦墓竹簡·日書甲種》同類簡文以「子」作爲十個地支的起始是有所區别的，疑係原簡抄寫時所用底本散亂致誤。

〔二〕本簡及二五〇號簡首殘缺地支，而且編聯順序散亂，我們參照《睡虎地秦墓竹簡·日書甲種》一五九號簡正、一六〇號簡正的占辭内容將二簡排定，並按文例分别在二簡簡首補足其地支「寅」、「卯」二字。

〔三〕「説」，通「悦」。

〔四〕「許」，許可。

〔五〕本簡至二五五號簡原有編聯順序清楚，部分殘缺文字，依據文例或占辭内容補足。

〔六〕按其殘斷簡的位置空間及殘字的筆畫，「午」字之下只能補足一個「許」字，「許」字之上不可能再容一字。

〔七〕「造」,《孟子·離婁下》趙岐《注》:「致也。」此處意爲致送。

〔八〕按其殘字的筆畫及文例,「未」字之下可補「有美」二字。

〔九〕按其殘斷簡的位置空間及殘字的筆畫,「申」字之下可補二字即「□怒」。據文例,「怒」字之上只可能有「遇」或「有」一字,參考《睡虎地秦墓竹簡·日書甲種》一六四號簡正文字,該字補「遇」字較爲合適。

〔一〇〕本簡至二五七號簡共有三段殘簡,因它們均失去原有的編聯順序而散亂,其中有二段爲簡尾,其上分别有「遇惡」二字和「有惡言」三字。對照《睡虎地秦墓竹簡·日書甲種》同類簡文相關的占辭,簡尾「有惡言」三字與其一六五號簡正伍欄簡文相合,故此將它排定在本段二五七號簡的尾端,「遇惡」二字簡尾則排定在該簡之前的二五六號簡的尾端。另外一段殘簡,其上簡文與《睡虎地秦墓竹簡·日書甲種》同類竹簡簡文有别。根據其上所殘留的中間一道編聯綫痕迹的位置,以及其寬度與二五七號簡相一致的情況,我們認定它係「有惡言」簡尾的上一段部分,因兩段之間有斷缺,故不能相合。

〔一一〕本條與《睡虎地秦墓竹簡·日書甲種》同類簡文的占辭内容有所不同,故該簡所殘缺的兩項占辭内容不能排定。《睡虎地秦墓竹簡·日書甲種》一六五號簡正簡文:「戌朝見,有告,聽。晏見,造,許。晝見,得語。日虒見,請命,許。夕見,有惡言。」可供參考。

☑己、〔一〕壬、癸〔二〕二五八

〔一〕根據此字的殘留字形和筆畫隸定爲「己」,而不能隸定爲「巳」。

〔二〕本簡及下一簡原有的編聯順序已經混亂(參見《側視圖》)。從二簡所處接近最外層的位置觀察,它們原有的編聯順序,當在「二十八宿」占和「五時段」占之後,又因其後的竹簡編聯順序比較清楚,同時二簡簡文的内容涉及「天干」和「五行」,可能與其後的綫圖(二)、(三)、(四)存在着一定的聯繫。因此,兹將二簡試排在「五時段」占末簡二五七號之後。

[甲乙木、丙]丁火、戊己土、庚辛金、壬癸水。二五九

☑以孤虚循求盗所道入者及臧(藏)處。〔一〕二六〇

〔一〕按本段簡的書寫格式,「以」字之上所缺一或二字,故以☑示之。「孤虚」,古代方術語。《史記·龜策列傳》「日辰不全,故有孤虚」,裴駰《集解》:「《六甲孤虚法》:甲子旬中無戌亥,戌亥即

貳

戊子、丑、寅、卯、辰、巳、戊午、未、申、[酉]、〔三〕[戌]、亥。

叁

壬子、丑、〔四〕巳、壬午、未、申、酉、戌、亥。〔五〕

〔一〕本圖壹、貳、叁欄各繪有一個「卌」形綫圖。據文例，在壹欄「丙子」的左側，二九〇號簡上原脱一「丑」字；「丙子」的右側，二八四號簡上原脱一「亥」字。

〔二〕在本圖壹欄「卌」形綫圖的右側，二八一號簡首缺損一「申」字，其下還分别殘留「酉」、「戌」二字上半部筆畫，現根據文例及筆畫將它們一一補足。

〔三〕據文例，在本圖貳欄，二八一號簡的中段還殘留「申」字右半部的部分筆畫，其下缺損「酉」、「戌」二字，現將它們一一補足。

〔四〕據文例，在本圖叁欄，二九三號簡的下段，由上而下原脱有「辰」、「卯」、「寅」三字。在本圖中的二九二、二九三號竹簡以及在綫圖(四)中的三〇一號竹簡，均因在清理中失水而收縮變窄，故其上文字不甚清晰。

〔五〕在二九三號簡之後原編聯有空白簡二枚，其編排順序號爲二九四、二九五(見圖版三二)。

綫圖(四)(簡二九六—三〇八號)

壹

卅六年置居金上公兵死陽主歲=在中

置居火築(築)囚行炊主歲=爲下

[置居水]☐主歲

置居土田林木並主歲

置居木里林冢主歲=爲上

貳

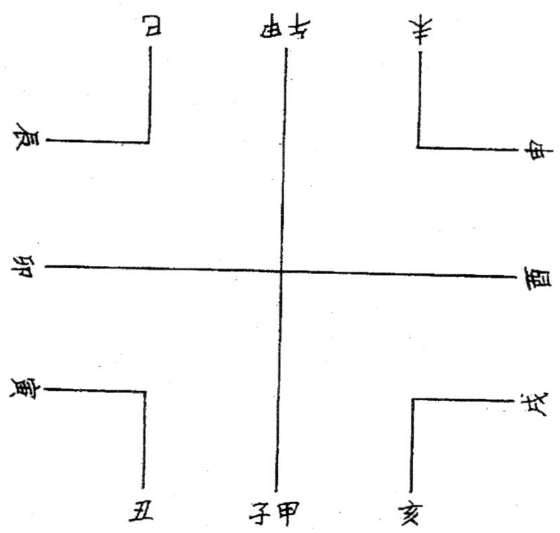

叁

甲子其下有白衣之冣黔首疢疾

丙子其下有旱

戊子其下有大敗

庚子其下有興

壬子其下有水

綫圖（四）（簡二九六—三〇八號）

壹

卅六年，置居金，上公、〔一〕兵死、〔二〕陽主歲＝（歲，歲）二九七壹在中。〔三〕二九八壹

置居火，築（築）囚、行、炊主歲＝（歲，歲）爲下。〔四〕二九九壹

［置居水］，▨主歲。三〇〇壹

置居土，田祙、〔五〕木並主歲。三〇一壹

置居木，里祙、冢主歲＝（歲，歲）爲上。〔六〕三〇二壹

貳

甲子、丑、寅、卯、辰、巳、甲午、未、申、酉、戌、亥。

叁

甲子，其下有白衣之冣，〔七〕黔二九七叁首疢疾。〔八〕二九八叁

丙子，其下有旱。二九九叁

戊子，其下有大敗。三〇〇叁

庚子，其下有興。〔九〕三〇一叁

壬子，其下有水。〔一〇〕三〇二叁

〔一〕「上公」，與下「兵死」等均爲民間祭祀對象。

〔二〕「兵死」，死於戰事者。《包山楚簡·卜筮祭禱記録》二四一號簡有「由攻解於䄖（祖）與兵死」語，可參考。

〔三〕「陽」，當讀爲「殤」，夭死者。下文「歲」字下有重文符號，全句應讀作：「陽主歲，歲在中。」下面二九九號簡壹欄、三〇二號簡壹欄中的重文符號皆同。

〔四〕「炊」，即「竈」，與上文「行」同見於《禮記·曲禮下》五祀。

〔五〕「祙」即「社」。《說文》：「䄕，古文社。」此省從木。

〔六〕「冢」，通「塜」。《玉篇·土部》：「塜，墓也。正作冢。」

〔一〕「黑子」，痣。《廣韻·職部》：「痣，黑子。」

〔二〕「槀」，借作「藁」。《神農本草經》：藁本，「味辛，温。主婦人疝瘕、陰中寒、腫痛，腹中急，除風頭痛，長肌膚，脱顔色。」「小弱」，此處指藁本之嫩莖。

〔三〕「東」，爲「柬」之訛字，三七五號簡上有「柬灰一斗」。「柬」，讀作「欄」，《考工記·㡃氏》「湅帛以欄爲灰，渥淳其帛」，《注》：「渥以欄木之灰，漸釋其帛也。」

〔四〕「靡」，讀作「摩」，即摩擦。

〔五〕自此以下係另一去黑子方。

〔六〕「櫌」，讀爲「擾」，《管子·地員》注：「柔也。」

〔七〕「燔」，焚燒。

〔八〕「剝」，通「劙」。「劙」，《廣韻·霽韻》：「劙，割破。」即用刀等利器切割破開。

……乾者，〔一〕令人孰（熟）以靡（摩）之，令欲出血，即以并傅，彼（被）其上以□枲絮。善布清席，三一九東首臥到晦，朔復到南臥。晦起，即以酒賁（噴），以羽漬，稍〔二〕去之，以粉傅之。三二〇

〔一〕上有缺簡。本條從内容看，疑亦係去黑子方，暫繫於此。

〔二〕「稍」，逐漸。

人所恒炊（吹）〔一〕者，上橐莫〔二〕以丸礜，〔三〕大如扁（蝙）蝠矢而乾之。即發，以䣛四分升一〔四〕三二一歓（飲）之。男子歓（飲）二七，女子欲〈歓〉七。〔五〕

三二二

〔一〕「所」，若。「炊」，讀爲「吹」，《玉篇》引《聲類》：「出氣急曰吹。」此處當指哮喘。

〔二〕「橐莫」，馬王堆帛書《五十二病方》原文二十九條有：「狂犬傷人，冶礜與橐莫，醯半杯，飲之……」馬繼興先生在該條考釋中疑「橐莫」爲「橐吾」。他認爲，「吾」與「無」上古音均屬魚部，疊韻通假。而「無」與「莫」均屬明紐雙聲通假。故「莫」與「吾」係輾轉音轉者。橐吾一藥在《神農本草經》稱款冬，又名橐吾，「辛温，主咳逆上氣，善喘，喉痹，諸驚癇，寒熱邪氣。」參見馬繼興《馬王堆古醫書考釋》（湖南科學技術出版社一九九二年）。

〔三〕「礜」，礜石。《説文》：「礜，毒石也。」《玉篇·石部》：「礜石，出陰山，殺鼠，蠶食則肥。」《本草綱目》卷一〇：礜石，「氣味辛，大熱，有毒。」

〔四〕「四分升一」，四分之一升。

〔五〕「欲」，從簡文文意看應是「飲」之訛字。

・叚（瘕）者，〔一〕燔劍若有方之端，〔二〕卒（淬）之醇酒中。〔三〕女子二七，男子七以歓（飲）之，已。三二三

〔一〕「叚」，讀作「瘕」，指腹内因病形成的積塊。《素問・骨空論》：「任脈爲病，男子内結七疝，女子帶下瘕聚。」「叚」字之上有墨作的圓點，現已不够清晰。

〔二〕「有方」，古代一種兵器。《墨子・備水》：「人擅弩，計（什）四有方。」《韓非子・八説》：「搢笏干戚，不適有方、鐵銛。」《居延漢簡甲編》（中國科學院考古研究所編，科學出版社一九五九年）六〇號木簡有：「持有方一，劍一。」均可爲證。由本簡看，應爲矛劍一類鋒刃器。

〔三〕「卒」，讀作「淬」。淬，染。《戰國策・燕策三》：「太子預求天下之利匕首，得趙人徐夫人之匕首，取之百金，使工以藥淬之。」

・治𢈔（痿）病：〔一〕以羊矢（屎）三斗，〔二〕烏頭二七，〔三〕牛脂大如手，〔四〕而三温鬻（煮）之，〔五〕洗其□，三二四已𢈔（痿）病亟甚。〔六〕三二五

〔一〕「𢈔」，即「痿」。武威醫簡「痿」亦寫作「𢈔」。痿，《説文》「痹也」，段《注》：「古多痿痹聯言，因痹而痿也。」蓋指身體某一部分萎縮或失去機能而不能行動。

〔二〕「矢」，通「屎」。「羊矢」，即羊屎，見《名醫别録》。

〔三〕「烏頭」，又名烏喙。《本草綱目》卷一七：烏頭，「氣味辛温，有大毒。主治風寒濕痹……」

〔四〕「牛脂」，牛油。《本草綱目》牛脂：「甘，温，微毒，主治諸瘡，疥癬，白禿。」

〔五〕「温」，《玉篇》：「漸熱也。」「三温」，反復加熱。

〔六〕本簡係由原編丙組四六號和乙組七二號兩段殘片拼接而成，接合處能密合，且乙組七二號簡上的上道編聯綫痕迹也與前後簡編聯綫痕迹平齊，説明本簡未缺損文字。

・已齲方：〔一〕見東陳垣，〔二〕禹步三步，〔三〕曰：「皋！〔四〕敢告東陳垣君子，某病齲齒，笱（苟）令某齲已，〔五〕請三二六獻驪牛子母。〔六〕」前見地瓦，操；見垣有瓦，乃禹步，已，即取垣瓦貍（埋）東陳垣〔七〕三二七止（址）下。〔八〕置垣瓦下，置牛上，乃以所操瓦蓋之，堅貍（埋）之。所謂「牛」者，頭虫也。三二八

〔一〕「齲」，《釋名・釋疾病》：「齒朽也。」

〔二〕「陳垣」，舊牆。

〔三〕「禹步」，古代巫師作法術時的一種行步方法。相傳出自夏禹。《尸子·廣澤》：「禹於是疏河決江，十年不窺其家，足無爪，脛無毛，偏枯之病，步不能過，名曰禹步。」漢楊雄《法言·重黎》「昔者，姒氏治水土，而巫步多禹」，晉李軌《注》：「姒氏，禹也，治水土，涉山川，病足，故行跛也，……而俗巫多效禹步。」《玉函秘典》：「禹步法，閉氣先前左足，次前右足，以左足並右足，爲三步也。」

〔四〕「皋」，《禮記·禮運》：「升屋而號，告曰：皋！某復。」孔穎達《疏》：「皋者，引聲之言也。」

〔五〕「笱」，通「苟」，如果。

〔六〕「驪」，黑色。《小爾雅·廣詁》：「驪，黑色。」

〔七〕「貍」，通「埋」。

〔八〕「止」，即「址」，指牆基。

·已齲方：以叔（菽）七，稅（脱）去黑者。〔一〕操兩瓦，之東西垣日出所燭，〔二〕先貍（埋）一瓦垣止（址）下，復環禹步三三二九步，祝曰：「嘑（呼）！垣止（址），笱（苟）令某齲已，予若叔（菽）子而徼之齲已。〔三〕」即以所操瓦而蓋□。三三〇

〔一〕「稅」，讀作「脱」，「脱去黑者」，當指脱去豆皮上黑色部分。

〔二〕「燭」，《玉篇·火部》：「照也。」

〔三〕「徼」字不很清楚。

·其一曰：以米亦可。男子［以］米七，女子以米二七。三三一

·已齲方：見車，禹步三步，曰：「輔車＝（車車）輔，〔一〕某病齒齲，笱（苟）能令某齲已，令三三二若毋見風雨。」即取車𡊄（舝），〔二〕毋令人見之，及毋與人言。操歸，匿屋中，令三三三毋見＝（見，見）復發。〔三〕三三四

〔一〕「車」字下爲重文符號，應讀作「輔車車輔，某病齒齲，……」。

〔二〕「𡊄」，同「舝」，即「轄」。

〔三〕「見」字下爲重文符號，應讀作「令毋見，見復發」。

•病心者，禹步三，曰：「皋！敢告泰〓山〓（泰山，泰山）高也，〔一〕人居之，□□之孟也。人席之，不智（知）三三五歲實。赤隗獨指，〔二〕搕某叚（瘕）心疾。」即兩手搕病者腹，三三六「而心疾不智（知）而咸戴」，即令病心者南首卧，而左足踐之二七。三三七

〔一〕「泰」、「山」二字之下均有重文符號，應讀作「敢告泰山，泰山高也，……」。

〔二〕「隗」字左側不清。

•操杯米之池，東鄉（向），禹［步三］步，投米，祝曰：「皋！敢告三三八曲池，〔一〕某癰某波（破）。〔二〕禹步揹房桼，令某癰嫠（數）去。〔三〕」三三九

〔一〕「曲」，折，彎。《廣雅·釋詁》：「曲，折也。」

〔二〕《說文·疒部》：「癰，腫也。」《本草綱目·百病主治藥·癰疽》：「深爲疽，淺爲癰，大爲癰，小爲癤。」「波」，借作「破」。《莊子·列禦寇》：「秦王有病召醫，破癰潰痤者，得車一乘。」

〔三〕「嫠」，即「數」。《史記·屈原賈生列傳》「淹數之度兮語予其期」，裴駰《集解》引徐廣曰：「數，速也。」張守節《正義》：「數音朔，速也。」《漢書》作「淹速」。

•禹步三，汲井，以左手袤〈牽〉繘，〔一〕令可下免甕（甕），〔二〕卽〔三〕三四〇下免繘甕（甕），左操杯，鯖甕（甕）水；〔四〕以一杯盛米，毋三四一下一升。前置杯水女子前，即操杯米，禹步［三步］，〔五〕三四二祝曰：「皋！敢告鬻。」□步，投米地，祝投米曰：「某有子三旬，〔六〕三四三疾生。」即以左手撟杯水歙（飲）女子，〔七〕而投杯地，杯汇□〔八〕三四四

〔一〕「繘」，《方言》卷五：「自關而東，周、洛、韓、魏之間，謂之綆，或謂之絡；關西謂之繘。」郭璞注：「汲水索也。」

〔二〕「免」，《廣雅·釋詁四》：「脱也。」

〔三〕疑爲「即」字。

〔四〕「鯖」，疑讀作「清」，《考工記·㡛氏》《注》：「澄也。」

〔五〕「步」字之下殘缺，按文意補足「三步」二字。

〔六〕本簡綴接有待研究。下段「有子三旬」係原編丙組中清理出來的一段殘簡，按其長度、簡上文字疏密、形體大小均不能與該組其他殘簡相拼接，却能與本簡下端殘缺長度相合，但該段殘片中部有一竹節，兩端已萎縮變窄，因而與其上段殘簡結合處不能密合。

〔七〕「撟」，舉起。

〔一〕「宛」，地名，今河南南陽。本簡似爲記事。

⿰犭有始。〔一〕十月戊子齊而牛止司命在庭☐〔二〕三六五明星，北斗長史。三六六

〔一〕「⿰犭有」字右半部不够清晰。本簡簡首無墨圓點號，前有缺簡。考慮到秦曆以十月爲歲首，而三六四號簡文中的七月有「己丑」至「乙未」，則不拘有無閏九月，次年十月無戊子，故本簡不能直接排在前一簡之後。

〔二〕「牛」，或釋爲「手」。「司命」，文昌的第四星。《史記·天官書》：「斗魁戴匡六星，曰文昌宫：一曰上將……四曰司命。」《索隱》：「司命，主災咎。」《禮記·祭法》：「王爲羣姓立祀，曰司命，曰中霤，曰國門，曰國行，曰泰厲，曰户，曰竈。」《楚辭·九歌》有「大司命」、「少司命」。

・平旦晉，〔一〕日出俊，食時錢，日中弌(一)，餔時浚兒，夕市時發☐，日入雞＝(雞，雞)。〔二〕三六七

〔一〕「平旦」及下面的「日出」、「食時」、「日中」、「餔時」、「夕市時」、「日入」，均爲一日内的時分。

〔二〕「雞」字下爲重文符號，下應有續簡。

・「今日庚午利浴朁(蠶)，〔一〕女毋辟(避)督暮＝(暯暯)者，〔二〕目毋辟(避)胡者，〔三〕腹毋辟(避)男女牝牡者。」〔四〕以脩(滫)清一〔五〕三六八桮(杯)，礉赤叔(菽)各二七，〔六〕并之，用水多少，次(恣)殹(也)。〔七〕浴朁(蠶)必以日毚(纔)始出時浴之，十五日乃三六九已。三七〇

〔一〕「朁」，疑即「蠶」字。「浴蠶」，育蠶選種的一種方法，參閱北魏賈思勰《齊民要術·種桑柘》、宋陳元靚《歲時廣記·立春浴蠶種》、《農政全書·養蠶法》。

〔二〕「督」，通「眅」，《集韻·删韻》：「眅，《説文》：『多白眼也。』或作督。」「暮」字下有重文符號。「暮」，字當通「暯」，《玉篇·目部》：「暯，《字統》云：目不明。」

〔三〕「胡」，老壽。

〔四〕以上爲祝浴蠶之辭。

〔五〕「脩」，通「滫」。「滫」，《史記·三王世家》《正義》：「淅米汁也。」「滫清」即澄清的泔水。

〔六〕「礉」，即「皦」，《説文》：「皦，玉石之白也。」「礉」疑即白石。「赤叔」，即赤小豆。

〔七〕「次」，讀作「恣」，隨意，這裏指用量不拘。

•以壬辰，己巳、卯溉囷垤穴，〔一〕鼠弗穿。三七一

〔一〕「溉」，用水澆灌。「垤」，《說文》：「螘封也。」「垤穴」即蟻穴。

•已鼠方：〔一〕取大白礜，大如母（拇）指，置晉斧（釜）中，〔二〕涂而燔之，毋下九日，冶之，以〔三〕三七二

〔一〕「已鼠方」，即除鼠之方法。

〔二〕「晉」，讀作「煎」，《方言》七：「煎，火乾也。」《說文》：「熬也。」「斧」，讀作「釜」。

〔三〕此條不全，按文意，其後應有續簡。

•肥牛，〔一〕善食之，〔二〕而㱃（飲）以⿰飠未，〔三〕一月已。三七三

〔一〕「肥牛」，即使牛肥壯之術。

〔二〕「善食」，指精心喂養。

〔三〕「⿰飠未」，疑讀爲「沬」。《淮南子·說山》「人莫鑑於沬雨」，《注》或作「流潦」。「沬」當指雨潦之水。

•以給、顛首、沐汩⿰畁欠，〔一〕并，參（三）煴（温）鬻（煮）之，令☒〔二〕三七四

〔一〕「⿰畁欠」字疑從「界」。

〔二〕本簡與下簡從簡文字形上看，可能相聯繫。

取東灰一斗，淳毋下三斗，〔一〕孰（熟）□而鬻（煮）☒三七五

〔一〕「淳」，沃也，即澆注。

•北鄉（向），禹步三步，曰：「嘑（呼）！我智（知）令=某=瘧=（令某瘧，令某瘧）者某也。〔一〕若笱（苟）令某瘧已，〔二〕□=□=〔三〕□言若〔四〕三七六

〔一〕「令」、「某」、「瘧」三字下均有重文符號，全句應讀作：「我智（知）令某瘧，令某瘧者某也。」

〔二〕「若」，你。

〔三〕以上二字下均有重文符號。

〔四〕本條不全，下有缺簡。

并命和之。即取守室二七，〔一〕置椆中，〔二〕而食以丹，各盡其復（腹），□〔三〕三七七

〔一〕「守室」，即「守宮」，疑爲誤寫。守宮，《神農本草經》名石龍子，今名蜥蜴。《馬王堆漢墓帛書·養生方》二一九條云：「取守宮置新甕中，而置丹甕中，令守宮食之。」與本方相似。

〔二〕「椆」，字右側不清，當爲容器名。

〔三〕此條前後均有缺簡。

塞，勿令⿺辶戈，〔一〕置□後數宿，□之乾，〔二〕即出，冶，和合樂□□〔歓〕（飲）食，即女子□□。〔三〕三七八

〔一〕《玉篇·辵部》：「⿺辶戈，散走也。」

〔二〕「□」字不能密合。根據此簡的長度和清理中所作的字形摹本觀察，殘斷處稍有缺損而没有缺字。

〔三〕本簡與上一簡文字形體接近，有可能相聯繫。

女杯復産□□之期曰益若子乳。〔一〕三七九

〔一〕此條前有缺簡。

赤申□指□⊘□□=不〔一〕□□⊘三八〇

〔一〕「不」字之上爲重文符號，因前字不清，故不能釋出。

☐曰□☐〔一〕三八一

〔一〕此殘片簡原出於丙組竹簡之中，在整理時，因殘損過甚，無法拼綴，因將其排列在本組竹簡的最後，編入順序號。

……〔一〕三八二

……三八三

〔一〕三八二號和三八三號均爲竹籤，其出土登記號分别爲甲組六四號和六五號，爲叙述方便，亦編以順序號。它們係採用篾青刮削整治而成，未留有竹節。兩根竹籤的形制基本相同，一端被削尖，另一端均受殘，因而長短有别，它們都比一般竹簡厚。本籤殘長一三·八釐米，寬〇·六釐米，厚〇·一五釐米；三八三號竹籤殘長七·七釐米，寬〇·七釐米，厚度與前一竹籤相同。二籤未書文字，從《側視圖》觀察，兩籤原有的位置相鄰，而且都處於原編甲組竹簡的最外層。本籤的上端青黄兩面，還殘留有綑紮過綫索的痕迹。我們推測二籤係在原編甲組竹簡收卷時，插入已成綑的竹簡外層之中，以緊固被卷好的竹簡，防止散開。

小醬卮一　方　一五

按：出土漆小卮一件，器蓋及器腹外壁有以朱、褐色漆彩繪的花紋。

食于(盂)一雙　一六

按：「于」，即「盂」。出土大小形制相同的彩繪漆盂二件。

沐器一枚　⊕　一七

按：《說文·水部》：「沐，濯髮也。」沐器即洗滌用的器物。出土物不見。

金鼎一雙　方　一八

按：出土大小形制相同的銅鼎二件。

金□一具　一九

按：器名不清，難以查對出土銅器。

金于(盂)一　方　二〇

按：出土物不見。

金壺一　二一

按：「壺」，《說文·壺部》：「壺，昆吾圜器也。」《玉篇·壺部》：「壺，食飲器也。」出土銅蒜頭壺一件。

金鋌一　二二

按：「金鋌」，熔鑄成條塊等固定形狀、可用於貨幣流通的金銀。《南史·盧陵威王續傳》：「至內庫閱珍物，見金鋌。」出土物不見。

大瓦于(盂)一枚　⊕　二三

按：出土物不見。

小瓦于(盂)一枚　⊕　二四

按：出土陶盂一件。

大瓦罌一雙　⊕　二五

按：「罌」，即「缶」，指罐一類器物。《説文·缶部》：「罌，缶也。」段《注》：「罌，缶器之大者。」《漢書·趙廣漢傳》「椎破盧罌」，《注》：「罌，所以盛酒也。」出土大陶瓮一件，實物少一件。

小瓦麃(甕)一雙　二六

按：墓中出土有小口、長頸、鼓腹的大小形制相同的陶器二件，考古學定名爲陶壺，簡文「小瓦麃(甕)一雙」可能指此二器。

瓦□一具　⊕　二七

按：因器名不清，難以查對出土陶器。

甑一具　⊕　二八

按：「甑」，《方言》：「甑，自關而東謂之甗。」出土陶甗一件，甗爲上下二器，上器爲甑，下器爲釜。

⿰氵將(漿)器一枚　⊕　二九

按：「漿」，古代的一種酸性飲料。《説文·水部》：「漿，酢漿也。」朱駿聲《説文通訓定聲》：「今隸作漿。」《詩·小雅·大東》：「或以其酒，不以其漿。」《儀禮·公食大夫禮》「飲酒漿飲」，《注》：「飲酒，清酒也；漿飲，截漿也。」《周禮》《酒正》之四飲、《漿人》之六飲，《禮記·玉藻》之五飲，皆有漿。《酒正》《注》：「漿，今之截漿也。」《疏》：「漿，亦是酒類，故其字從截從酉省，截之言載，米汁相載，漢時名爲截漿。」「漿器」，指盛漿之器皿，應爲陶質器類。出土帶蓋的陶罐三件，當包括此器在内。

竹笥一合　⊕　三〇

按：簡文字迹不够清晰。在竹簡開始清理作摹本時，簡上文字「竹笥一合」則較爲清楚。出土竹笥一件。

器巾小大六枚　⊕　三一

按：「器巾」，覆蓋器皿口部用的織物。《國語·周語中》「净其巾冪，敬其祓除」，韋昭《注》：「巾冪，所以覆樽彝也。」出土物未見，因棺内服飾織物已腐朽無存，推測器巾也難以保存下來。

食帣一枚　三二

按：「帣」，《説文》：「帣，囊也。」「食帣」，即裝食品的袋子。出土物不見，可能是受到腐蝕的原因。

米帣三枚　⊕　三三

按：「米帣」，即裝糧食的袋子。出土物不見，可能是受到腐蝕的原因。

桑薪三束　方　三四

按：「桑薪」，以桑木作的燃料。《説文》：「薪，蕘也。」《玉篇·艸部》：「薪，柴也。」出土用楸木劈成的木柴一散堆。

□□□　[方]　三五

按：從簡上墨迹看，似有三字，因漫漶不能識出。

墓葬發掘報告

周家臺三〇號秦墓發掘報告

周家臺位於荆州市沙市區西北郊的太湖港東岸，西距郢城東垣一·七公里，西南與荆州古城相隔四·四公里，隸屬於荆州市沙市區關沮鄉清河村七組（圖一）。周家臺所在地勢平坦，高於附近地面〇·五至〇·八米，這一帶均爲村民的稻田和菜地。經過調查和勘探得知此地爲一古代墓地（圖版五〇）。一九九二年十月二十七日至一九九三年十二月三十日，湖北省荆州市周梁玉橋遺址博物館爲配合宜黄（宜昌至黄石）公路工程建設，在此墓地共發掘秦漢時期墓葬四二座。本報告三〇號秦墓是其中的一座。

在周家臺的附近地區分布多處秦代墓地。從七十年代初開始，省、市有關單位曾對這一地區的鳳凰山、張家山、楊家山等地的秦墓開展了發掘工作。〔一〕三〇號秦墓位於周家臺墓地東部的稻田中，其南面與二八號墓相距五米，北面與三二號、三三號、三六號等墓相距約七米（圖二）。推測在墓地西部的菜地、北部的魚池及東部的稻田裏，也分布着同一時期的墓葬。

該墓的發掘工作自一九九三年六月十八日開始，至六月二十日結束，時歷三天。發掘開始時首先清理因工程取土而遭破壞的現場，掘出墓口，然後發掘填土，清理槨室内的隨葬物品，及時將竹簡、木牘等運到室内清理。

（一）墓葬形制

在工程動土前，周家臺三〇號秦墓墓地上未種植水稻，閑置而成爲一塊荒地，没有封土堆。墓坑開口在表土層之下，其表土爲褐黑色耕土，厚三〇至四〇釐米。在發現墓葬時，此墓口的表土均已被推土機推走，墓坑及槨室遭到不同程度破壞，部分隨葬器物已移至坑外。

一　墓坑與填土

三〇號秦墓是一座長方形土坑竪穴墓，由墓坑、墓室兩部分組成。方向三五五度。復原墓口長三五〇釐米，寬二二四釐米，墓口至墓底深三二〇釐米。從殘留的墓坑四壁觀察，它由上至下稍内斜，壁面平整而光滑。墓坑打破黄褐色原生土層，厚度達三二〇釐米（圖三）。

（二）隨葬器物

共四四件，主要是生活用具、奴婢木俑、車馬模型器、文具簡牘等，其質料包括漆、木、竹、陶、銅、紡織品等。除竹簡、木牘及文書工具另作一段專門叙述外，其它依質料分述於後。

關於出土器物數量的統計，我們確定以下原則：一、一般一器算一件，整套器物亦作一件，器物殘片，以代表器物個體的數量統計。二、竹簡、算籌各若干根，薪一散堆，易碎的物品如塊墨若干小塊等，現依據它們各自相同的用途均分別作爲一件統計。三、一件器物涉及到兩種以上質料的，則按主要構件的質料歸類。

一　漆器

六件。主要爲生活用具。由於受到腐蝕和破壞，漆器大多已不够完整，保存不好，均爲木胎。器形有匕、耳杯、圓奩、勺。器物表面一般髹黑漆，有的器表以黑漆爲地，用朱、灰、褐顏色漆彩繪花紋，器内多髹朱漆。部分器物上有烙印和刻畫文字符號（表一）。

表一　周家臺三〇號秦墓漆器烙印刻畫文字摹本表

器物編號	器物名稱	烙印、刻畫部位	文字	備註
六	耳杯	烙印外底		參見圖版五一·二
一一	耳杯	烙印外底		
		刻畫耳下外側		
		畫畫外底		
一四	圓奩	烙印蓋頂外壁		
		烙印蓋頂外壁		

器物編號	一四				
器物名稱	圓奩				
烙印、刻畫部位	刻畫蓋邊外壁	烙印蓋頂外壁	烙印蓋頂内壁	刻畫器腹外壁	烙印内底
文字		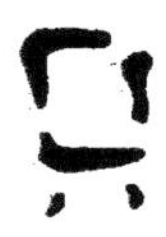	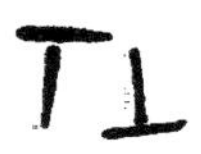		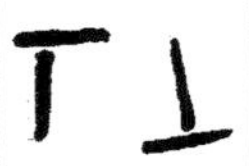
備註	參見圖版五一·一			參見圖版五一·一	

匕　一件(ZM30:15)。柄及部分匕面已殘缺，斫製。匕面爲舌形，面略凹，匕底凸出，匕頭微尖，形體厚實，其上可見到明顯的削痕。通體髹黑漆，在匕面，有用朱、灰色漆繪飾雲鳥紋、圓點紋；在匕底，則以朱色漆在其邊緣繪飾一周條形紋。匕寬四·七釐米，殘長六·五釐米(圖七·五；圖版五一·三)。

耳杯　三件，其中僅一件保存完整。木胎稍厚，斫製，杯腹外壁有削痕。沿面均爲橢圓形，新月形耳上翹，平底。裏外塗漆。根據其形制大小及紋飾的不同，分爲三型：A型，一件(ZM30:6)。形體最大。出土時殘破成碎塊。淺腹，通體髹黑漆。外底有烙印文字符號(圖版五一·二)。長一八釐米，寬一三釐米，高五·六釐米(圖七·一)。B型，一件(ZM30:5)。形體稍小。出土時殘破成碎塊。杯的外壁、外底及雙耳均髹黑漆，内壁、内底均飾朱漆，耳面以朱漆繪飾波折紋等。長一七·〇釐米，寬一三釐米，高四·八釐米(圖七·二)。C型，一件(ZM30:11)。形體最小。保存尚好。杯外壁、外底及雙耳均髹黑漆，内壁、内底均飾朱漆，外底有烙印文字符號。耳下外側、外底有針刻文字符號。長一四·八釐米，寬一一釐米，高五釐米(圖七·四；圖版五一·五)。

圓奩　一件(ZM30:14)。保存完整。器腹、蓋壁由薄木胎卷製。整體爲圓筒形，器身平口，直壁，平底。蓋面微凸，蓋大於器身，並與之相套合。通體髹漆，裏朱外黑，再以紅褐、深褐、淺褐色漆在器表黑地上繪飾各種紋飾圖案。蓋頂中心繪飾變形鳥紋、雲氣紋；其外圈爲三環帶，中飾有棱形紋、變形鳥紋、卷雲紋、點紋；蓋邊外側及器腹外壁分别繪飾二周和一周變形鳥紋。在蓋頂内外壁、内底有烙印文字符號，在蓋邊外側、器腹外壁有刻畫文字符號(圖版五一·一)。口徑二一·七釐米，蓋徑二三·一釐米，通高七·七釐米(圖八；圖版五一·三)。

勺　一件(ZM30:12)。保存基本完整。勺頭及勺柄係用整木挖斫而成。勺口平面呈不規則的圓形，敞口，圜形底，方柱形柄，柄置於勺身一側，柄首後曲。勺頭内壁有刮削痕，其外壁有刀削痕。通體塗黑漆，柄上黑漆多已脱落，僅柄首後曲部殘留有漆片。柄長一七·八釐米，通長二四·二釐米(圖七·四；圖版五一·六)。

二　木器

一三件。主要爲俑、車馬模型器和生活用具。大多保存不好，車、馬的部件因受水的飄浮而散亂。器物有俑、車馬器、匕、梳、篦、絞繩棒以及竹筒中出土的小件木器等。

俑　二件，其中一件保存較好。均以整木圓雕出人形和姿態。按其形態可分爲二型：A型，一件(ZM30:10)。保存較好。頭頂扁圓，斜肩，下身跪坐，未雕出腿足。面部雕出鼻嘴，頭頂墨塗黑髮。因在製作過程中面部與腦部裂成兩塊，故在其裂開的側面上分別鑽一小孔，以竹梢緊固，出土時面部與腦部脱梢而裂開。高一〇·六釐米，肩寬三·七釐米(圖九·一；圖版五二·一)。B型，一件(ZM30:24)。肩以下殘缺。頭頂扁平，寬額短頰，長頸斜肩。面部雕出鼻嘴，頭頂墨塗黑髮。殘高六·二釐米，殘肩寬四·七釐米(圖九·二)。

車　一件(ZM30:26)。係軺車模型。出土時，車上各部件均散亂在淤泥中，它由輪、軸、輿等部分構成(圖九·三)。

輪　兩個，每個輪由輪輞及連接輪輞與轂的八根輻條所構成。輪輞均係整木雕鑿而成，輪輞的寬窄、厚薄不一，其上有刀削痕，内外兩面平整，側面有折棱。全輪飾黑彩。輪徑一三釐米，輪輞邊寬二釐米，面寬〇·二至〇·三釐米。在輪輞的内側，横鋸有八個凹槽，用以安裝八根輻條，凹槽長〇·一五釐米，同於輪輞内側邊寬，寬〇·二五釐米，深〇·三釐米。轂、軎與軸連爲一體，在軸的兩端塗長六·二釐米的黑漆以示之。轂爲軸兩端最粗的部位，徑一·八釐米。在轂的周邊有八個長形鑿孔，鑿孔長〇·七至〇·九釐米，寬〇·一五釐米，深〇·六釐米，用以接納八根輻條。八根輻條不見，可能已腐爛無存。推測原爲小竹片製成，一端削成尖圓，插入轂上鑿孔中，一端削成岔頭，套進輪輞内側的凹槽中。

軸　分三段構成，即由兩端的兩段和中間的一段。軸兩端的兩段，其大小、形制相同，上有轂、軎，形成中間粗、兩頭細的紡錘形圓柱體。軎於轂的外側，軸的兩頭頂端部位，最小徑一·三釐米。軸中間的一段爲較粗的圓柱體，長一五·八釐米，直徑二·四釐米，其上方刨成一平臺，以與輿底板膠合。在平臺的兩頭各鑿一個長二釐米、寬一·八釐米、深〇·四釐米的方形凹槽，用以接納左右兩轅。此段軸與兩端的軸以圓形竹梢作栓榫方式結合。榫眼直徑〇·三釐米，深〇·四釐米。軸全長二八·一釐米。

輿　由軾、輢、軬等部分構成。輿整體呈長方體，横置膠合於軸之上，横長一七·〇釐米，寬九·八釐米，高六·五釐米。輿底爲長方形木板，其長、寬即與輿的横長、寬相同，底板厚〇·九釐米。在輿底的中心，有一直徑爲〇·五釐米的圓形穿孔，以納傘柄，但不見傘蓋。在輿的前端横置軾，在輿底的前部保留有軾與輿底膠合時的痕迹，但不見軾的實物，這些部件均有可能在該墓遭到破壞時損失。底板上膠合痕迹爲長方形，它横列於輿的前部，長一五·八釐米，寬四·六釐米。推測軾原有的高度應與輢的前上部高度相當。兩輢爲薄木片製成，每邊各一塊，緊貼於軾的兩端和輿的底板上，並與之膠合。輢的前上部呈弧形下凹，兩輢對稱，長、高及木板厚度均相同，上長五·六釐米，下長九·八釐米，前高四·五釐米，後高五·六釐米。在輿底板的後部邊緣中段，其方楞邊緣雕削成圓弧邊緣，以示其爲軬。在軬的兩邊留有與輢垂直的欄板或欄杆同輿底板膠合的痕迹，但在實物中未見欄板或欄杆。軬寬八·六釐米，與兩輢相距三·八釐米。在輿底板後部兩輢之間的板面上塗有黑彩，黑彩範圍長一五·八釐米，寬五·二釐米。在輢的外側，飾有黑、紅兩種色彩。從軸兩頭所鑿的兩個方形凹槽上看，此車應有兩轅，但兩轅已不見實物。

馬　一匹(ZM30:7)。由頭、身軀和四肢分別製作後再膠合而成。馬的形體已部分朽爛，特別是頭已不完整，但仍可以看出，馬的竪頸、身軀、四肢站立形態。殘高二〇·一釐米，殘長一八·三釐米(圖九·四；圖版五二·二)。

《説文·車部》:「軺,小車也。」《釋名·釋車》:「軺,遥也。遥,遠也。四嚮遠望之車也。」《史記·季布列傳》《索隱》:軺車,「謂輕車,一馬車也。」這種一馬之車,乘坐車輿之中可以「四嚮遠望」,因而此車即爲一輛軺車模型。

匕　一件(ZM30 :23)。柄及匕面已殘缺。斫制。匕面爲舌形,面凹底凸,形體較薄。殘寬四·七釐米,殘長七·一釐米(圖一〇·三;圖版五二·四)。

梳　一件(ZM30 :18)。邊齒殘缺。上部圓弧形,脊稍薄,形體狹長,有齒二三根。長八釐米,寬五·六釐米,背厚一·二釐米(圖一〇·二;圖版五二·九左)。

篦　一件(ZM30 :19)。邊齒殘斷。上部圓弧形,背稍厚,形體狹長,有齒六四根。長八·二釐米,寬五·八釐米,背厚一·四釐米(圖一〇·一;圖版五二·九右)。

絞繩棒　一件(ZM30 :17)。保存完整,呈中間粗,兩頭細的紡錘形,兩端被砍成尖圓形,柱面上有多處刀削痕。長二五釐米,直徑二·二至三·二釐米(圖九·七,圖版五二·七)。

竹笥中的小木器有箕形器、柄形器、轉輪、小木條、竹夾木條、方木塊。它們有可能原爲某一器具上的部件,後因腐朽而散亂。

箕形器　一件(ZM30 :13—6)。殘長二七·六釐米,後殘寬八釐米,殘高三釐米,壁厚〇·四至〇·七釐米(圖九·一〇;圖版五二·六)。

柄形器　一件(ZM30 :13—2)。柄長八·四釐米,寬二至二·六釐米,厚一·二釐米,圓餅直徑五·八釐米,通長一三·六釐米(圖九·五;圖版五二·八)。

轉輪　一件(ZM30 :13—11)。輪徑二·三釐米,高一·八釐米(圖九·九;圖版五二·五)。

小木條　一件(ZM30 :13—13)。長一二·二釐米,寬一·六至一·八釐米,厚一·二至一·四釐米(圖九·六;圖版五二·三)。

竹夾木條　一件(ZM30 :13—16)。殘長二·七釐米,寬〇·九釐米,厚一·三釐米(圖一〇·四)。

方木塊　一件(ZM30 :13—15)。長八·二釐米,寬六·八釐米,厚〇·三釐米(圖九·八)。

三　竹器

六件。均保存不好。器形有笥、筒、算籌。

笥　一件(ZM30 :13)。由於受到嚴重腐蝕,其編席十分殘破,内裝的竹簡大部分顯露出來,没有綑紮的繩索和加固的竹片。由於殘損過甚,其形狀已不能復原。包裹在竹簡上的編席有裏外兩層之分,外層編篾稍窄,篾寬〇·二五釐米,裏層編篾較寬,篾寬〇·四釐米,均係採用一匹篾壓三匹篾的「人」字形花紋編織。笥内積滿淤泥,經清理,内裝的物品除竹簡外,還有竹筆杆、竹筆套、竹墨盒、塊墨、鐵削刀等書寫工具以及銅帶鉤,編織袋及小型木器等。清理前,殘長三八釐米,殘寬一六釐米,高九釐米(圖一一·一、二;圖版五三·一)。

筒　四件。大小形制相同。均採用帶有一節的竹筒製成。兩端鋸平,一端留有竹節,内可盛物,筒面及竹節均經刮削,筒内壁均塗以黑漆。標本(ZM30 :25)内盛有灰黑色粉末狀物質。筒長二二·四釐米,直徑三·〇釐米(圖一一·三)。

算籌　共二五根(ZM30∶13—3)。出於竹笥内毛筆的北側，放置比較集中，小圓棍形，係用竹青削製而成，長短、粗細相等。長一二·二釐米，直徑〇·二五釐米(圖一一·四；圖版五三·三)。

四　陶器

五件。保存完整。全部爲生活用器。器形有甑、罐、壺、瓮、盤，均爲泥質灰陶，器表有黑衣，火候不高，黑衣大部分已脱落。全部爲輪製。素面較多，少數器物上飾有凸凹弦紋、間斷繩紋。

甑　一件(ZM30∶3)。口微斂，寬折沿，沿面外斜，方唇，折腹内收，底内凹，腹上飾凹弦紋二周(圖四二·一)，底上有箅孔一〇個。口徑二一·六釐米，底徑七·六釐米，高八釐米(圖一一·一〇；圖版五四·一)。

罐　一件(ZM30∶4)。直領，口微敞，扁圓腹，小平底，口上有蓋，蓋與器口以子母口相扣合，圓拱形蓋頂中央立有圓餅形捉手，口徑一一·二釐米，底徑七·二釐米，通高一二·八釐米(圖一一·一一；圖版五四·三)。

壺　一件(ZM30∶2)。侈口，高頸較細，圓肩，腹較平，平底。頸部飾有竹節狀弦紋一周(圖四二·二)，腹部飾凹弦紋二周。口上有蓋，蓋與器口以子母口扣合，圓拱形蓋頂中央立有圓餅狀捉手，口徑一一·二釐米，底徑九·六釐米，通高二四·四釐米(圖一一·一二；圖版五四·二)。

瓮　一件(ZM30∶1)。小口，卷沿外侈，短頸，溜肩，上腹外鼓，下腹内收，平底。腹上部飾間斷繩紋(圖四二·三)，腹下部有刀削痕。口徑一二·六釐米，底徑一六·八釐米，高二八·四釐米(圖一一·一三；圖版五四·五)。

盤　一件(ZM30∶8)。大敞口，外折沿，淺腹，腹壁斜直，底微圜。口徑三一·二釐米，高六釐米(圖一一·一四；圖版五四·七)。

五　銅器

出土三件。保存較差。器形爲盤、帶鈎、鏡。

盤　一件(ZM30∶9)。僅存口沿殘片一塊。出土時，其殘片貼附在槨室最北邊的一塊蓋板背面，這是蓋板受填土重壓下落時扣壓在盤的口沿上而形成的。盤壁甚薄，受腐蝕嚴重，可見盤的其它部位也難以完整保存下來，其它殘片可能隨工程取土被挖走。殘片長七·二釐米，寬二·九釐米。

帶鈎　一件(ZM30∶13—14)。出於竹笥内的竹簡之下。鈎首殘斷，身細長，腹呈橢圓形，腹正面飾瓣楞紋，背面有一橢圓形凸鈕，鈕面長徑大於腹寬。殘長六·六釐米，腹寬〇·九釐米，腹厚〇·五釐米，鈕面長徑一·五釐米(圖一一·一五；圖版五四·六)。

鏡　一件(ZM30∶20)。保存尚好。圓形，三弦鈕，其外圈有凹面環帶一周，外緣爲十二内向連弧紋，凹面環帶與連弧紋間飾兩兩對稱的四扁葉紋(圖四二·四)。直徑一六·三釐米，邊厚〇·一三釐米（圖一一·一六；彩版三·一；圖版五四·四）。

六　紡織品及其它

四件。保存不好。有編織袋、編織物、葫蘆瓢、薪。

編織袋　一件（ZM30：13—8）。出於竹笥内的箕形器之上，竹筆杆、柄形器等之下，從上下兩層編織袋之間夾有竹筆杆、柄形器等觀察，推斷這些物品原來應是裝在編織袋内的，袋口、縫袋綫及收口繩等已腐朽無存。袋由經緯綫編織，其編織綫較細，編織袋較薄。出土時，顔色呈灰白色，編織袋殘長二二·〇釐米，寬一三·〇釐米。

編織物　一件（ZM30：13—10）。出於竹笥内的箕形器之下，因受腐蝕僅存一塊長方形的編織物平鋪於竹笥底席之上。從放置情況推測，此編織物可能係一個大編織袋的底層部分，上層部分已遭腐爛，其間所放置的箕形器、編織袋及竹筆杆、柄形器等均爲袋中之物。編織物亦採用經緯綫編織，因編織綫較粗，故而其編織物較編織袋厚。出土時，顔色同編織袋。殘長二八·〇釐米，殘寬一八·五釐米。

葫蘆瓢　一件（ZM30：21）。出土時，已破碎成片狀。係取用一整個葫蘆縱向剖開做成，瓢把部分已缺損。在其沿面的外側、瓢腹的上沿，可見到葫蘆花蒂脱落後留下的疤痕。口面寬一六·九釐米，殘長一二·七釐米，高八·三釐米（圖一一·五）。

薪　一散堆（ZM30：16）。係以樹材劈成纖細的小木條。小木條長短、寬窄不一，以長九釐米至一三釐米的爲最多，最長的二五·五釐米，最短的不足三釐米，横寬一般爲〇·七至一·五釐米。晾乾後，重五三七克（圖版五三·五）。經中國林業科學院木材工業研究所楊家駒先生鑒定爲白皮松（Pinus bungeana zuce ex Endl），屬松科（PINACEAE）（附録四）。

七　文具簡牘

屬於文具簡牘一類的物品有七件，均保存不好。器形有竹筆杆、竹筆套、竹墨盒、塊墨和鐵削刀，簡牘包括竹簡和木牘。

竹筆杆　一件（ZM30：13—5）。出於竹笥中的編織袋内。係取一段帶有竹節的細竹製作，竹節留在最下端，節外表刮削，節内挖空，以安裝筆頭，筆頭未見，推測應爲毛筆頭。在筆杆上端一側，有用削刀挖成的一半圓形小槽，已見穿孔，可能作繫繩之用。筆杆長二八·一釐米，直徑一·一釐米（圖一一·八；圖版五三·二）。

竹筆套　一件（ZM30：13—9）。下半段已殘斷。出於竹笥内的竹筒之中。係取用較粗、帶有兩個竹節的竹筒製成。上竹節外表經刮削，節内挖空，節上節下的兩側筒壁已鏤空。殘長一五釐米，直徑二·二釐米（圖一一·六；圖版五三·四）。

竹墨盒　一件（ZM30：13—7）。基本完整。出於竹笥内的箕形器之上。係取一段帶竹節的竹筒製成，兩端鋸平，以帶竹節的一端作盒底，節外表經刮削。無節的一端作盒口。出土時，盒破裂，内裝的塊墨顯露出來。盒内壁爲黑色。長六·二釐米，直徑三·〇釐米（圖一一·七）。

塊墨　（ZM30：13—4）。出土時已碎爲兩小塊。出於箕形器之上的墨盒內。因受水的長期浸泡，表面呈膠質融化狀態。晾乾後，呈不規則的塊狀。其中的一塊長一·六釐米，寬一·二釐米，高〇·八釐米，重一·五克，兩小塊墨合重二·六克（圖版五三·六）。

鐵削刀　一件（ZM30：13—12）。甚殘，出於竹笥內的竹簡之下。柄已朽蝕，僅存刀身。窄長條形，平直，薄片狀。因銹蝕嚴重，難以辨別刃口與刀背。殘長一一釐米，殘寬一·二釐米（圖一一·九；圖版五三·七）。

竹簡　一散堆（ZM30：13—1）（彩版一·一）。出於棺槨間北端西南部的槨底板上，出土時竹簡爲竹笥編席包裹着，並與其上的淤泥相膠結緊貼於槨底板。竹簡呈東西方向放置，簡首向東。在清理棺槨間北端底層隨葬器物時，將它隨竹笥一同取出，及時運回室內進行清理。

剥離竹簡外層編席上的淤泥，揭開竹笥裏外兩層編席殘片，即見到竹簡堆放的狀況（圖版五五·一）。但由於竹簡上編聯綫朽斷，簡首部位在受到上層器物的重壓後已散開，表層部分簡首殘損較爲嚴重，簡尾保存情況尚好（圖版五五·二）。

經過觀察，竹簡的形制有長簡、短簡之分，長、短簡各自成卷相疊壓，長簡在上，短簡在下。在長簡之中，又觀察到最上層一卷中每枚簡尾末端皆有斜面，呈「削頭」。其下的竹簡，每枚簡末端則爲無斜面的「平頭」。這表明兩種竹簡存在着取用材料上的不同，推測二者也可能存在着内容篇節上的分別。根據這批竹簡在形制上的差別和分卷疊壓的放置形態，我們在認真審視竹簡尾端的編聯程序後，將這批竹簡劃分爲上、中、下三個部分清理，依次編爲甲、乙、丙三組，並分別編以出土登記號，繪製《周家臺三〇號秦墓竹簡尾端側視圖》（圖一五）。

竹簡在出土時，均爲褐色。係採用成竹劈剥成長條篾青，刮削整治而成。甲、乙兩組竹簡製作較爲規範，其規格較爲一致，簡上竹節均已去掉。而丙組竹簡製作不够規範，其長短、寬窄、厚薄差異較大，有兩枚竹簡下部還留有竹節。

甲、乙、丙三組竹簡計有三八九枚（殘片簡一號以一枚計），其中空白簡一四枚。甲組有竹簡二四四枚，其中空白簡一〇枚；乙組有竹簡七五枚，其中空白簡四枚；丙組有竹簡七〇枚。

甲組竹簡均爲長簡，長二九·三至二九·六釐米，寬〇·五至〇·七釐米，厚〇·〇八至〇·〇九釐米。其上、中、下三道編聯綫已腐朽，從殘留在竹簡上的編聯綫觀察，這種綫均係採用分股上下扭壓編聯。在竹簡篾黃一面的右側，每道編聯綫下，有用刀削成的三角形小契口，上、中、下小契口的大小規格基本相同。契口長、寬均爲〇·一五釐米，深〇·〇五釐米，上、下兩契口均與簡的首尾兩端相距一·一至一·四釐米。中部的小契口居中。本組竹簡的尾端皆爲有斜面的「削頭」。從簡中部的一道編聯綫所壓之處均爲没有文字的空檔位置來看，可説明本組竹簡是先編聯成册而後書寫文字的。

乙組竹簡的形制規格、編聯綫與三角形小契口以及編聯書寫程序等特徵，均與甲組竹簡相同，唯有竹簡尾端無斜面，呈「平頭」。

丙組竹簡均爲短簡，長二一·七至二三釐米，寬〇·四至一釐米，厚〇·〇六至〇·一五釐米。按竹簡寬度，又有寬簡與窄簡之分，寬簡寬度約在〇·七至一釐米之間，而窄簡寬度約在〇·四至〇·六釐米之間。寬簡一般較窄簡厚，但其製作顯得粗糙。在數量上寬簡比窄簡稍多。本組竹簡均有上、下兩道編聯綫，編聯方法與前兩組相同。編聯綫下無契口。上、下兩道編聯綫與簡的首尾兩端相距六·四至八釐米。從簡上殘留的編聯綫痕迹可以看出，原編聯的竹簡排列並不平齊，竹簡上、下挪動的現象較爲普遍，編聯綫所壓之處沒有明顯的空檔位置，有的編聯綫還壓在文字上，這可以説明本組竹簡應是在文字書寫完畢後再編聯成册的。

三組竹簡的文字均爲墨書隸體，有的文字仍篆勢猶存。出土時，竹簡上的文字大都清晰可見，也有少部分的字迹漫漶不清。幾乎所有文字都書於篾黄一面，只有一枚簡例外，該簡除篾黄上書有文字外，其篾青一面還書有標題。

甲、乙兩組竹簡上的文字，書寫工整遒麗，用筆嫻熟，其書體風格基本一致。丙組竹簡上的文字，其書體則有上下筆劃貫穿之勢。寬、窄兩種竹簡文字大小、書體風格的差異更加明顯。寬簡上的文字大而排列稀疏，書體較爲隨意，有的字迹不甚清楚，最大的可達一·五釐米，在一枚簡上一般滿行只書十餘字。而窄簡上的文字小而密集，字迹清晰，結構嚴謹，最小的字只有〇·三釐米，一枚簡滿行可書三十三字。可以看出，本組竹簡文字並非一人一次寫就。

關於簡文的書寫格式，甲、乙兩組竹簡一般將文字書寫在上、下兩道編聯綫以内，上留天頭，下留地脚。甲組中的「二十八宿」名、「五時段」中的十二地支以及乙組中的秦始皇三十七年月名等頂頭書寫。丙組竹簡文字一律頂頭書寫，簡尾也不留地脚。部分簡文段節如甲組中的「五時段」占、乙組中的秦始皇三十四年曆譜等均分欄橫排書寫。因限於位置空間，有的日干支下的記事是分雙行書寫或倒書在該日干支之上。有的簡文在一句的第一個字之上標有墨圓點，以示一句的起始。在乙組竹簡的秦始皇三十四年月名之上，都有用墨作的扁形方塊標記，後九月則是用墨作長形方塊標記。句中有使用作句讀的鈎識。

三組竹簡除空白簡外，每枚簡的字數多寡不一，最少的只有一字，最多的達四三字，總計字數爲五三〇二個。

甲組竹簡簡文的内容爲「二十八宿」占、「五時段」占、「戎磨日」占、「五行」占和秦始皇三十六年、三十七年月朔日干支及月大小等。乙組竹簡簡文的内容爲秦始皇三十四年全年日干支。丙組竹簡簡文的内容爲醫藥病方、祝由術、擇吉避凶占卜、農事等。在整理中，我們對甲、乙兩組竹簡的内容作了部分調整，即將甲組中的秦始皇三十六年、三十七年曆譜竹簡抽出，編排到乙組，與乙組竹簡合編爲第一組，擬定篇題爲《曆譜》，其内含有原小標題《卅六年日》；同時將甲組中所剩的「二十八宿」占等内容編爲第二組，擬定篇題爲《日書》，其内含有原小標題《毄行》；將丙組竹簡編爲第三組，擬定篇題爲《病方及其它》。

這批竹簡經拼接編聯，其總數計三八一枚，統一依次編加順序號，其中第一組有竹簡一三〇枚（含空白簡四枚），第二組有竹簡一七八枚（含空白簡一〇枚），第三組有竹簡七三枚。此外，在甲組竹簡中清理出來的兩根竹籤，不屬竹簡之列，暫也編加順序號排在最後。爲了便於查閲與研究，我們編寫了《周家臺三〇號秦墓竹簡順序號與出土登記號對照表》作爲附録一。

木牘　一件（ZM30：22）（彩版一·二）。出於棺槨間北端的西部淤泥中，與C型漆耳杯、漆勺等隨葬器物混在一起。出土時，木牘朝向東北，正面向上而略有傾斜。

木牘用長方形薄木片製作，兩面刨光，長二三釐米，寬四·四釐米，厚〇·二五釐米。經中國林業科學院木材工業研究所鑒定爲油杉（Keteleeria sp），屬松科（PINACEAE）

（附録四）。

木牘正、背兩面書有文字，均爲墨書隸體，大部分文字比較清晰，有部分文字已漫漶不清。其文字書體風格一致，大小差異並不懸殊。在書寫格式上均採用頂頭分欄橫排書寫，在日干支記事句中仍有作句讀的鈎識。全牘計有文字一四九個。

木牘文字的內容主要爲秦二世元年曆譜，即正面書有秦二世元年十二個月的朔日干支及月大小，背面主要書有該年十二月份的日干支等。

（三） 下葬年代和墓主

一 下葬年代

墓葬出土的竹簡和木牘文字資料中均有紀年，它爲我們推斷該墓下葬的年代提供了重要的依據。八〇號簡背面書有「卅六年日」，當是六九號至七九號簡所載秦始皇三十六年曆譜的標題；二九七號壹欄書有「卅六年置居金上兵死陽主歲＝」。上述二簡中的「卅六年」即爲秦始皇三十六年（公元前二一一年）。木牘正、背兩面所載曆譜均爲秦二世元年（公元前二〇九年）曆譜，背面貳、叁、肆、伍欄是有關推算墓主生前到「廷賦所」交賦往返日數的記載，因之，秦二世元年「十二月戊戌嘉平」即十二月二十五日，爲本墓簡牘紀年中最晚的時間，可作爲該墓下葬年代的上限。

關於該墓下葬年代的下限，我們可從墓主死亡年齡來進行推算。儘管墓主骨架已遭腐爛，但尚存的頭顱中還有九顆牙齒，經湖北省文物考古研究所李天元先生對其觀測，測定其中的臼齒嚼面已開始出現齒質點（圖版五五·三），因而推測墓主的死亡年齡在四十歲以內。曆譜竹簡中的日干支下的記事，應是墓主生前活動的記錄。它告訴我們墓主在秦始皇三十四年即已成爲郡署員屬，至秦二世元年十二月也仍在官署供職，而墓主的死亡年齡不到三十歲，我們即可推斷該墓年代的下限與其年代上限之間的間隔時間是短暫的。

關於該墓下葬年代的推斷，我們還可以從以下三個方面找到佐證：

第一，我們可以看到木牘正面第壹欄第四行書有「端月癸卯大」，其中的「端月」即正月，這是因爲避秦始皇嬴政的名諱而將「正月」書成「端月」的，從此不難看出木牘上曆譜書寫的年代正是在秦始皇當政或稍後的時期，而不會在西漢初年，也不會到秦始皇執政以前的時代。

第二，墓葬出土竹簡和木牘上的文字，其筆畫大都方折平直，布局嚴謹。某些文字的筆畫還保留有俗體篆書的運筆書法。這種文字的形體屬於早期隸書，與本地張家山、〔二〕鳳凰山等處西漢早期墓葬所出簡牘上筆畫波磔嫻熟的漢隸迥然有別。〔三〕因此，竹簡木牘上文字的秦隸書體是我們判斷該墓年代當在秦始皇統一之後至西漢以前的一條佐證。值得我們注意的是：墓中隨葬的漆圓奩（ZM30：14），蓋邊外壁及器身外壁均刻畫有「士五均」三字，這與雲夢睡虎地一一號秦墓中漆耳杯外底刻畫的「士五軍」

三字相類同。〔四〕「均」、「軍」同音通假，「士五均」即「士五軍」。據此，我們可以看出兩者成文的時代是基本相同的。從而推斷兩墓下葬的年代相差不會太遠。

第三，從墓葬中隨葬器物的特徵可以獲取印證。

隨葬的漆器由於受到腐蝕和損壞，僅存圓奩、耳杯、匕、勺等生活用具。隨葬的漆圓奩（ZM30：14），平口，直壁，平底，蓋與器身相套合，並以紅褐、深褐等彩色漆在其蓋頂上繪飾菱形紋、變形鳥紋、卷雲紋等；隨葬的B型漆耳杯（ZM30：5），橢圓形，新月形耳，平底，耳面以朱漆繪飾波折紋等。這些特徵均分别與雲夢睡虎地一一號秦墓的同類器基本相同。

隨葬的陶器均爲泥質灰陶，器表飾黑衣，大部分已脱落，火候較低；多素面，少數器物飾有弦紋及間斷細繩紋。器物的組合形式爲甑、罐、壺、瓮、盤，全部爲生活實用器，不見仿銅陶禮器；所出陶瓮（ZM30：1），短頸，腹外鼓，平底，飾有間斷細繩紋，與睡虎地一一號秦墓四一號小口瓮形制基本相同。所出陶甑（ZM30：3）整體較矮胖，腹微弧，具有秦統一後秦墓所出同類器的一般特徵。〔五〕所出陶壺（ZM30：2），長頸，喇叭形口，腹平直，頸上飾竹節狀弦紋一周，其形制特徵與楊家山一三五號秦墓陶壺基本相似，〔六〕因此它們的年代應該大致相當。睡虎地一一號秦墓的下葬年代爲秦始皇三十年，楊家山一三五號秦墓的下葬年代爲秦代，因而我們推斷該墓的下葬年代應略晚於睡虎地一一號秦墓，將其下葬年代暫定爲秦代。當然結合墓中隨葬器物的某些風格來看，也不能絶對排除該墓年代的下限晚至西漢初年的可能性。關於該墓下葬年代的最終確定，還有待本地區今後秦代墓葬發掘與研究工作的深入開展。

二　墓主

墓主骨架腐爛嚴重，極不完整，經湖北省文物考古研究所李天元先生對尚存於頭顱上的九顆牙齒的嚼面磨蝕情況進行觀測，測定墓主的死亡年齡在三十歲至四十歲之間（圖版五五·三）。

該墓所有文字材料均未涉及墓主姓氏，因而該墓墓主姓氏不得而知。

關於墓主的身份及社會地位，我們就墓葬出土的有關文字材料以及墓葬的形制規格、隨葬器物等方面來進行分析，作些推測。

在竹簡的曆譜中，有以時間順次編排的秦始皇三十四年全年日干支，在一部分日干支下作了簡短的記事。毋庸置疑，這是墓主生前在任職期間履行公務所作的記載。二九號簡貳欄「丁卯」下有「嘉平視事」；二九號簡叁欄「乙丑」下有「史但毄」；四九號簡貳欄「丁亥」下有「史除，不坐椽（掾）曹，從公……」；五三號簡叁欄「己丑」下有「論脩賜」。

上述簡文中的記事説明，墓主在秦始皇三十四年期間，曾於官署機構中供職，並履職處理公務。

一六號簡叁欄「壬子」下和一七號簡叁欄「癸丑」下均有「治鐵官」；二〇號簡叁欄「丙辰」下至三〇號簡叁欄「丙寅」下均有「治競（竟）陵」；三五號簡叁欄「辛未」下有「治後府」。

上述簡文中的「鐵官」係指開採、冶煉鐵礦的官府機構。「競(竟)陵」，古縣名，秦代設置，爲南郡所轄，其治所在今湖北省潛江市西北。《史記·白起王翦列傳》云：「……後七年，白起攻楚，拔鄢、鄧五城。其明年，攻楚，拔郢，燒夷陵，遂東至竟陵。」「後府」即指墓主生前供職的官署機構。從上述簡文「治鐵官」、「治競(竟)陵」、「治後府」中不難看出，墓主生前只有在縣署之上的郡署一級機構中供職，他才有可能到下屬縣「竟陵」去治理。那麼他去治理上述機構的身份是什麼？其官秩又屬哪一級？這還需要我們在下面作進一步的對比分析。

我們認爲，墓葬的形制規格高低，隨葬器物數量多少及其品級的優劣，它從一個側面反映了墓主生前的經濟狀況及社會地位的高低。我們通過以該墓的形制規格、隨葬器物等方面，與同時期的、相同類型的墓葬作比較分析，可以大體推定墓主生前所任的官秩。

葬於秦始皇三十年的睡虎地一一號秦墓，墓口長四一六釐米，寬三〇〇釐米，墓口距墓底深五一〇釐米。葬具爲一槨一棺，槨室由横梁分成頭箱與棺室兩個部分。横梁下設置一副雙扇的板門，使頭箱與棺室相通。隨葬器物七十餘件，其中出有木軺車模型器一件、木足泥馬三匹、漆器近四十件。〔七〕周家臺三〇號秦墓墓坑較小，墓口長三五〇釐米，寬二二四釐米，墓口距墓底深三〇〇釐米。葬具爲一槨一棺，槨室爲單室，無横梁及梁下的隔板等，没有頭箱與棺室之分。隨葬器物主要放置在棺槨北擋板間的空間，位置狹小。隨葬器物四五件，其中漆器六件，儘管部分隨葬器物遭到破壞而有毁損，但只出有木軺車模型器一件，木馬一匹。

從上述情況，我們可以看出周家臺三〇號秦墓與睡虎地一一號秦墓在墓葬形制規格、隨葬器物等方面仍然存在着一定的差異，前者要低於後者。睡虎地一一號秦墓墓主喜曾任縣令史等官職。《漢書·百官公卿表》縣令下曰：「百石以下有斗食、佐史之秩，是爲少吏。」《漢書·惠帝紀》《注》引「如淳曰《律》有斗食、佐史。韋昭曰若今曹史、書佐也。」由此我們推斷周家臺三〇號秦墓墓主生前的官秩應當是略低於縣令史的低級官吏。可能爲佐史一類的南郡官署屬吏。對於在前面曆譜簡文中記載的墓主生前「治競(竟)陵」、「治鐵官」、「治後府」等公務活動，我們認爲，這是記録墓主生前在南郡官署機構中供職時，曾一度作爲郡守或郡丞的隨從人員到「競(竟)陵」縣署等機構參與或者協理其治理工作，並非以高於縣令(長)的官職身份去主持或者主理「竟陵」等官署機構的治理工作。

在木牘背面第壹欄第二行至第三行書有「十二[月]己卯□到廷賦所一籍蔖廿」，及貳、叁、伍欄所書十二月的日干支，均爲推算十二月份到郡縣官署交納賦税的日數，從這裏我們還可以看出墓主生前是一位負責賦税收繳工作的小吏。

(四) 結語

目前，在荊沙地區爲配合基本建設工程而發掘的秦墓數量不算很多，許多秦墓的發掘資料還在整理之中。儘管周家臺三〇號秦墓爲小型土坑墓，墓葬的規格及品級都很低，但它提供的歷史科學價值却是十分珍貴的。

發掘該墓的主要收獲有以下兩個方面：

一、周家臺三〇號秦墓的下葬年代應在秦代末年，其年代的上限與下限之間跨度小，墓主的身份比較明確，它爲我們今後進行本地區秦墓等級的分類提供了科學依據。

二、墓葬出土的一批竹簡和木牘，爲我們研究秦代社會狀況提供了重要的文字史料。

第一，竹簡中曆譜的內容包含有秦始皇三十四年、三十六年、三十七年和秦二世元年共四個年份的月朔日干支、月大小及部分日干支，特別是在秦始皇三十四年曆譜中完整地排列有全年十三個月（含後九月）共三八四天的日干支。這是我國目前關於秦代曆譜資料的考古新發現，它對於我們進一步考察秦代和秦漢之際的曆法具有重要價值。

西漢武帝太初元年我國施行太初曆以後，我國歷史上曆法開始有了系統完整的記載，但在先秦時期，沒有一篇系統地關於記載天文曆法的著作流傳下來。因此，秦代和秦漢之際施行的曆法問題，就一直沒有得到徹底的解決。〔八〕根據歷史文獻記載，秦始皇在統一中國後曾有過「改正朔、易服色」的改曆活動。漢初「襲秦正朔」，說明秦末與漢初施行的是同一曆法。關於漢初曆法，過去有「殷曆」、「顓頊曆」等不同說法。近年來，有的學者根據新出土的文物資料，如山東臨沂銀雀山二號漢墓出土的竹簡所載曆法的推算，提出了漢初施行的「四分曆」說。〔九〕因此，周家臺三〇號秦墓曆譜竹簡的出土，對考察訂正我國在秦末漢初所施行的曆法提供了新的依據。

第二，在秦始皇三十四年竹簡曆譜和三六四號簡的日干支記事中，有多處涉及到古代地名，有的是古代縣名。有的古代縣名至今仍沿用，但大多數古代地名却是我們迄今未曾見過的。在這些日干支記事中先後涉及的古代地名有：「長道」、「贏邑」、「上渧」、「離涌」、「羅涌」、「區邑」、「尋平」、「井韓鄉」、「江陵」、「黃郵」、「競（竟）陵」、「都鄉」、「□上」、「路陰」、「宛」等，計有十五個之多。這些古代地名，對我們考察江漢地區的歷史沿革，豐富歷史地理學研究的範圍與內容，具有重要的價值。

第三，竹簡中《日書》的內容有「二十八宿」占、「五時段」占、「戎磨日」占和「五行」占等。其中有的內容同睡虎地秦墓竹簡《日書》的內容基本相同，但有的內容却完全不同。如在「二十八宿」占中，分別以二六根和四〇根竹簡排列拼成的兩塊平面上繪有二組綫圖，其中的一組圓形綫圖反映了秦代式占地盤的形制和內容，與安徽阜陽汝陰侯墓出土的西漢初年式盤、〔一〇〕甘肅武威出土的東漢初年式盤的內容基本相似。〔一一〕對照《淮南子·天文》等古代文獻中的有關記載大致相吻合，它是目前最新發現的秦式地盤圖樣。它從一個側面反映了星占風俗當時秦代社會中十分流行的狀況。這種秦式地盤圖樣不僅爲我們了解秦代式盤占卜提供了實貴的實物資料，而且對於我們探討古代社會星占學的發展具有重要的學術價值。

第四，在「二十八宿」占中，每一宿占所列占項都大致相同，其占項主要有：「獄訟」、「約結」、「病者」、「行者」、「來者」、「逐盜」、「追亡人」、「市旅」、「物」、「戰鬬」等，這些占項內容涉及當時的政治、經濟及社會生活等多個方面，與人們日常生活關係甚爲密切。這一史料的出土，對於我們考察秦代社會生活狀況和民間占卜習慣，具有十分重要的意義。

第五，在竹簡《日書》的圓形綫圖中，即大小圓之間的圓環內側，順時針方向依次記有二十八個時分時稱。若以「夜半」作爲一日時分的開始，其次第爲：「夜半」、「夜過半」、「雞未鳴」、「前鳴」、「雞後鳴」、「毚旦」、「平旦」、「日出」、「日出時」、「蚤食」、「食時」、「晏食」、「廷食」、「日未中」、「日中」、「日過中」、「日昳」、「餔食」、「下餔」、「夕時」、「日毚入」、「日入」、「黃昏」、「定昏」、「夕食」、「人鄭」、「夜三分之一」、「夜未半」。這種將一天的時間完整地平分爲二十八個時分時稱的「一日分時之制」，乃是迄今爲止關於「二十八時分」時稱的最早記載。

第六，在竹簡《病方及其他》的內容中，記載了當時民間流傳的部分醫用藥方。整理和研究這批藥方資料，對於發掘祖國醫學遺産仍具有一定的科學價值。

第七，墓葬出土竹簡和木牘上的文字，其總數在五千字以上，這些文字並非一人一次寫作。同時，出土的漆器上也有不少烙印和刻畫的文字。秦漢時期正是我國漢字處於由秦隸向漢隸演變發展的時代，因此，這批文字資料的發現與出土，爲我們研究我國漢字發展、演繹的歷程增添了寶貴的實物資料。

總之，周家臺三〇號秦墓的發掘是江漢地區文物考古工作的重要收獲，它對促進和推動秦代社會文化的科學研究將起到積極的作用。

〔一〕 陳振裕：《試論湖北地區秦墓的年代分期》，《江漢考古》一九九一年第二期。湖北省荆州地區博物館：《江陵楊家山一三五號秦墓發掘簡報》，《文物》一九九三年第八期。

〔二〕 張家山漢墓竹簡整理小組：《江陵張家山漢簡概述》，《文物》一九八五年第一期。

〔三〕 長江流域第二期文物考古工作人員訓練班：《湖北江陵鳳凰山西漢墓發掘簡報》，《文物》一九七四年第六期。

〔四〕 《雲夢睡虎地秦墓》編寫組：《雲夢睡虎地秦墓》，文物出版社一九八一年九月。

〔五〕 陳振裕：《試論湖北地區秦墓的年代分期》，《江漢考古》一九九一年第二期。

〔六〕 湖北省荆州地區博物館：《江陵楊家山一三五號秦墓發掘簡報》，《文物》一九九三年第八期。

〔七〕 《雲夢睡虎地秦墓》編寫組：《雲夢睡虎地秦墓》，文物出版社一九八一年九月。

〔八〕 張培瑜：《新出土秦漢簡牘中關於太初前曆法的研究》，載中國社會科學院考古研究所編輯：《中國古代天文文物論集》，文物出版社一九八九年十二月。

〔九〕 張培瑜：《新出土秦漢簡牘中關於太初前曆法的研究》，載中國社會科學院考古研究所編輯：《中國古代天文文物論集》，文物出版社一九八九年十二月。

〔一〇〕 殷滌非：《西漢汝陰侯墓出土的占盤和天文儀器》，《考古》一九七八年第五期。

〔一一〕 甘肅省博物館：《武威磨嘴子三座漢墓發掘簡報》，《文物》一九七二年第十二期。

蕭家草場二六號漢墓發掘報告

蕭家草場位於荆州市沙市區西北郊太湖港東岸的一塊高地，西南同周家臺墓地相隔〇·八公里，與荆州古城相距五·二公里，隸屬於荆州市沙市區關沮鄉岳橋村五組（圖一）。

蕭家草場地勢高亢，一般均比周圍農田高一至二米（圖版五六·一）。發掘前，草場爲村民住房和農耕用地，其中的農田大部分爲旱地。因工程施工取土，古墓葬得以大量暴露。它們主要分布在草場的西部和東部。中部因地勢低窪被作爲稻田耕種，未有古墓葬發現（圖一六）。據調查，一九八二年以前，這一帶曾因水利工程動土有這一時期的墓葬發現，並有大批竹簡在出土後被毀損。一九九〇年十二月二十七日至一九九二年十二月十九日，湖北省荆州市周梁玉橋遺址博物館爲配合宜黄公路工程建設，前後在這片墓地共發掘戰國、秦漢時期墓葬二七座，本報告二六號漢墓是其中的一座（圖版五六·二）。

蕭家草場所在的荆沙地區，有着較爲廣泛的同時期的漢墓分布。自七十年代以來，省、市有關單位曾多次進行了漢墓的發掘工作，並取得重要成果。其中較爲重要的發掘墓地有鳳凰山、〔一〕張家山、〔二〕毛家園等。〔三〕

蕭家草場二六號漢墓位於草場東部一塊方形臺地的西南側，當地羣衆稱這塊方形臺地爲「印臺」，「印臺」中心部位高出周圍地面約三米。從其斷面觀察，臺地爲夯土結構，我們推測在臺地之下可能有古墓葬，方形臺地爲其封土堆被夷平後所形成。在該墓北九·五米有同一時期的二七號漢墓與之並列，其西南與一五號漢墓相距三五米。

該墓的發掘工作自一九九二年十一月十日開始，十六日結束，歷時七天（圖版五七·一）。整個發掘工作分三步進行：第一步，發掘墓葬填土，十日開始，十三日中午結束。第二步，清理槨室頭箱、邊箱裏的器物和棺室内的骨架及其隨葬物品，十三日下午開始至十五日下午結束（圖版五七·二）。第三步，取出棺、槨木板，運到館内，十六日一天完成。

（一）墓葬形制

在工程動土之前，墓地上種植一片油菜，因該墓位於「印臺」的西南邊緣，地面呈斜坡狀，由東北向西南傾斜，没有封土堆。

一 墓坑與填土

二六號漢墓是一座長方形的竪穴土坑墓，由墓坑、墓室二部分組成。方向一〇〇度。墓口距表土深六〇釐米，西部墓口已遭破壞，經復原，墓口長五二〇釐米，寬三七〇釐米。墓底長四〇〇釐米，寬二一〇釐米，自墓口至墓底深三九〇釐米。墓坑口大底小，兩側坑壁内斜明顯，兩端坑壁略陡（圖一七）。壁面平整、光滑。墓坑自上而下打破兩個土層：上層爲黑褐色原生土層，厚一三〇釐米；下層爲黄褐色原生土層，厚二六〇釐米。

墓坑填土爲兩種：上部爲原坑土回填，形成色調斑駁的五花土，由褐、黄兩種顏色的粘性土質所組成，厚一四〇釐米。五花土經過夯打，較結實，夯層清楚，夯層厚一六釐米，圓形夯窩直徑一〇·五釐米。槨蓋板上一米及槨室周圍填青灰土。青灰土密度較大，也經夯打，夯層厚一三至一五釐米，夯窩大小不很清晰。

在槨蓋板之上的青灰土填土中，包含有灰色泥質陶片一塊，素面，係器物底部殘片，因陶片太小，無法辨别器形，從陶片邊楞已被磨圓的情況分析，應屬早於這一時期的陶器殘片。

由於這座墓坑所填五花土、青灰土夯打緊結，槨室密封程度高，木質保存尚好，因此，骨架及隨葬物品得以完整保存。

二　葬具

葬具爲一槨一棺，槨、棺主要是採用平列、疊砌、套榫、扣接等方式結合構成（圖一九、二〇）。

槨蓋板、棺室頂板採用横向平列方式拼接，槨底板採用縱向平列方式拼接。

槨牆板及擋板採用疊砌方式砌成。

套榫除通槽榫、半肩明榫外，還有直角方榫和對角方榫。通槽榫用於槨牆板與擋板的結合。半肩明榫用於棺牆板與擋板的結合。直角方榫與對角方榫的榫頭、榫眼均爲直角方形，兩者的主要區别在於：採用直角方榫方式結合的，其結合處平面相互垂直，呈直角；採用對角方榫方式結合的，其結合處平面呈四五度的斜角。頭箱中立柱與横隔梁、槨底板，門楣與立柱的結合，邊箱中的門楣與西擋板、頭箱中門楣的結合，以及立頰與槨底板，窗隔板與隔梁、門楣，窗條幅與窗隔板的結合等，均採用直角方榫方式結合。槨蓋上的南北縱蓋框與東西横蓋框的結合即稱爲對角方榫方式的結合。

扣接除子母口扣接外，還有搭邊扣接、對角扣接兩種方式。子母口扣接即用於棺蓋板與四壁板的結合，棺四壁板與底板的結合。而搭邊扣接是在木板的邊緣鑿成階梯形，以使其搭進的木板能相互吻合，用於棺室、頭箱的頂板與槨室牆板的結合，邊箱頂板與槨室西牆板和横隔梁的結合，横隔梁與槨室南北墻板、縱隔梁與槨室西牆板和横隔梁的結合等。對角扣接，用於立頰（門框）與門楣的結合，接合處有四五度的斜縫。

木槨

墓室在墓坑的底部，正中放置棺槨（圖版五七·二）。在槨室蓋板上由西向東横鋪二張竹席，東邊的一張竹席西緣壓在西邊一張竹席的東緣之上，兩席相疊僅五至七釐米。兩席大小相同，呈深褐色，均採用人字形花紋編織，一匹篾壓三匹篾，多爲篾黄編織，篾青極少。篾寬一·一至一·五釐米，竹席長二二一釐米，寬二〇五釐米（圖一八）。出土時竹席緊貼槨蓋板，四邊均向外伸出四至一〇釐米不等，伸出的竹席邊緣平鋪在與槨蓋板平齊的青灰土之上。在竹席之上散落着一些零星的稻穀禾草，禾草爲褐色。在槨室西端的竹席之上呈南北方向横壓一根方木條，木條長一七六釐米，寬一二釐米，厚五釐米（圖版五七·四）。

槨室用厚木板搭成。先在墓室底部南北横置兩根墊木於黄褐色原生土的凹槽中，在墊木上東西方向順鋪三塊底板，再在底板上疊砌八塊四壁板（每面兩塊），然後，按南北方向横鋪六塊蓋板，並在槨蓋板四周加設蓋框，最後覆蓋竹席和禾草。

槨室的木板係採用鋸、斧、斫、錛、鑿、刨加工製成，槨板製作方正平直，表面刨光，拼接嚴密，沒有間隙，保存完好。其構築情況如下：

先在墓坑底部兩端掘出墊木凹槽，槽的長、寬同墊木長、寬，深同墊木厚。然後將兩根墊木落進凹槽中。兩根墊木均長一九四釐米，寬二〇釐米，兩端厚一八釐米。在墊木的兩端之間鑿有凹槽，以納槨底板。凹槽長一六〇釐米，深一〇釐米，寬與墊木同。三塊底板東西縱向平鋪於墊木之凹槽中。北、西、南三面與坑壁相靠，東面坑底留有一六釐米寬的間隙。每塊底板長三三二釐米，厚一八釐米，其寬度由南向北依次爲四七釐米、五九釐米、五一釐米，總寬度爲一五七釐米。在底板與墊木南端有寬約三釐米的間隙，在槨底板南側的兩處間隙中，分別由東向西和由西向東各插進一木楔，將槨底板卡緊。

木槨的四壁各用兩塊厚木板側立疊置，牆板與擋板以通槽榫方式相結合，即以南北牆板的兩端爲榫頭，分別插入東西兩擋板內側的凹槽裏，構成「Ⅱ」形槨室。擋板凹槽寬一八釐米，長一一〇釐米，深三·五釐米。四壁板的高度均爲一一〇釐米，厚一八釐米。其中東擋板上、下兩塊均高五五釐米，長二〇八釐米，西擋板上、下兩塊高分別爲五四釐米、五六釐米，長分別爲二〇八釐米、一七四釐米。南牆板上、下兩塊高分別爲五八釐米、五二釐米，北牆板上、下兩塊高分別爲六四釐米、四六釐米，四塊牆板均長三〇〇釐米（含榫頭在內）。

六塊槨蓋板橫向平鋪在四壁板之上，即形成槨室，槨室長三三八釐米，寬一六四釐米（不計榫頭），高一五三釐米（包括墊木）。蓋板排列緊密，沒有間隙。每塊蓋板均長一六四釐米，厚一七釐米，寬度不等，每塊蓋板南北兩端的寬窄也不一致。這六塊蓋板的南北兩端寬度由東向西依次爲六三釐米、五九釐米、四六釐米、五〇釐米，五四釐米、六二釐米，五八釐米、五一釐米、五五釐米、五六釐米、六二釐米、六〇釐米。六塊蓋板南北兩端寬度總和相等，蓋板總長度三三八釐米，另外蓋板在製作時，在每塊蓋面的兩端都鑿有一至二個長方形孔眼，每個孔眼長三至五釐米，寬三釐米，深四釐米。孔眼内遺存有長方形木楔和麻繩殘片，木楔被砍斷後凸出蓋面〇·五釐米。這些孔眼在槨蓋板上分南北兩排，每排九個，均應爲下葬吊裝時的繫繩遺存。爲了固定蓋板，在六塊蓋板的四周加設蓋框，使蓋板形成整體結構，防止挪動，其平面形成長方形。蓋框長三八四釐米（不計榫頭），寬二〇八釐米，厚一七釐米。它由寬二二釐米，厚一七釐米的四根枋木以對角方榫方式結合構成，即分別在東西横蓋框的兩端鑿出方形榫眼，再在南北縱蓋框的兩端鑿出相應的方形榫頭，並使之套合。在東邊横蓋框的兩端方形榫眼中各伸出榫頭七釐米，在西邊横蓋框的北端方形榫眼中伸出榫頭三釐米，其南端的方形榫眼與榫頭平齊，所形成的槨框緊套在蓋板四周，蓋框的東頭擱置在東擋板南北兩端之上，西頭擱置在西擋板南北兩端之上。這種在槨室蓋板四周加設「蓋框」的構築形式，與本地區張家山二四九號漢墓、〔四〕長沙馬王堆一號漢墓基本相同。〔五〕

槨室內部爲長方體，長二四九釐米，寬一二二釐米，深一一〇釐米（圖版六一·一）。取出蓋板，即見各室頂板，啓開頂板後，槨室內木板爲淺黄色，色澤如新，室內滲滿積水，水質清澈，不見淤泥，足見槨室密封較好（圖版五八·一）。槨室由横梁、竪梁、立柱和門窗等分隔出頭箱、邊箱和棺室。頭箱在槨室東部，邊箱在槨室西部南側，棺室在槨室西部北側，頭箱、邊箱、棺室之上均有頂板（圖版五八·二）。

頭箱長一二二釐米，寬五二釐米，深一一〇釐米。其上頂板由一塊長方形薄木板製成，頂板長一二八釐米，寬五二釐米，厚三釐米（圖版五九·一）。在頂板南部中心鑿有一小方形穿孔，方孔邊長三釐米。頂板兩端分別與南北牆板以搭邊扣接方式結合（圖版五九·二）。

邊箱狹長，長二三二釐米，寬一三釐米，深一一〇釐米。爲架設頂板，在中部於竪梁和南牆板之間又以搭邊扣接方式增設一小横梁，梁長一七釐米，寬七釐米，厚五釐米。小横梁上面中間鑿有凹槽，槽長一三釐米，深二釐米，以備頂板縱向落入凹槽。邊箱頂板由一塊長方形薄木板製成，長二三八釐米，寬一三釐米，厚三釐米，其東西兩端均以搭邊扣接方式分別與横隔梁和西擋板結合，中間嵌進小横梁凹槽中。

棺室長二三二釐米，寬九六釐米，深一一〇釐米，上蓋頂板六塊均由長方形薄木板横列平鋪。每塊頂板均長一〇二釐米，厚三釐米，寬窄不一。六塊頂板的寬度由東向西依次爲五〇釐米、五一釐米、三七釐米、三五釐米、六釐米、五三釐米，頂板總長二三二釐米。六塊頂板的南北兩端均以搭邊扣接方式分別與竪梁和北牆板結合。

門窗結構

頭箱與邊箱、棺室之間隔以橫梁。橫梁長一一七釐米，寬二〇釐米，厚一二釐米。其兩端分別搭進槨室南北牆板的凹槽裏。在橫梁北端下及橫梁與豎梁交接處下各有方形立柱一根，其作用主要是支撑橫梁和豎梁，每根立柱的上下兩端均有榫頭，分别插入横梁下面和槨底板上的方形榫眼裏。兩根立柱均高九〇釐米（不計榫頭），位於横梁北端的立柱寬九釐米，厚六釐米，位於横梁南端的立柱寬一二釐米，厚六釐米。在兩立柱之間架設門窗。在横梁之下有門楣一根，其兩端有凸榫，分别插入南北兩根立柱的方形榫眼裏。門楣長七八釐米（不計榫頭），寬一三釐米，厚一〇釐米。門楣之上承窗，窗下設門（圖版六一·四）。

門一幅，雙扇，棺室與頭箱以此門相通。門正面向頭箱，兩邊均有比門扇稍厚的立頰，每一根立頰在靠近門扇一側的上端留有三角形榫頭，以對角扣接的方式插入門楣外側的榫眼裏，其下端留有長方形榫頭，以插入槨底板的榫眼裏，與門楣共同構成門框。兩塊立頰均高五九釐米，厚三釐米，北邊一塊寬八釐米，南邊一塊寬二二釐米（參見圖一九·D—D′）。兩塊門扇位於兩立頰之間，在每一門扇外側之上下兩端有軸，分别置於門楣上的門斗及槨底板上的門臼中。門扇高與立頰相等，厚二釐米，北邊一塊寬二八釐米，在其内側下面有用墨書寫的一個「X」字（圖版六一·二）。南邊一塊寬二五釐米。兩塊門扇相疊而閉合不嚴，其間約有二釐米的空隙。在緊靠兩門扇下端的東側，横置一根方木條門檻，高三釐米，長四八釐米，寬二釐米。

頭箱門楣之上有窗兩個，兩窗之間由隔板分開。隔板是一塊長方形厚木板，高一八釐米（不計榫頭），寬一二釐米，厚六釐米。上下兩端均有方形榫頭，分别插入横梁和門楣的方形榫眼裏，形成兩個長方形窗框。兩個窗框均高一八釐米，寬三三釐米。隔板兩邊的南北立柱上均有榫眼，兩邊各安一根横幅。横幅長三三釐米（不計榫頭），寬六釐米，厚三釐米。每一個窗有兩個長方形窗孔，共計四個窗孔，孔長三三釐米，寬六釐米。

棺室與邊箱之間隔以豎梁。豎梁長二三八釐米，寬一三釐米，厚二〇釐米。其兩端分别搭進横梁和西擋板的凹槽裏。門楣位於豎梁之下並與之平行，兩端有方榫，分别插入頭箱南端立柱和西擋板的方形榫眼裏。門楣長、寬與豎梁長、寬相同（不計榫頭），厚一〇釐米。門楣之上承窗，窗下設門。

邊箱門窗結構與頭箱基本相同（參見圖一九·C—C′）。棺室與邊箱之間有東西並列的兩幅雙扇門相通，門正面向邊箱。兩幅雙扇門兩旁的四塊立頰高、厚均與頭箱立頰相同，其寬度由東向西依次爲二三釐米、二四釐米、二三釐米、二五釐米。四塊門扇的高、厚均與頭箱相同，其寬度由東向西依次爲二六釐米、三一釐米、二八釐米、二八釐米。兩幅門的門扇閉合情況亦與頭箱相同。在緊靠門扇下端南側各横置一根方木條門檻，兩門檻高、寬均與頭箱中的門檻相同，東邊的一根門檻長五〇釐米，西邊的一根門檻長四九釐米。在兩幅門之間的上部，有三八釐米寬的空間，讓棺室與邊箱相通，其下部有一塊隔板與兩邊立頰並列，隔板東西兩側的下端留有方形榫頭，分别插入槨底板上的榫眼裏。出土時，隔板已經倒向棺室。隔板高一六釐米（不計榫頭），寬三八釐米，厚三釐米。

邊箱門楣之上有窗四個，由三塊隔板分開，形成四個長方形窗框，隔板高、寬、厚均與頭箱中窗的隔板相同。四個窗框高與頭箱中窗框高相同，其寬度不等，由東向西依次爲五二釐米、四七釐米、五六釐米、四四釐米。每個窗框中的兩根横幅，其長度（不計榫頭）與窗框寬度相同，寬、厚亦與頭箱窗的横幅相同。共有八個長方形窗孔，孔長與孔所在的窗框寬度相同，孔寬與頭箱中窗孔的寬度相同。

木棺

棺爲長方盒形，平底。靠棺室西北壁放置（圖版六〇·二）。長二〇五釐米（不計蓋板），寬六四釐米，高六一釐米。它由蓋板、牆板、擋板、底板所構成（圖二一），每面板均由整塊的厚木板製成。蓋板長二〇九釐米，寬六八釐米，厚一〇釐米。蓋底鑿有母口槽一周，槽寬五釐米，深二·五釐米，以同牆板、擋板上的子口扣合。牆板長二〇五釐米，高四一釐米，厚一〇釐米。擋板長六四釐米（不計榫頭），高、厚均同牆板。擋板與牆板採用半肩明榫相結合。底板長、厚同牆板，寬六四釐米，其上鑿有母口槽一周，與四壁板下側的凸榫相扣合（圖二二）。

棺外均髹黑漆。在擋板與牆板結合處，四壁板與底板結合處等部位，用漆加封多層。棺内髹紅漆。在距蓋板兩端三五釐米處，有兩道綑棺的細麻繩。每道麻繩繞棺九圈，麻繩直徑〇・七釐米。在麻繩纏繞的棺蓋、棺底兩側邊緣砍有八個小凹槽，蓋、底各四個，每個凹槽寬七釐米，深二至三釐米。在棺蓋及綑縛繩之上覆罩竹簾一牀（圖版六〇・一）。竹簾爲長方形，較棺蓋稍大，下垂棺蓋四周九至一一釐米。竹簾上的方格紋，係採用篾條縱横交織方法編製的，篾寬〇・六釐米。方格的交織點一匹篾在上，一匹篾在下。每個方格内的間距一般爲二・五至三釐米，最大的方格間距可達四釐米（圖版六一・三）。出土時竹簾仍貼附在棺蓋上，尚未斷裂。

在棺蓋西端的綑棺繩下，放置一雙麻鞋，兩隻麻鞋並列，鞋頭朝東，在兩隻麻鞋之間，即在棺蓋西半部的中間，順置一根竹杖，杖足朝西（圖二四）。

在木棺的東面和南面空間的槨底板上，分布着一些零星的稻穀禾草，禾草呈淺黄色，與槨蓋竹席之上的禾草相同（圖版六一・一）。

棺槨板經中國林業科學院木材工業研究所鑒定，槨室横隔梁爲黄連木（Pistacia sp）（圖版七七・四、五、六），隸屬漆樹科（ANACARDIACEAE），棺底板爲梓木（Catalpa sp）（圖版七七・七、八、九），隸屬紫葳科（BIGNONIACEAE）（附録五）。

棺内有人骨架一具，骨架保存完整。從骨架中殘留的細篾片渣推測，屍體原在下葬時用竹席包裹着。頭骨在東端，面向上，肋骨有些散亂，上下肢骨均伸直，其葬式爲仰身直肢葬（參見圖二五）。

三　隨葬器物的位置

隨葬器物共一〇七件。主要放置在頭箱和邊箱，棺室放置的器物極少（表二）。由於受到滲水的浮力，部分器物部件已飄散，其位置有所移動。有的漆器已浮飄在水面上（圖二三、二四、二五）。在頭箱由北往南隨葬木車、木馬模型明器，圓雕木御俑、圓雕木立俑及木片俑，同時還隨葬有漆耳杯、漆盤、陶瓮、陶盤等；在頭箱的南部偏東，隨葬着竹笥，其上同周圍隨葬有竹簡、木梳、木篦、銅鈁、銅盤、陶壺、薪等，笥内隨葬有食品、調味品等。

在狹窄的邊箱東西兩端和中部，隨葬着竹笿等大部分竹器，内裝有食品、藥材等；在東部，隨葬有漆大卮、漆大橢圓奩等部分漆器和銅鼎、銅蒜頭壺、銅勺等；在中部，隨葬有A型漆耳杯、漆圓盒及陶甑、陶釜、陶盂、陶罐等；在西部，隨葬有漆匕、C型漆耳杯、木絞繩棒等。

在棺室，棺蓋的竹簾下隨葬着麻鞋和竹杖，棺底板下隨葬着木三角形器，兩件C型漆耳杯和一件D型漆耳杯，有可能原葬在邊箱或頭箱裏，在槨室滲水後由窗孔飄流進入的。

（二）　隨葬器物

隨葬物品主要有生活用具、簡册、奴婢木俑、車馬模型器和食品等，其質料包括漆、木、竹、陶、銅、麻製品、食品等，除竹簡另作一段專門叙述外，其它依質料分述於後。關於器物數量的統計原則，本報告同前發掘報告。

一　漆器

四五件。均爲木胎，絕大部分保存完好，出土時其色彩如同新作。器形有圓盒、盂、匕、盤、耳杯、卮、圓奩、橢圓奩。器物髹黑漆，大多以朱、褐、金黃、灰白等顏色漆在其黑漆地上繪飾各種花紋，許多漆器上還有烙印、刻畫的文字符號（表三）。

表二　蕭家草場二六號漢墓各室隨葬物品統計表

室別		隨葬物品
頭箱	漆器	盂二件　盤二件　B型耳杯六件　C型耳杯一件　D型耳杯六件　小卮一件　圓奩一件
	木器	A型圓雕木立俑二件　B型圓雕木立俑一件　C型圓雕木立俑一件　圓雕木御俑一件　A型木片俑四件　B型木片俑二件　C型木片俑一件　車（含傘一具、馬一匹）一件　梳一件　篦一件
	竹器	笥一件　籤二三枚
	陶器	壺二件　瓮一件　盤一件
	銅器	鈁一件　盤一件
	竹簡	竹簡三五枚
	其它	粟米約二千克　幼年家猪骨胳二八塊　成年家雞骨胳五塊　生薑一二克　花椒約八〇克　薪八二五克　黃粘土約二·五千克
邊箱	漆器	圓盒二件　匕二件　A型耳杯二件　B型耳杯四件　C型耳杯七件　D型耳杯三件　大卮一件　大橢圓奩一件　小橢圓奩一件
	木器	絞繩棒一件
	竹器	笿六件　簍一件　筒五件　筷籠（附筷）一件
	陶器	甗（含甑釜各一具）一件　盂一件　罐三件
	銅器	鼎二件　蒜頭壺一件　勺一件
	其它	雞蛋蛋膜七枚　幼年家猪骨胳一塊　蘆葦根莖一六四克　稻粒若干　稗粒若干　八角果瓣一片
棺室	漆器	C型耳杯二件　D型耳杯一件
	木器	三角形器一件
	竹器	杖一件
	麻製品	麻鞋一雙

表三　蕭家草場二六號漢墓漆器烙印、刻畫文字摹本表

器物編號	器物名稱	烙印、刻畫部位	文字	備註
五〇	圓盒	烙印蓋頂外壁		
		烙印蓋頂外壁		
		烙印蓋頂外壁		
		刻畫蓋頂內壁	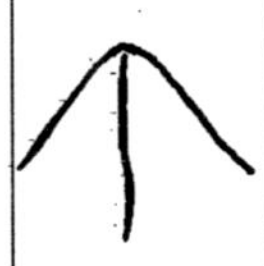	參見圖版六三·二
		烙印外底		參見圖版六三·一
		烙印外底		參見圖版六三·一
		烙印外底		參見圖版六三·一
		刻畫外底		
五四	圓盒	烙印蓋頂外壁		
		烙印蓋頂外壁		
		烙印蓋頂外壁		
		烙印外底		
		烙印外底		
		烙印外底		
		刻畫外底		
		刻畫蓋頂內壁		

器物編號	器物名稱	烙印、刻畫部位	文字	備註
九二	匕	烙印匕底背部		
		烙印匕底背部	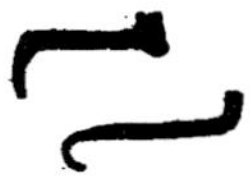	
九三	匕	烙印匕底背部		
		烙印匕底背部		
二二	盤	烙印底外		
		刻畫口沿外壁		
三〇	盤	烙印底外		
		刻劃口沿外壁		
三九	耳杯	烙印底外		參見圖版六五·三

器物編號	器物名稱	烙印、刻畫部位	文字	備註
三九	耳杯	烙印底外		參見圖版六五·三
		烙印底外		參見圖版六五·三
		刻畫底外		參見圖版六五·三
四〇	耳杯	烙印底外		參見圖版六五·二
		烙印底外		參見圖版六五·二
		烙印底外		參見圖版六五·二
		刻畫底外		參見圖版六五·二

器物編號	器物名稱	烙印、刻畫部位	文字	備註
四六	耳杯	刻畫底外		
四七	耳杯	烙印底外		
四九	耳杯	烙印底外		參見圖版六五·五
五六	耳杯	烙印底外	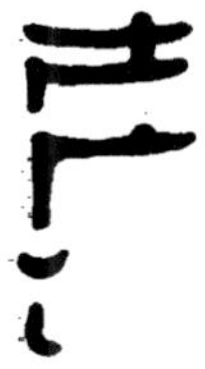	參見圖版六五·七
		烙印底外		參見圖版六五·七
五七	耳杯	烙印底外		參見圖版六六·二

器物編號	器物名稱	烙印、刻畫部位	文字	備註
五八	耳杯	烙印底外		參見圖版六六·三
五九	耳杯	烙印底外		
六四	耳杯	烙印底外		參見圖版六六·五
		烙印底外		參見圖版六六·五
		烙印底外		參見圖版六六·五

器物編號	器物名稱	烙印、刻畫部位	文字	備註
六五	耳杯	烙印外底		
		烙印外底		
		烙印外底	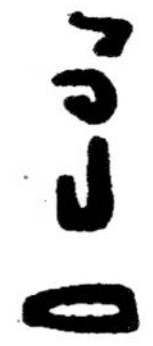	
六九	耳杯	烙印外底		參見圖版六六·六
八九	耳杯	烙印外底	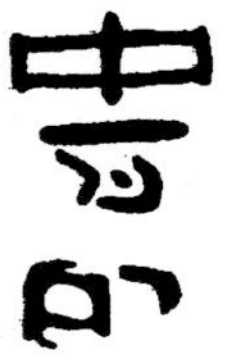	參見圖版六七·二
		烙印外底		參見圖版六七·二
		烙印外底		參見圖版六七·二

器物編號	器物名稱	烙印、刻畫部位	文字	備註
一二	耳杯	烙印外底		
		刻畫外底		
二四	耳杯	烙印外底		
		烙印外底		
		烙印外底		
		刻畫外底		
二五	耳杯	烙印外底		
		刻畫外底		
六〇	耳杯	刻畫外底		
六一	耳杯	刻畫外底		

器物編號	器物名稱	烙印、刻畫部位	文字	備註
三六	大卮	烙印蓋頂內壁		參見圖版六七·三
		烙印蓋頂內壁		參見圖版六七·三
		烙印蓋頂內壁		參見圖版六七·三
二九	小卮	烙印耳下腹外壁		
一	圓奩	烙印蓋邊外壁		
		烙印器身外壁		
		烙印蓋邊外壁		

器物編號	器物名稱	烙印、刻畫部位	文字	備註
一	圓奩	烙印器身外壁		
		烙印蓋邊外壁		參見圖版六七·五
		烙印器身外壁		
三一	大橢圓奩	烙印蓋頂內壁		
		刻畫蓋頂內壁		參見圖版六七·六
		烙印外底		
		刻畫外底		
		烙印內底		

器物編號	八八			
器物名稱	小橢圓奩			
烙印、刻畫部位	烙印蓋邊外壁	烙印蓋邊外壁	烙印器腹外壁	烙印器腹外壁
文字				
備註				

圓盒　二件。其大小紋飾相同。木胎較厚，鏇製。蓋頂微隆，正中爲圈足狀捉手，器身圓鼓，圓底，底外有圈足，蓋與器身以子母口相扣合。蓋面和器腹外壁中部各有三道凹弦紋，並填以朱漆。通體髹漆，裏朱外黑，並以朱、褐彩漆在器表黑地上繪製各種圖案。蓋頂以褐漆繪飾變形鳥紋，再以朱漆用卷雲紋、圓圈紋、點紋、菱形紋填繪其間。器身下部繪飾變形鳥紋、卷雲紋，器口、蓋口則繪飾波折紋、圓點紋，口沿外側繪有平行綫紋（圖二六・一；彩版二・二；圖版六二・一、二）。蓋頂外壁、外底均有烙印文字符號（圖版六三・一），蓋頂內壁、外底均有刻畫文字符號（圖版六三・二）。標本XM26 :50，口徑一四・五釐米，蓋徑一七・二釐米，通高一五・四釐米。五號簡記「盛一雙」，當指此二器。

盂　二件。其大小紋飾相同。均係整木製作，鏇製。口微斂、方唇、短頸、腹下弧內收，圓底，矮圈足。通體髹漆。除器內塗有一周朱漆寬帶紋外，其餘部分與器表均塗黑漆，再以朱、褐色漆在黑地上繪製各種圖案。內底中心繪飾雲鳥紋、變形鳥紋、卷雲紋等，其外及口沿內側、腹外壁均繪飾變形鳥紋一周，沿面繪飾波折紋、間以圓點紋。標本XM26 :8 口徑二七・六釐米，足徑一七・四釐米，高九・二釐米（圖二八；彩版二・四；圖版六三・三、六四・一）。一六號簡記「食于一雙」，當指此二器。

匕　二件。其大小紋飾相同。斫製。匕面爲舌形，微凹，匕底稍凸，上有方楞，柄呈圓杆狀，其下端呈方棱形與匕頭相接。通體髹黑漆，匕面、匕底以灰白、朱漆繪飾圖案。在匕面邊緣的二道環帶內繪飾雲氣紋、圓點紋，匕底背面中心則勾畫尖圓形的環帶。在柄的上、下兩端各有二道寬窄不一的環帶。在匕底背部有烙印文字符號。標本XM20 :93，柄長一三・一釐米，匕寬五・三釐米，通長二六・七釐米（圖二六・二；圖版六三・四）。

盤　二件。其大小紋飾相同。鏇製。敞口、平沿外折、淺腹、平底。通體髹黑漆，盤內外均以朱漆彩繪花紋。內底繪飾三組變形鳥紋、雲鳥紋、卷雲紋，並以圓圈紋、點紋填繪其間，沿面上繪飾水波紋，其内側則繪飾菱形綫紋、點紋，盤外壁繪飾變形鳥頭紋。在口沿外壁、外底有烙印、刻畫文字符號。標本XM26：21，口徑二二·三釐米，高三·二釐米（圖二七；彩版二·二；圖版六四·二）。一二號簡記「大卑匜一具」，一三號簡記「小卑匜一具」，當指此二器，實物無大小之别。

耳杯　三二件。木胎較薄，斫製。沿面爲橢圓形，新月形耳上翹，平底，杯腹外壁有刀削痕。裏外塗漆，部分耳杯外底上有針刻、烙印文字符號。根據其大小、紋飾的不同，分爲四型：

A型　二件。器形最大，其大小紋飾相同。除杯内壁、内底飾朱漆外，其它部位均髹黑漆。口沿内外、耳面上及其側面均以朱漆彩繪花紋。口沿内均繪一周變形鳥紋、點紋，口沿外側、耳面上及其側面均繪飾水波紋、圓圈紋。在外底有烙印、刻畫文字符號（圖版六五·三）。標本XM26：40，長二一·七釐米，高七·一釐米（圖二九·一；圖版六五·一、二）。六號簡記「柯一雙」，當指此二器。

B型　一〇件。器形較大，其大小形制相同。通體髹黑漆，未加彩繪。有的在外底上刻畫文字符號。標本XM26：7，長一七·九釐米，寬一三·七釐米，高五·三釐米（圖二九·三；圖版六五·四）。八號簡記「墨杯十」，當指此一〇器。

C型　一〇件。器形較小，其大小紋飾相同。除杯内壁、内底飾朱漆外，其餘部位均髹黑漆。口沿内外、耳面上及其側面均以朱漆彩繪花紋。口沿内側繪飾一周變形鳥紋，口沿外側、耳面上及其側面繪飾水波紋、圓圈紋。有的在外底上烙印文字符號（圖版六五·七、六六·二、三、五、六、六七·二）。標本XM26：49，長一七·七釐米，寬一三·四釐米，高五·一釐米（圖二九·二；圖版六五·五、六）。

D型　一〇件。器形最小，其大小形制相同。除杯内壁、内底飾有朱漆外，其它部位髹以黑漆。有的在外底烙印、刻畫文字符號。標本XM26：61，長一四釐米，寬一〇·六釐米，高四·五釐米（圖二九·四；圖版六六·一）。七號簡記「小醬杯十」，應指此一〇器。

卮　二件，大小各一件。腹壁和蓋壁由薄木胎卷製。均爲圓筒形，直壁，平底，有蓋。蓋頂隆起，蓋大於器身並與之相套合，單環形耳。通體髹漆，裏朱外黑，再以朱、褐色漆在黑漆地上繪製各種圖案，並有烙印文字符號。大卮（XM26：36），蓋頂中心部位及其外圍，器身外壁中部繪有雲鳥紋、變形鳥紋、卷雲紋等，蓋壁外側、器身的口沿及其外壁下部也各繪飾一周變形鳥紋。環形耳上有二道凹楞。在蓋頂内壁有烙印文字符號（圖版六七·三）。口徑一一·九釐米，蓋徑一二·三釐米，通高一三·一釐米（圖三〇·一）。一四號簡記「畫卮一」，當指此器。小卮（XM26：29），蓋頂中心部位繪飾三組雲鳥紋，其外圍及蓋壁外側，器身外壁分别繪飾一周和三周變形鳥紋。在器身耳下有烙印文字符號。口徑八釐米，蓋徑八·四釐米，通高九·三釐米（圖三〇·二；圖版六六·四）。一五號簡記「小醬卮一」，當指此器。

圓奩　一件（XM26：1）。腹壁及蓋壁由薄木胎卷製。整體爲圓筒形，器身平口，直壁較深，平底，蓋面微凸，蓋大於器身，並與之套合。通體髹漆，裏朱外黑，無彩繪花紋。在蓋邊外側和器身外壁各有三處烙印文字符號（圖版六七·五）。口徑一九·六釐米，蓋徑二〇·四釐米，通高一二·八釐米（圖三〇·三；圖版六七·四）。一一號簡記「一斗檄一具」，當指此器。

橢圓奩　二件，大小各一件。腹壁及蓋壁由薄木胎卷製。器形橢圓，器身平口，直壁，平底，蓋面微凸，大於器身，並與之相套合。通體髹漆，裏朱外黑。器外壁均有烙印文字符號。大橢圓奩（XM26：31），器形較大。器表的黑漆地上以朱、褐色漆繪飾各種圖案。蓋頂中心繪有雲鳥紋、卷雲紋等，其外圈爲一環帶；蓋頂邊緣繪有波折紋、圓點紋；蓋邊及器腹外壁下部分别繪飾二周和一周變形鳥紋。蓋頂内壁、外底等部位均有烙印、刻畫文字符號（圖版六七·六）。長二九·六釐米，寬一三·六釐米，通高九·九釐米

（圖三一・二；彩版二一・三；圖版六八・一）。九號簡記「大畫脯檢一」，當指此器。小橢圓奩（XM26：88），器形較小，與大橢圓形制基本相同，唯器底微圜。器表無彩繪花紋。蓋邊和器腹外壁有烙印文字符號。長二〇釐米，寬九・五釐米，通高七・四釐米（圖三一・一；圖版六七・一）。一〇號簡記「小脯檢一」，當指此器。

二 木器

一七件。主要是模型器及生活用具，大多保存尚好，僅有俑、車、馬的部件等因水飄浮散亂而位置有所移動。器形有圓雕俑、片俑、車、馬以及梳、篦、三角形器、絞繩棒等，在俑、車、馬等模型器物上常以紅、粉紅、黑、白、灰白等色彩繪飾花紋。

俑　共十二件。可分爲圓雕俑和片俑兩大類。

圓雕俑　五件。出土時，多與車、傘的殘部件混雜在一起。係採用整塊圓木浮雕和彩繪花紋相結合的方法來表現其不同的形態。它包括立俑和御俑。

立俑　四件，均爲侍女俑。其特徵爲頭頂扁平，寬額圓頰，長頸斜肩，束腰，雙足分立，面部僅雕出鼻，後腦長髮挽髻。臉面飾以粉紅彩，墨繪眉目，頭髮漆以黑色，頸下着交領衣，右衽，下着裾裙，右側開衩，裙下露出腿足。根據其體形形態特點可分爲三型：

A型　二件。體形最高，兩臂曲肘向前，呈捧物狀，兩足套有雙尖翹頭黑色方履，手與臂、履與足採用粘劑膠合。標本XM26：72，在粉紅色衣裙上繪飾紅色梅花紋，頸下衣領、腰間及裙邊飾有黑色寬帶，其上着以紅彩連珠紋。身高三三・二釐米，肩寬七釐米，履長三・九釐米（圖三二・一；圖版六七・七）。XM26：15，向前伸出的兩手缺失。頸部繪出雙層交領衣，裏層爲黃色，表層爲紅衣裙壓以黑色邊帶，並飾以黑彩圓點紋，其腰間、裙邊亦壓以黑色邊帶，頸及袖口、裙邊、下裳均塗以黃彩。身高三二・八釐米，肩寬七・六釐米，履長與XM26：72相同（圖三二・二；圖版六八・二）。

B型　一件（XM26：71）。體形適中，寬拂袖，兩臂拱曲合攏抱於腹。頸下雙層交領，裏層爲紅色，表層爲白色衣裙上壓以黑色寬邊帶。其腰間、袖口和裙邊亦均壓以黑色寬帶，在白色衣裙和黑色寬邊帶上飾以紅色點紋，足下套有雙尖翹頭黑色方履。身高二一・四釐米，肩寬五・一釐米，履長二・七釐米（圖三三・一；圖版六八・三）。

C型　一件（XM26：19）。體形最小，赤足，衣裙稍短，曲肘向前，兩手呈捧物狀，膠合於兩臂下，兩腿足膠合於衣裙下。衣裙飾以粉紅色彩，其腰間飾以黑色細帶，交領、袖口和裙邊壓以黑色寬邊帶，寬邊帶上飾以紅彩連珠紋。身高二〇・八釐米，肩寬五・一釐米，足長二・六釐米（圖三三・二；圖六八・四）。

四號簡記「從者四人」，當指以上A、B、C三型計四件侍女俑。

御俑　一件（XM26：67）。頭頂較平，寬額尖頰，短頸斜肩，緊束腰，曲臂抬手向前，手與臂在曲肘處膠合，兩手拳握緊持繮繩態，下身彎曲，雙腿作跪坐狀，無足。面部僅雕出鼻，後腦長髮挽附。臉面飾以粉紅彩，墨繪眉目，頸、髮漆以黑色。身着交領衣，交領、袖口均飾有黑色邊帶，其上飾以紅彩連珠紋，身高一二・九釐米，肩寬五・五釐米（圖三四・一；圖版六九・一）。三號簡記「御者一人」，當指此俑。

片俑　七件。均以長方形薄木片砍削而成，再以墨繪眉目，彩繪服裝紋飾。其形體特徵爲矮平頭，平窄肩，束腰，無手足。頭頂墨塗頭髮，面部墨繪眉目，有的短髮、眉目已脱落。頸下交領，右衽，兩袖合抱於胸前，衣領、袖口及下裳均壓有黑色寬帶，有的衣裙以灰白、黑、紅色彩繪飾花紋。按片俑的體形高矮可分爲三型：

A型　四件。體形最高。臉面均未着色，有的後腦飾以紅彩或灰白彩。標本XM26：28，後腦未着色，以黑彩在灰白色衣裙上飾以圓點紋，身高一五・六釐米，肩寬三・二釐米，片厚〇・二釐米（圖三二・三；圖版六九・二）。標本（XM26：78），後腦飾以紅彩，並以黑、紅彩在灰白衣裙上繪飾梅花點紋，身高一五・七釐米，肩寬三・二釐米，片厚

○·二至○·四釐米(圖三二·四;圖版六九·三)。

B型　二件。體形適中。從衣裙上看,有花紋、素色各一件。XM26:75,臉面、後腦均飾灰白彩,並以黑、灰白彩在未着色的衣裙上繪飾梅花點紋,身高九釐米,肩寬三釐米,片厚○·一五釐米(圖三三·三;圖版七○·一,右)。XM26:79,臉面、後腦均未着色,身着灰白色衣裙。身高七·六釐米,肩寬二·八釐米,片厚○·二五釐米(圖三三·四;圖版七○·一,左)。

C型　一件(XM26:76)。體形最矮。墨繪頭髮,眉目已脱落,臉面、頸及後腦飾灰白彩,並以黑、灰白彩在未着色的衣裙上繪飾梅花點紋。身高五·一釐米,肩寬二·六釐米,片厚○·一五釐米(圖三三·五;圖版七○·一,中)。

車　一件(XM26:18)。係軺車模型,它由輪、軸、輿、傘等部分所組成,未見轅、衡、軛等部件(圖三五·一、二、三;圖版六九·四)。

輪　兩個輪輞均係整木雕鑿而成,輪輞的寬窄、厚薄不一,其上多處留有刀削痕,内外兩面平整,側面鼓圓。輪徑一四·八釐米,輪輞邊寬一·五至一·六釐米,面寬○·四至○·五釐米。在輪輞的上、下、左、右四個方向鑿有四個圓形穿孔,用以安裝四根輻條。每個穿孔徑○·三釐米,深同輪輞邊寬。輻條均爲竹質,圓條形,徑同穿孔,長六·七釐米(含兩端榫頭),輪輞、輻條均飾黑彩。轂、軎與軸連爲一體,轂爲軸兩端最粗的部位,徑二釐米。軎爲軸兩頂端稍尖平的部位,最小徑○·八釐米,均以軸的兩端塗上五·六至六·一釐米長的黑彩以示之。在轂的上、下、左、右四個方向有四個圓形鑿孔,孔徑、孔深均爲○·三釐米,用以接納四根輻條。

軸爲圓柱體,係以小木棍削製而成,其上留有不少刀痕,製作不甚規範。在兩端之間未塗黑彩一段的上方刨成一平臺,以與輿底板膠合,平臺長一六釐米,　寬一·二至一·四釐米。軸全長二七·六釐米,直徑一·四至一·八釐米。

輿由軾、輢、鞏等部分組成,長方盒形,横置於軸之上。横長一八·六釐米,寬一一·七釐米,高八·二釐米。從軸的兩頭上方有刨成的兩塊平臺觀察,輿底原有可能與軫是膠合爲一體的,軫未見。在輿的前端横置軾,軾爲長方形木條製作,其最上一面爲向前傾斜的斜面,在斜面中心部位飾以紅彩,再用黑彩在紅彩地上繪以連環紋圖案。在軾的向前一面則以黑彩飾方格紋。軾長一七·八釐米,寬四·二釐米,前高二·九釐米,後高四·七釐米。在軾的兩端貼兩塊對稱的長方形薄木片,垂直於輿底板兩端之上而形成輢,兩塊薄木板長、寬、厚相同,前上方的一角呈弧形下凹。在輢的外側及上沿塗以朱彩,於内側飾以白彩,再以黑彩於外側飾方格紋。輢上長一一·四釐米,後高七·三釐米,厚○·五釐米。在輿的後部,輿底板的邊緣兩端,與輢垂直立有兩塊大小相同的欄板,欄板用薄木片製作,兩欄板之間的空缺即形成鞏。欄板寬四·三釐米,厚○·三釐米,其高度靠近輢的一端與輢等高,靠近鞏的另一端高二·二釐米,兩點之間的高差以弧形下凹曲綫連接。鞏寬九釐米,在鞏的下部,輿底木板的方角邊緣雕削成圓弧邊緣,示爲上下車輿的出入口。軾、輢、鞏(包括欄板)之間的結合以及它們與輿底的結合均爲膠合。

在輿底板内面着有黑、白兩大塊色彩,左邊着白彩地上飾紅色圓點紋,白彩長九·二釐米,寬六·八釐米。右邊着黑彩,爲御俑駕車乘坐之處,黑彩長八釐米,寬與白彩同。

在靠近軾的輿中部底板上,有一圓形穿孔,即爲傘柄下端插入之孔眼,孔徑○·三釐米,深同輿底板厚。

傘　一具(XM26:20)。頂作圓菌形,徑四釐米,厚○·九釐米(圖三五·四)。頂面圓拱,其上以頂面圓心爲中心呈放射狀鑿有一六個槽口,每個槽口長二·○釐米,寬○·二釐米,深○·三釐米,用以安裝一六根蓋弓。蓋弓係竹條製成,竹青向上,横截面呈方形,寬○·四釐米,厚○·三釐米,長一七·四釐米(含榫頭在内)。在用作榫頭的一端,在距蓋弓頂端約二·五釐米的蓋弓兩側削成○·二釐米寬的榫頭插入傘頂的榫槽之中,另一端則被削成圓條形,圓條部分長二·五釐米。頂與柄連爲一體,即在頂下作旋面内收成爲傘柄。柄爲圓柱形,其上飾以黑彩,徑一釐米,蓋徑三五釐米,全高一九釐米。一號簡記「車一乘」,當指此軺車模形器。

馬 一匹(XM26:23)。由頭、身軀和四肢分別製作後再膠合而成。頭、身軀出於頭箱的東北角，四肢則出於頭箱南部的竹笥之上。馬頭雕出眼、鼻、嘴唇，身軀雕出尾脊，四肢雕出蹄足。昂首竪頸，身軀壯實，作站立態，形體矯健有力。鼻、嘴唇飾紅彩，其他及全身均施黑彩。高二三·二釐米，長二七·二釐米。此馬應爲軺車模型前面之挽馬(參見圖三五·一、二；圖版七〇·二)。二號簡記「馬一匹」，當指此物。

梳 一件(XM26:73)。上部爲圓弧形，脊較薄，邊齒平直，柄上横畫墨綫一道，柄、齒相鄰部横刻陰綫二道，其間陽雕波浪紋一條，一八齒。長九·二釐米，寬五·九釐米，厚一·二釐米(圖三四·三；圖版七〇·三)。

篦 一件(XM26:77)。形體與梳相同，上部爲圓弧形，脊較薄，邊齒平直，篦面兩側邊緣有刀削痕，齒根部横畫一道墨綫，素面，七五齒。長八·七釐米，寬五·九釐米，厚一·一釐米(圖三四·四；圖版七〇·四)。

絞繩棒 一件(XM26:55)。形體呈中間粗，兩端細圓的紡錘形，其表面有刀削痕。長二五·七釐米，粗徑二·九釐米，細徑一·六釐米(圖三四·二；圖版七〇·六)。

三角形器 一件(XM26:97)。出土時被壓於棺底板下，保存完整。由三根被刨平的薄木片採用搭邊扣接的方法結合而成，使其内部形成等邊三角形的空間，搭邊扣接的夾角爲六〇度，每邊一端各伸出一段，每根薄木片長二三·六釐米，寬二釐米，厚〇·四釐米(圖三四·五；圖版七〇·五)。因其形狀大小與鳳凰山一六七號漢墓出土的步弓模型相似，推測其性能也可能相同。

三 竹器

一六件。其保存情況較漆器、木器差。器形有笥、簦、簍、筒、筷籠(附筷)、籤、杖等。器物多未施彩，僅有的筒在表面塗以黑彩，筷籠表面有黄色彩繪花紋。

笥 一件(XM26:81)。保存尚好，外形可基本復原。出土時，其上有三道麻繩綑縛，即縱向二道與横向一道成垂直相交，多已朽斷，每根麻繩由兩股搓成。笥作長方形，由器身和蓋套合而成，其編席有裏外兩層，兩層竹席均採用「人」字形花紋編織，一匹篾壓三匹篾。裏層竹席的篾較寬，寬〇·四釐米，外層竹席的篾較窄，寬〇·二至〇·二五釐米。蓋頂四周及其邊沿、器底四周及器身口沿，都用寬二·五釐米的竹片夾撑加固，並以寬〇·一五釐米的細藤條穿纏。笥長六五釐米，寬四一·二釐米，高一六釐米(圖三六；圖版七一·一)。笥内盛放粟米、生薑、花椒和動物骨骼等(表四)(圖三七)。三〇號簡記「竹笥一合(盒)」，當指此器。

表四 笥内隨葬動物骨骼登記表

動物種類	幼年家猪								成年家雞		
骨骼名稱	胛骨	脊椎骨	肋骨	胸骨	脛骨	髖骨	蹄骨	趾骨	肱骨	股骨	脛骨

數量	三塊	七塊	一一塊	二塊	一塊	二塊	一塊	一塊	二塊	二塊	一塊
小計	二八塊								五塊		

答　六件。保存較差，完整器爲圓筒形（圖三八·一；圖版七一·二）。從其篾的編織程序可以看出，它是以寬〇·二至〇·二五釐米的細篾作經，以寬〇·三至〇·四釐米的細篾作緯，經緯斜行交叉疊壓編織構成六角形的空花（圖三八·二）。當編織的六角形空花達到圓筒應有的長度時，即將需要裝入的隨葬物品裝入答中，再將細篾折向編織六角形空花封口（圖版七一·三）。細篾中有篾青、篾黄混合編織，篾黄較多，篾青較少。每件答中裝有物品（圖版七一·四），六件答大小略有差異（表五）。

表五　答的規格尺寸及内裝物品登記表

編號	長度	直徑	内裝物品	放置位置
三二	二〇·三釐米	九·七釐米	禾本科植物腐爛殘渣若干	邊箱東端
三三	二一·二釐米	一〇·一釐米	幼猪肋骨一根	邊箱東端
四二	二〇·〇釐米	九·九釐米	雞蛋蛋膜四枚	邊箱中部
五三	二一·五釐米	一一·五釐米	短植物纖維團、稻粒、稗粒、八角等	邊箱西部
八七	二一·〇釐米	八·五釐米	蘆葦根莖一六四克	邊箱中部
九四	二〇·〇釐米	一〇·六釐米	雞蛋蛋膜三枚	邊箱西端

簍　一件（XM26：37）。保存比較完整，器形爲敞口，斜腹，小平底微圓，口上有平蓋。其編織程序是：先以寬篾交叉作爲簍底底心，再以細篾絲採用壓一拿一圍繞底心

編成簍底。寬篾寬〇・四至〇・六釐米，細篾寬〇・一至〇・一二釐米。然後再由簍底折收向上編織到收口。其蓋是先以細篾編織六角形空花，再套以寬篾紮成，待裝入隨葬物品後，即將蓋平置於簍口，再用薄型的寬篾青絞口即可。薄型篾青寬〇・五釐米，簍內所裝草本科植物已經腐爛，簍口徑一四・三釐米，高八・五釐米（圖三九・一；圖版七一・五）。

筒　五件。形制大小相同，保存也基本完好。這批竹筒均各自取用一段帶有兩個竹節的天然竹鋸製。以一竹節爲底，另一竹節留在口部，在口部的竹節上鑿開一個不規則的口子，以作爲盛裝物品的入口。口部上尚留有三・六釐米的半邊筒壁，並在半邊筒壁上作一個或兩個圓形穿孔，孔徑〇・二釐米，以繫繩提掛。有的筒爲素面，有的筒表面塗以黑彩，或在筒口部和底部各飾金黄色彩綫條一周。筒直徑四・二釐米，通高三一・六釐米。標本XM26：63，筒的表面塗以黑彩，在口部半邊筒壁的正中及一側上部各鑽出一個圓形穿孔（圖三八・三；圖版七二・二）。標本XM26：45，筒的表面塗以黑彩，再以金黄色彩在其口部及底部各飾綫條一周（圖三九・三）。

筷籠（附筷）　一件（XM26：44）。筒身已破損，可復原。取用一段帶有兩個竹節的天然竹鋸製，以一竹節爲底，口部之上的一窄條筒壁頂端有一竹節。筒壁高一一・六釐米，寬一・三釐米。在窄條筒壁頂端竹節處各向兩側拐出外伸〇・四釐米，以繫繩提掛。在筒的中段正、背二面各鋸出一個開口，兩個開口大小相同，開口寬三・一釐米，高一・六釐米，並取下正、背開口上的竹片，分别反貼於開口上。在其口部繪有金黄色彩綫一周，在底部所繪飾的兩周金黄色彩綫條之間填以菱形幾何紋花邊，在其中部所繪飾的花草紋飾大部分已脱落。筷籠直徑三・六釐米，通高三一・六釐米。內裝有竹筷二一根，筷係劈竹削製成圓柱狀，長二一・五釐米，直徑〇・三至〇・四釐米（圖三九・四；圖版七二・三）。

籤　三四根（XM26：8—16）。在竹笥內呈散亂分布。均以篾青削製而成。上端平齊，下端削成寶劍頭形，有的籤上端帶有竹節，製作粗糙，形制甚不規範，其長短、寬窄、薄厚不一。長一二・一至二一・五釐米，寬〇・四至〇・九釐米，厚〇・二至〇・四釐米（圖三八・四；圖版七二・一）。這種竹籤可能爲串食用肉脯用的。

杖　一件（XM26：96）。爲東西方向放置，杖足向西，取天然竹鋸製。長一〇三釐米，直徑二・五至二・八釐米（圖三九・二）。

四　陶器

九件。保存完整。全部爲生活用器，器形有甗、盂、罐、壺、瓮、盤等。均爲泥質灰陶，器表飾黑衣，火候較高，除個别爲手製外，全部爲輪製。陶器造型新穎，製作精良，而且色調光亮。均飾有紋飾，主要爲凸凹弦紋和暗紋。暗紋種類有平行綫紋、菱形網格紋、勾連紋、波折紋等。

甗　一件。由上器甑、下器釜相套合而成。甑（XM26：86）敞口，折沿外斜，方唇，弧腹內收，小平底。腹飾凹弦紋二周，底有圓形箄孔六個（圖四二・七）。口徑一九・六釐米，底徑五・六釐米，高八・三釐米。釜（XM26：43）口微斂，直領，扁圓腹，小平底，腹上貼附有兩個對稱的環耳。口徑一二・四釐米，底徑六・四釐米，高一〇・四釐米。甑置於釜上，通高一七釐米（圖四〇・一；圖版七二・四）。二八號簡記「甑一具」，當指甗的上器。

盂　一件（XM26：98）。形體與甑完全相同，腹部有凸弦紋二周。口徑二〇釐米，底徑五・八釐米，高八釐米（圖四〇・二；圖版七二・七）。二四號簡記「小瓦于（盂）一枚」，應爲此器。

罐　三件。大小形制完全相同。口微斂，直領，廣肩，扁圓腹，中腹弧圓，底微凹。口上有蓋，蓋與器口以子母口相扣合，圓拱形蓋頂中央立有一竹節形捉手。頸上飾凸弦紋一周，蓋面、肩部各飾凹弦紋一周，並有波折紋、平行綫紋等暗紋裝飾。腹部飾凸旋紋二周，二周凸弦紋之間飾有菱形網格暗紋。標本XM26：85，口徑一一・八釐米，底徑七釐米，通高一六·六釐米（圖四〇·三；圖版七二·六）。二九號簡記「將（漿）器一枚」，當指此三器中之一器。出土物多二件。

壺　二件，大小形制完全相同。口微侈，平折沿，方唇，長頸內束，廣肩，中腹近平，腹下內收，平底。口上有蓋，蓋與器口以子母口相扣合，圓拱形蓋頂中央立有一喇叭形捉手。蓋面、頸部及腹上部飾平行綫紋暗紋，頸中部飾竹節狀弦紋，肩部飾波折紋暗紋，腹中部飾菱形網格紋暗紋。標本XM26:17，口徑一七釐米，底徑八·八釐米，通高二二·四釐米（圖四〇·四；圖版七二·五）。二六號簡記「小瓦麃一雙」，可能指此二器。

瓮　一件（XM26:9）。小口微侈，平折沿，方唇，長頸，廣肩，鼓腹，腹下內收，平底。口上有蓋，蓋與器口以子母口相扣合，圓拱形蓋頂中央立有一喇叭形捉手。蓋面、頸部、中腹部飾平行綫暗紋，頸中部飾竹節狀弦紋（圖四二·六），肩部飾波折紋和勾連紋暗紋，各種暗紋間均爲凹弦紋所間隔，腹下飾以豎形繩紋，亦爲凹弦紋所間斷。口徑一四釐米，底徑一三·六釐米，通高三四釐米（圖四〇·六；圖版七三·一）。二五號簡記「大瓦罍一雙」，當包含此器。

盤　一件（XM26:22）。大敞口，寬沿仰折，尖唇，斜直壁，腹下折內收，底內凹。器內壁飾有暗紋和凸弦紋裝飾：腹部飾平行綫紋暗紋；底部外圈飾二道凸弦紋，凸弦紋之間飾以波折紋暗紋；底心飾四葉紋暗紋。口徑三一·二釐米，底徑一五·二釐米，高五·六釐米（圖四〇·六；圖版七三·二）。

五　銅器

六件。保存完好。主要爲青銅禮器，器形有鼎、鈁、蒜頭壺、勺、盤。

鼎　二件。大小形制相同。口微斂，方形附耳外侈，弧腹，圓底近平，三實心足粗矮，口上有蓋，蓋與器口以子母口相扣合。圓拱形蓋頂上飾三環形鈕，腹外壁飾凸弦紋一周。標本XM26:83，口徑一二·八釐米，通高一三·八釐米（圖四〇·七；彩版三·二；圖版七三·三）。二八號簡記「金鼎一雙」，當指此二器。

鈁　一件（XM26:16）。口外侈，束頸，鼓腹，平底，方圈足較高且直。口上有蓋，蓋與器口以子母口相扣合。盝狀蓋上有四個鳥形鈕飾，腹飾兩個對稱的鋪首銜環。口長九·六釐米，圈足長一〇·四釐米，通高三三·二釐米（圖四〇·八；彩版三·四；圖版七三·四）。

蒜頭壺　一件（XM26:82）。圓口作蒜頭狀，高出蒜瓣，細長頸，扁圓腹，平底，圓圈足。頸上有寬凸箍一周。口徑二·八釐米，圈足徑一一·八釐米，通高三〇·四釐米（圖四〇·一〇；彩版三·三；圖版七三·五）。二一號簡記「金壺一」，當指此器。

勺　一件（XM26:35）。勺面呈橢圓形，敞口，淺腹，圓底，柄較長，其斷面呈半圓形，柄的頂端中部有一圓形穿孔，素面。在勺頭背面邊緣刻畫有「X」形符號（圖四二·五）。勺頭長九·六釐米，寬七·二釐米，深二·二釐米，柄長二〇·四釐米（圖四〇·一一；圖版七三·六）。

盤　一件（XM26:13）。大敞口，寬沿仰折，斜直壁，下部折收，圓底，素面。口徑三四·四釐米，高五·二釐米（圖四〇·九；圖版七四·一）。

六　麻製品

僅出土一件，即麻鞋一雙（XM26:95）。保存較差，鞋帶已朽。麻鞋形制同於現代草鞋，採用經、緯交織的方法編成。其編製方法是：先以兩小股麻綫搓成單綫，用六根單綫作經綫，經綫投影寬〇·三釐米，再用一根稍粗的長單綫作緯綫，在經綫上作一拿一壓平織，緯綫投影寬〇·四釐米。當緯綫編織到鞋底的相應部位時，即在其外緣經綫上先後拉出六個環耳，環耳高二·八釐米，再以一根單綫作鞋帶貫於六個環耳中即成。鞋底未有穿用磨損痕迹。鞋長二六釐米，前寬一一·一釐米，後寬八·九釐米，高三·五釐米，底厚〇·六至〇·八釐米（圖三九·五）。

七　食品等

一二件。包括食品、調料、藥材、燃料、泥土等。食品有粟米、稻粒、稗粒、猪骨、雞骨、雞蛋蛋膜。調料有生薑、花椒、八角。藥材有蘆葦根莖。燃料有薪。泥土爲黄粘土。計有一二種品類。

粟米　(XM26:81—17)。含水時約重二千克。出於竹笥(XM26:81)内，與猪骨、雞骨、雞蛋蛋膜、生薑、花椒隨葬在一起。出土時爲黄褐色顆粒(圖三七·一；圖版七四·七)。

稻粒　少許(XM26:53—1)。出於邊箱西頭竹笿(XM26:53)内的短植物纖維團之中。呈黑褐色，以顆粒狀態分布(圖版七五·四)。

稗粒　少許(XM26:53—2)。同稻粒一起出於邊箱西頭的竹笿(XM26:53)内的短植物纖維團之中。呈黑褐色，以顆粒狀態分布(圖版七五·五)。

猪骨　二九塊。除一根肋骨出於邊箱東頭的一件竹笿(XM26:33)外，其餘均出於竹笥内。這批骨骼，經鑒定全係年齡爲二月左右的幼年家猪骨骼，推測當時係以這種幼猪肉塊隨葬的，後因肉塊腐爛而留下骨骼(圖版七四·四、五)。

雞骨　五塊。均出於竹笥内的粟米之中。經鑒定均爲成年家雞骨骼，推測這些骨骼當時係以成雞肉塊隨葬的，因肉塊腐爛而留下骨骼(圖版七四·三)。

雞蛋蛋膜　七枚，其中有四枚出於邊箱中部的一件竹笿(XM26:42)中，有三枚出於邊箱西頭的一件竹笿(XM26:94)中。出土時，蛋膜爲橢圓形，表面黑色光亮，皮薄如紙，蛋膜内蛋黄、蛋青無存。入葬時，應爲完整的雞蛋。直徑三·六至四·四釐米，晾乾後，每枚重一·一克(圖版七四·二)。

生薑　(XM26:81—2)，三塊，晾乾後共重一二克，出於竹笥内的粟米之上。出土時已萎縮，呈黑褐色(圖三七·二；圖版七四·一〇)。

花椒　(XM26:81—3)，含水重約八〇克。出於竹笥内的粟米表層，呈黑色顆粒散落狀態(圖三七·三；圖版七四·九)。

八角　(XM26:53—3)，僅發現一片，係撒落在邊箱西頭的竹笿(XM26:53)中的短植物纖維團之上。果瓣呈深褐色，形態完整(圖版七五·六)。

蘆葦根莖　(XM26:87—1)，晾乾後净重一六四克。出於邊箱中部的竹笿(XM26:87)内，呈深褐色散亂狀態填滿於竹笿(圖版七五·七)。

薪　(XM26:14)，一散堆。晾乾後重八二五克。出於頭箱東南角，竹笥的南側，呈東西順置狀態。均以木材劈削成細條，每根長短、粗細不一，以長度爲一九至三二釐米的爲最多，横寬多在一·五至二·四釐米之間(圖版七四·六)。經鑒定爲楸木(Catalpa sp)，隸屬紫薇科(BIGNONIACEAE)。三四號簡記「桑薪三束」，當指此物。

黄粘土　(XM26:99)，一散堆，約重二·五千克。出於頭箱東南竹笥底層編席之下，槨底板之上。土色爲淺黄色帶有粘性，與當地黄生土土質相同。出土時黄粘土平攤於槨底板上，大致呈長方形，南北長三九釐米，東西寬三一釐米，最高處厚三·五釐米。

八　竹簡

竹簡(XM26:80)，位於頭箱南部的竹笥蓋面上，簡首向東，爲竹笥蓋面所折疊的編席遮蓋，顯露竹簡下半節(圖版七四·八)。抽出槨室内滲水，在清理頭箱底層器物時，將竹簡連同竹笥一同取出，及時運到室内清理。

剥開壓在竹簡簡首上的編席，即見到竹簡上的編聯綫已朽，竹簡散亂無序的放置狀態，於是對竹簡由上而下分層清理，繪以《側視圖》，依次編以出土登記號。

竹簡出土時呈黄色，保存尚好。其整治方法、編聯程序等均與周家臺三〇號秦墓丙組竹簡基本相同，但形制較爲規範，製作比較細緻，簡上没有竹節，不作三角形小契口。長二三·七至二四·二釐米，寬〇·六至〇·九釐米，厚〇·一至〇·一一釐米，共計三五枚。

竹簡的上下兩道編聯綫相距七·一至八釐米，上一道編聯綫距簡首頂端七至九釐米，下一道編聯綫距簡尾末端五至七·四釐米。

竹簡上的文字全部書於篾黄的一面，墨書隸體，字迹大多不够清晰。從字形及其結構上看，已具備了筆畫方折、體態拓寬等漢代隸書的特徵。

竹簡文字全部頂頭書寫，不留天頭，均書在第一道編聯綫之上。在第一道編聯綫與第二道編聯綫之間，計有二六枚竹簡都有用墨筆作的「⊕」字或「方」字，可能是在覈對隨葬物品中所作的兩種標識。由於文字書寫隨意，其大小差異甚爲明顯。每枚簡書字三至六個，全組竹簡計有文字一三九個。

竹簡文字的內容全部爲遣策，記載了墓主人下葬時隨葬物品的名稱，數量和單位。現參照同時期的鳳凰山西漢墓葬出土的「遣策」，對其順序作了復原編排，其順次爲：先車馬，奴婢，次爲漆木器，銅器，陶器，竹器，紡織品，最後是食品及其它。

下面，我們將簡文內容與出土物列表進行對照説明（表六）。

表六　蕭家草場二六號漢墓竹簡簡文內容與出土文物對照表

編排順序號	簡文	標識文字	出土物及數量（器物編號）	備注
一	車一乘	⊕	木車一件（一八）	相符
二	馬一匹		木馬一件（二三）	相符
三	御者一人	⊕	跪坐式男木俑一件（六七）	相符
四	從者四人	⊕	立式侍女木俑四件（一五，一九，七一，七二）	相符
五	盛一雙		漆盒二件（五〇，五四）	相符
六	柯一雙	方	A型耳杯二件（三九，四〇）	相符
七	小醬杯十	方	D型耳杯十件（三，二四，二五，二六，二七，四一，六〇，六一，六六，六八）	相符
八	黑杯十	方	B型耳杯十件（二，三，四，五，六，七，四六，四八，五一，六二）	相符
九	大畫脯檢一	方	彩色漆大橢圓奩一件（三一）	相符
一〇	小脯檢一	方	小橢圓奩一件（八八）	相符
一一	一斗檢一具		圓奩一件（一）	相符

編排順序號	簡文	標識文字	出土物及數量(器物編號)	備注
一二	大卑匱一具	方	漆盤二件(二一,三〇)實物無大小之别	基本相符
一三	小卑匱一具	方	同前	基本相符
一四	畫巵一	方	漆大巵一件(三六)	相符
一五	小醬巵一	方	小巵一件(二九)	相符
一六	食于(盂)一雙		盂二件(八,一一)	相符
一七	沐器一枚	⊕		出土物不見
一八	金鼎一雙	方	銅鼎二件(三五,八三)	相符
一九	金□一具			器名不清
二〇	金于一	方		出土物不見
二一	金壺一		銅蒜頭壺一件(八二)	相符
二二	金鋌一			出土物不見
二三	大瓦于(盂)一枚	⊕		出土物不見
二四	小瓦于(盂)一枚	⊕	陶盂一件(九八)	相符
二五	大瓦罌一雙	⊕	大陶瓮一件(九)	出土物少一件
二六	小瓦麃一雙		陶壺二件(一〇,一七)	基本相符
二七	[瓦]□一具	⊕		器名不清
二八	甑一具	⊕	陶甗一件,甗的上器爲甑(八六)下器爲釜(四三)	基本相符
二九	潸(漿)器一枚	⊕	三件大小形制相同的陶罐(三八,八四,八五)中的一件	出土物多二件
三〇	竹笥一盒	⊕	竹笥一件(八一)	内裝粟米、家猪骨骼、成年家雞骨骼、生薑、花椒若干
三一	器巾大小六枚	⊕		出土物未見。因棺内服飾織物腐朽無存推測器巾也難以保存
三二	食帣一枚			出土物未見。可能是受到腐蝕的原因

編排順序號	簡文	標識文字	出土物及數量(器物編號)	備注
三三	米㠀三枚	⊕		出土物未見。可能是受到腐蝕的原因
三四	桑薪三束	方	有用楸木劈成的木柴一散堆(一四)	基本相符
三五	□□□	方		因墨迹走失三字不能識出

在可辨識的簡文中未記的出土物還有：

漆器有匕二件(XM26∶92、93)，B型耳杯一〇件(XM26∶47、49、56、57、58、59、64、65、69、89)。

木器有片俑七件，包括A型片俑四件(XM26∶28、70、74、78)，B型片俑二件(XM26∶75、79)，C型片俑一件(XM26∶76)，梳一件(XM26∶73)，篦一件(XM26∶77)，絞繩棒一件(XM26∶55)，三角形器一件(XM26∶97)。

銅器有鈁一件(XM26∶16)，勺一件(XM26∶35)，盤一件(XM26∶13)。

陶器有釜一件(XM26∶43)，罐二件(XM26∶84、85)，盤一件(XM26∶22)。

竹器有笿六件(XM26∶32、33、42、53、87、94)，簍一件(XM26∶37)，筒五件(XM26∶45、52、63、90、91)，筷籠一件(XM26∶44)，籤一件(三四根)(XM26∶81—16)，杖一件(XM26∶96)。

麻製品有麻鞋一雙(XM26∶95)。

在墓葬隨葬的物品中，還有竹笥内所盛粟米，幼年家猪骨骼，家雞骨骼，生薑，花椒及竹笿内所裝的幼猪肋骨，雞蛋蛋膜，稻粒，稗粒，八角，蘆葦根莖等隨葬物品若干，簡文均未涉及或記載。

(三)下葬年代和墓主

一　下葬年代

墓葬中出土的器物及竹簡等文字材料，没有關於絶對年代的記載。因此，關於該墓下葬的年代，就必須與同一時期的本地區其它墓葬材料作出對比分析，才能確定。

首先，從墓葬形制看。

該墓是一座豎穴土坑木槨墓，其槨室的四周填塞青灰土，填土皆經夯實。槨室蓋板平列横鋪於四壁板之上，蓋板之上覆蓋竹席，槨室平面呈"日"形，由豎、横梁分隔成頭箱、邊箱和棺室三部分，各部分之上皆有頂板，棺室與頭箱、邊箱之間設有門窗相通，豎鋪的槨底板之下横有墊木。棺爲長方盒形，平底。這些特徵均與本地區鳳凰山、毛家園西漢墓葬形制相同，〔六〕而同本地區的楚國墓葬形制存在着一定的差異。〔七〕尤其值得注意的是該墓在槨室蓋板的四周加設蓋框的這種構築形式，均與本地區張家山二四九號漢墓、長沙馬王堆一號漢墓相同，因而它們的年代有可能大致相近。

第二，從出土的隨葬品物形制特徵來作進一步比較分析。

蕭家草場二六號漢墓隨葬的漆器有圓盒、盂、匕、盤、耳杯、卮、圓奩、橢圓奩，與毛家園一號漢墓隨葬漆器中的基本器物組合完全相同，〔八〕後墓隨葬漆器的器類和數量要多出許多，這只是反映了兩墓在其規模、等級及墓主生前社會地位所存在的差別。前墓出土的兩件漆盂，斂口，平沿外折，短頸，腹下弧內收，矮圈足，並以朱或褐色漆在腹外壁及內底的黑漆地上繪飾雲鳥紋、變形鳥紋、卷雲紋等，與後墓出土的漆盂（一三四號等）基本相同；前墓出土的漆大卮，爲圓筒形，直壁、平底、蓋頂隆起，與器身相套合，單環形耳，並以朱或褐色漆在器表的黑漆地上繪飾雲鳥紋、變形鳥紋、卷雲紋等，與後墓出土的漆卮（一五〇號）亦基本相同；前墓出土的兩件A型漆耳杯，沿面呈橢圓形，新月形耳，平底，並以朱漆在口沿內外側、耳面及其側面的黑漆地上繪飾水波紋、圓圈紋、變形鳥紋、點紋等，均與後墓出土的漆耳杯（如七號、四六號等）基本相同。

蕭家草場二六號漢墓隨葬的陶器均爲泥質灰陶，表飾黑衣，弦紋和暗紋爲其主要紋飾，器物類型有甑、釜、罐、壺、瓮、盤，與毛家園一號漢墓的陶器特徵及器物組合形式基本相同，僅後墓所出的倉、竈、圓底瓮爲前墓所没有。前墓出土的陶瓮，小口微侈，長頸，廣肩，鼓腹，腹下內收，平底，頸部飾以弦紋，肩、腹部飾以平行綫紋、波折紋、勾連紋等暗紋，與後墓出土的陶瓮（一七〇號）基本相同；前墓出土的陶罐，直領，廣肩，扁圓腹下內收，平底，肩、腹飾以波折紋、菱形網格紋等暗紋，其主要特徵與後墓出土的陶罐（一八五號）基本相似；前墓出土的陶盂，口微敞，平折沿，弧腹內收，小平底，腹飾凸弦紋二周，與後墓出土的陶鉢（一九二號）基本相同，因之我們推斷兩墓的下葬年代應大致相近。

蕭家草場二六號漢墓隨葬的銅器有鼎、鈁、蒜頭壺、盤、勺，具有湖北省西漢早期墓葬隨葬銅器的組合形式。〔九〕該墓出土的銅鼎，口微斂，方形附耳外侈，弧腹，圜底近平，矮蹄足，圓拱形蓋頂上飾三環形紐，腹外壁有凸棱一周，其特徵與張家山二四九號漢墓出土的Ⅱ式銅鼎基本相同，〔一〇〕前墓出土的銅蒜頭壺，圓口高出蒜瓣，細長頸，扁圓腹，平底，圓圈足，頸上有凸箍一周，其特徵與後墓出土的銅蒜頭壺基本相同，因此，我們推斷兩墓下葬的年代亦應大致相近。

如前所述，毛家園一號漢墓的下葬年代爲漢文帝十二年（公元前一六八年）八月，〔一一〕張家山二四九號漢墓的下葬年代爲西漢早期（西漢初年至景帝），〔一二〕因此，我們推斷蕭家草場二六號漢墓的下葬年代應爲西漢早期，其上限爲西漢初年，下限不晚於文景時期。

對於上述年代的推斷，我們還可以從竹簡上的文字和漆器上烙印、刻畫文字的書體得到印證。

縱觀蕭家草場二六號漢墓出土的這批文字材料書體，已具備了筆畫方折、體態拓寬的特徵，表明這一時期的漢代隸書已走過了規範化、定型化的歷程，達到日臻成熟的水平。例如三號簡文「御者一人」，四號簡文「從者四人」中的「者」字，其字頭的書體已與秦二世詔版中寫得最草率的一種「者」字字頭迥然有別，〔一三〕同周家臺三〇號秦墓竹簡文字中「者」字中部「乂」字形的書體也存在着比較明顯的差異，而該墓三號、四號簡文中的「者」字中部已書寫成一横一撇，破壞了一般草篆或秦隸文字書體中某些象形原意的結構。這也是我們推斷該墓下葬年代在西漢早期的一條佐證。

二　墓主

墓主骨架保存完好，經鑒定，墓主爲男性，其年齡大約四十至四十五歲，身高大約一六〇釐米（附録三）。

因墓葬出土的竹簡和其它文字材料，均未涉及墓主姓氏，該墓墓主姓氏不得而知。

關於墓主的身份及社會地位，我們通過本地區同一時期西漢墓葬的形制規格，隨葬器物等方面情況比較分析，然後作出推斷。西漢早期，我國是一個大統一的封建制度國家，新興的地主階級經濟正處於大發展的時期，社會的經濟發展狀況必然要從喪葬禮俗方面得以充分反映。同時，墓葬形制規格高低，隨葬器物數量多少及品級優劣，它從一個側面反映了墓主生前身份及地位高低。

毛家園一號漢墓墓口長五七三釐米，寬三六〇釐米，墓底長四九一釐米，寬二九六釐米，深七三四釐米。〔二四〕葬具爲一槨一棺，槨室長三九四釐米，寬二〇七釐米，高一六二釐米（不包括墊木），由頭箱、邊箱、棺室三部分所組成，竪、横隔梁下設有門窗，隨葬漆、木、竹、陶、銅、骨及竹簡、木牘各類文物二三〇餘件，其中竹簡有七四枚，其内容爲遣策。

蕭家草場二六號漢墓墓口長五二〇釐米，寬三七〇釐米，墓底長四〇〇釐米，寬二一〇釐米，自墓口至墓底深三九〇釐米。葬具爲一槨一棺，槨室長三三八釐米，寬一六四釐米，高一五三釐米（包括墊木），由頭箱、邊箱、棺室三部分所組成，竪、横隔梁下設有門窗，隨葬漆、木、竹、陶、銅及竹簡等各類文物一〇七件，其中竹簡爲三五枚，其内容爲遣策。

兩墓相比較，就墓葬形制來説，前墓的墓底和槨室均比後墓要大，因而槨室中的頭箱、邊箱和棺室亦比後墓要大。在隨葬器物方面，後墓的數量不及前墓的一半，特别是當時價格貴昂的華麗漆器數量和品類均不及前墓繁多。前墓僅出土各式耳杯就多達一百餘件，是後墓數量的三倍以上，這説明兩墓墓主生前身份及社會地位存在着明顯的差别，後墓墓主要明顯低於前墓墓主。毛家園一號漢墓出土的一件自名「碟書」的木牘，記有「官大夫精」，即此墓的墓主名「精」，爵至官大夫，即第六級爵。「漢承秦制」，實行二十級爵制，每一爵級都和一定的官秩相當，各級均有特權，依級而高。據此，我們推斷蕭家草場二六號漢墓墓主生前的身份及社會地位要低於「官大夫」第六級爵，可能是中小地主、商人或第五級爵以下的鄉官。

（四）結語

發掘此墓的主要收獲有以下幾點：

一、墓葬出土的竹簡内容爲遣策，所列物品與墓葬出土的主要隨葬器物基本相符。因此，該墓的發掘與竹簡資料的出土，爲我們研究西漢早期荆州地區的喪葬禮俗提供了可貴的實物資料。

二、墓葬出土了一批彩繪漆器，絶大多數保存完好。這些漆器造型講究，製作精良，花紋的綫條勾勒交錯，圖案優美，色澤如新。其胎骨全爲木製，採用了斫、挖、鏇、卷等多種製法。大部分漆器上均有烙印或針刻文字，可以辨識的有「市府素」、「市府草」、「市府□」、「中鄉」、「□包」、「□素」等，有的漆器在生産過程中還烙印上造工姓氏的戳印，即「物勒工名」。從這裏可以看出當時漆器的生産製作工序之完善，反映了西漢早期的漆器生産都由各地官府統一管理，帶有官府手工業性質的歷史狀況。

三、在出土的文字材料中，竹簡上可辨文字有一三四個，漆器上烙印、刻畫文字約有八〇組，這些文字雖然爲數不多，但它並非一人所作，其書成年代也有一定的時間跨度。西漢初年是我國漢字正處於大發展大演進的時期，因此，蕭家草場二六號漢墓的發掘對於研究我國古代漢字的發展歷程具有重要價值。

〔一〕長江流域第二期文物考古工作人員訓練班：《湖北江陵鳳凰山西漢墓發掘簡報》，《文物》一九七四年第六期。

〔二〕荆州地區博物館：《江陵張家山三座漢墓出土大批竹簡》，《文物》一九八五年第一期。

〔三〕陳振裕主編：《楚秦漢漆器藝術·湖北》，湖北美術出版社一九九六年十二月。

〔四〕荆州地區博物館：《江陵張家山三座漢墓出土大批竹簡》，《文物》一九八五年第一期。

〔五〕湖南省博物館、中國科學院考古研究所編：《長沙馬王堆一號漢墓》，文物出版社一九七三年十月。

〔六〕長江流域第二期文物考古工作人員訓練班：《湖北江陵鳳凰山西漢墓發掘簡報》，《文物》一九七四第六期；中國考古學會編：《中國考古學年鑒·一九八七年》，文物出版社一九八八年十月。

〔七〕郭德維：《試論江陵楚墓的特點》，《江漢考古》一九八〇年第二期。

〔八〕湖北省文物考古研究所江陵考古工作站發掘資料。

〔九〕陳振裕：《湖北西漢墓初析》，《文博》一九八八年第二期。

〔一〇〕荆州地區博物館：《江陵張家山三座漢墓出土大批竹簡》，《文物》一九八五年第一期。

〔一一〕中國考古學會編：《中國考古學年鑒·一九八七年》，文物出版社一九八八年十月。

〔一二〕荆州地區博物館：《江陵張家山三座漢墓出土大批竹簡》，《文物》一九八五年第一期。

〔一三〕吴白匋：《從出土秦簡帛書看秦漢早期隸書》，《文物》一九七八年第二期。

〔一四〕中國考古學會編：《中國考古學年鑒·一九八七年》，文物出版社一九八八年十月。

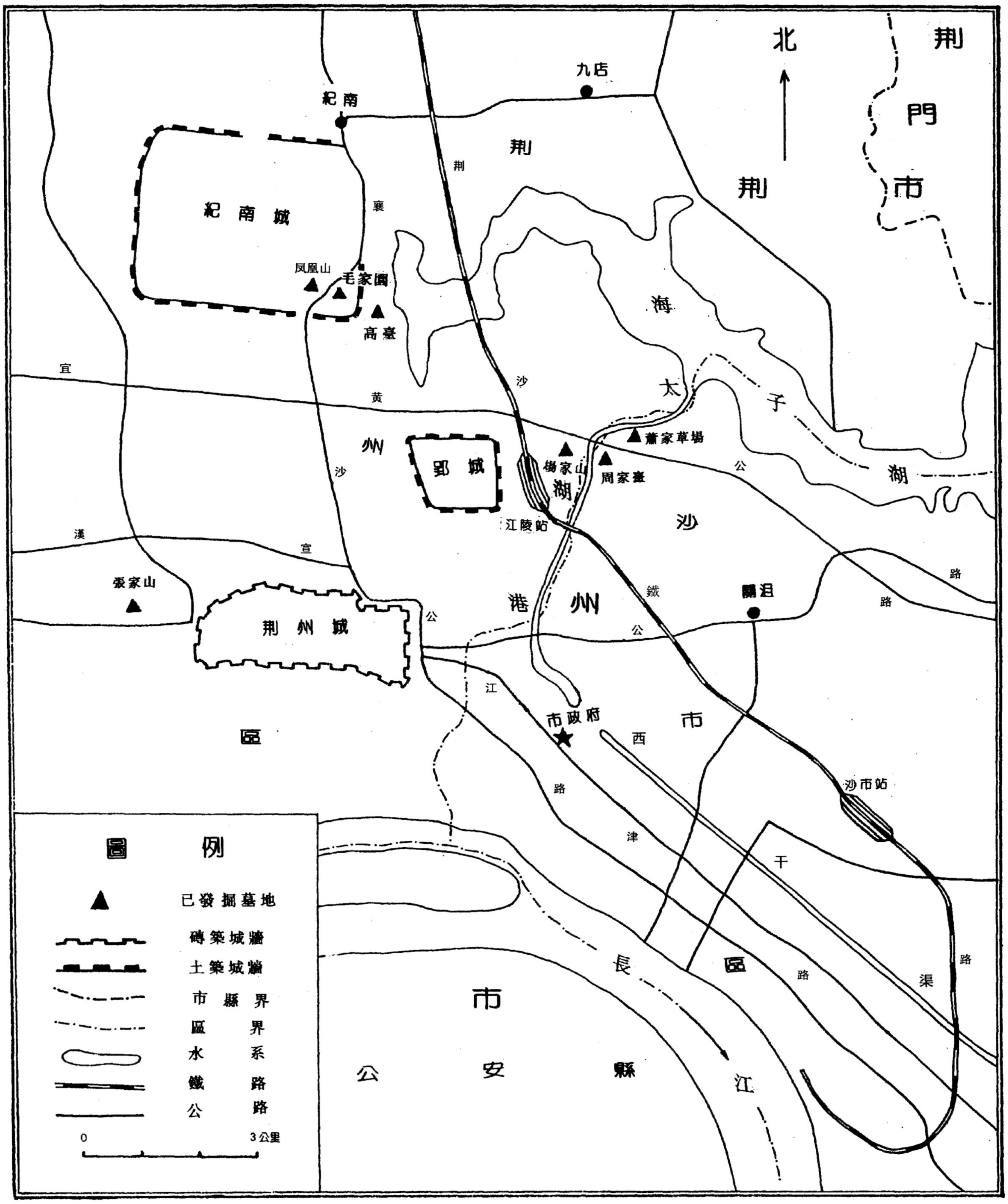

圖一　周家臺、蕭家草場墓地位置圖

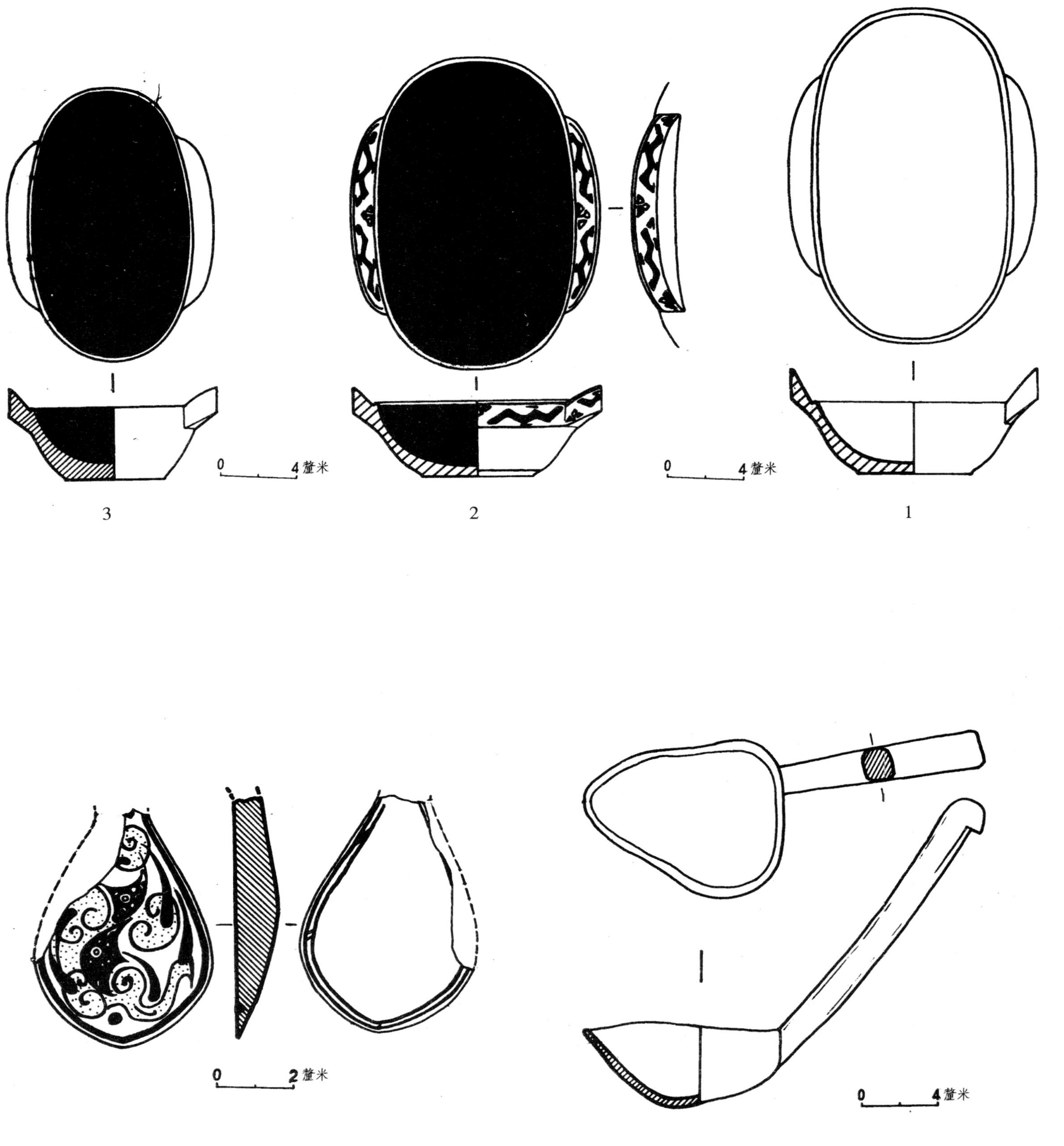

3　2　1

5　4

圖七　周家臺三〇號秦墓漆器

1. A 型耳杯(ZM30:6)　2. B 型耳杯(ZM30:5)　3. C 型耳杯(ZM30:11)　4. 勺(ZM30:12)　5. 匕(ZM30:15)

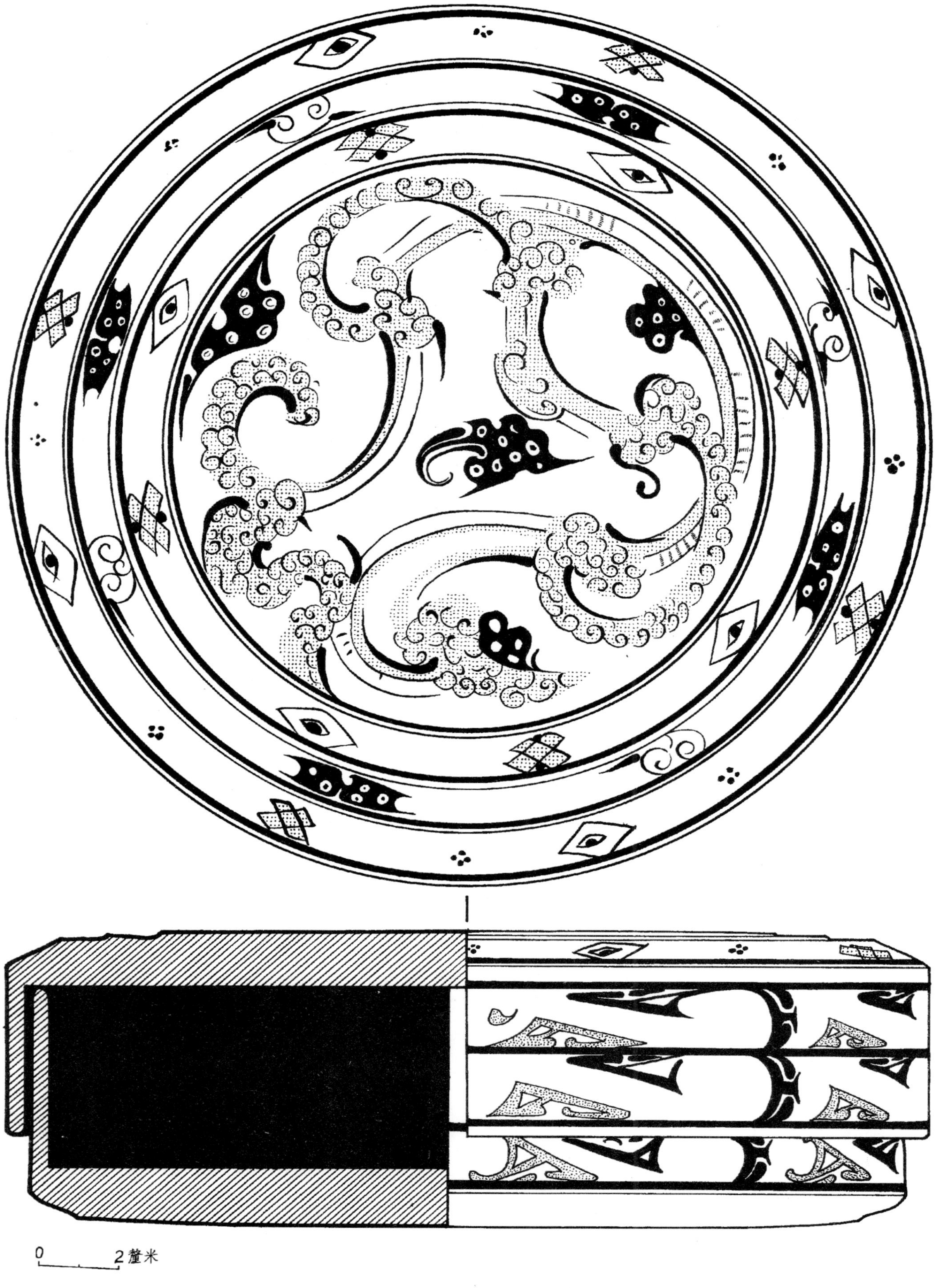

圖八　周家臺三〇號秦墓漆圓奩（ZM30：14）

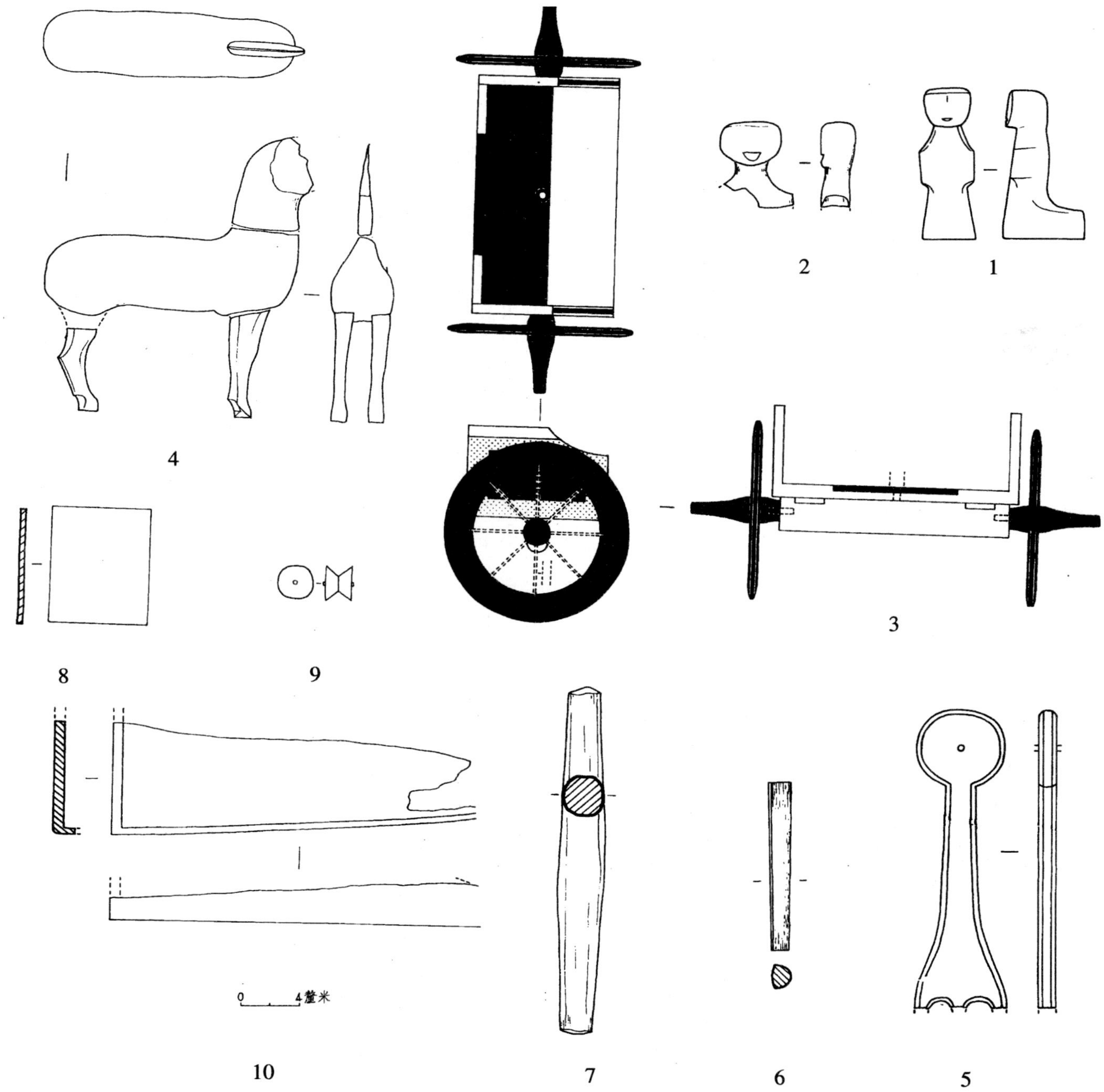

圖九　周家臺三〇號秦墓木器一

1. A 型俑(ZM30:10)　2. B 型俑(ZM30:24)　3. 車(ZM30:26)　4. 馬(ZM30:7)　5. 柄形器(ZM30:13—2)
6. 小木條(ZM30:13—13)　7. 絞繩棒(ZM30:17)　8. 方木塊(ZM30:13—15)　9. 轉輪(ZM30:13—11)
10. 箕形器(ZM30:13—6)

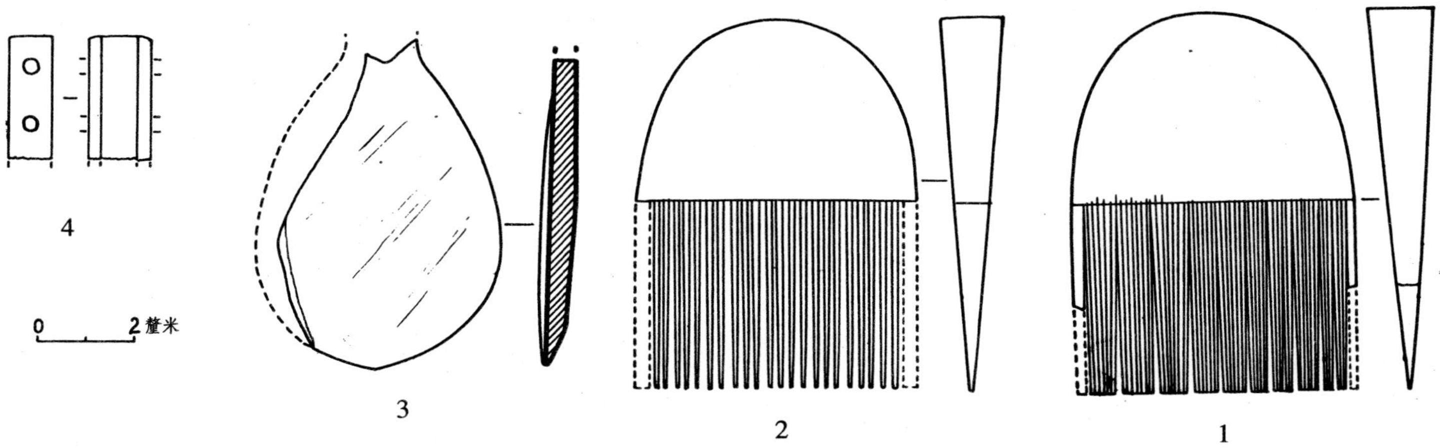

圖一〇　周家臺三〇號秦墓木器二

1. 篦(ZM30:19)　2. 梳(ZM30:18)　3. 匕(ZM30:23)　4. 竹夾木條(ZM30:13—16)

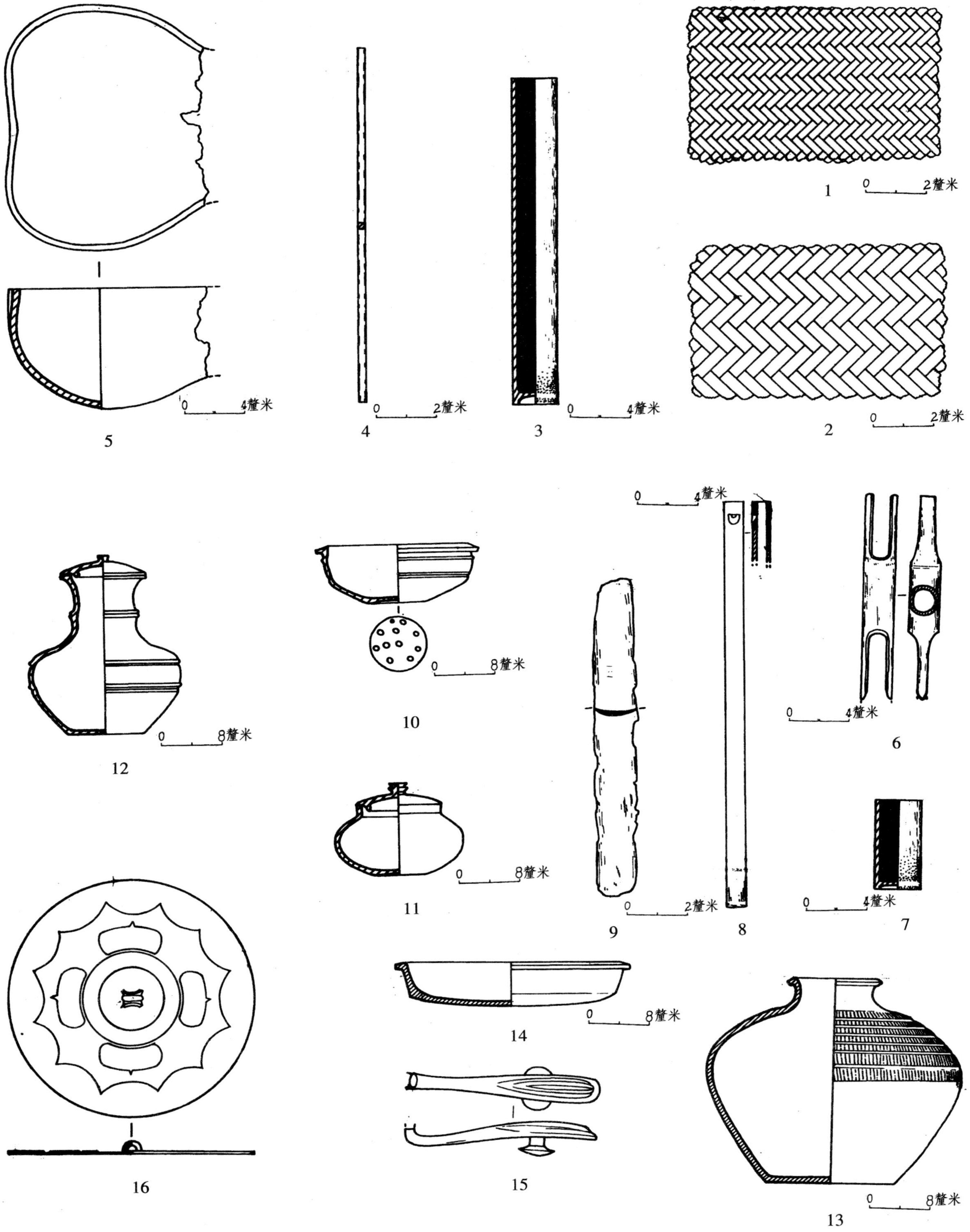

圖一一　周家臺三〇號秦墓竹器、陶器、銅器、鐵器及其它

1. 竹笥外層編席局部（ZM30：13）　2. 竹笥内層編席局部（ZM30：13）　3. 竹筒（ZM30：25）　4. 竹算籌（ZM30：13—3）　5. 葫蘆瓢（ZM30：21）　6. 竹筆套（ZM30：13—9）　7. 竹墨盒（ZM30：13—7）　8. 竹筆杆（ZM30：13—5）　9. 鐵削刀（ZM30：13—12）　10. 陶甑（ZM30：3）　11. 陶罐（ZM30：4）　12. 陶壺（ZM30：2）　13. 陶瓮（ZM30：1）　14. 陶盤（ZM30：8）　15. 銅帶鉤（ZM30：13—10）　16. 銅鏡（ZM30：20）

圖一二　周家臺三〇號秦墓竹簡出土時被竹笥包裹情況

圖一三　周家臺三〇號秦墓竹笥編席揭取後竹簡及其它器物放置情況

1. 竹簡(ZM30:13—1)　2. 木圓餅形器(ZM30:13—2)　3. 竹算籌(ZM30:13—3)　4. 塊墨(ZM30:13—4)
5. 竹筆杆(ZM30:13—5)　6. 木撮形器(ZM30:13—6)　7. 竹墨盒(ZM30:13—7)　8. 編織袋(ZM30:13—8)
9. 竹筆套(ZM30:13—9)　10. 編織物(ZM30:13—10)

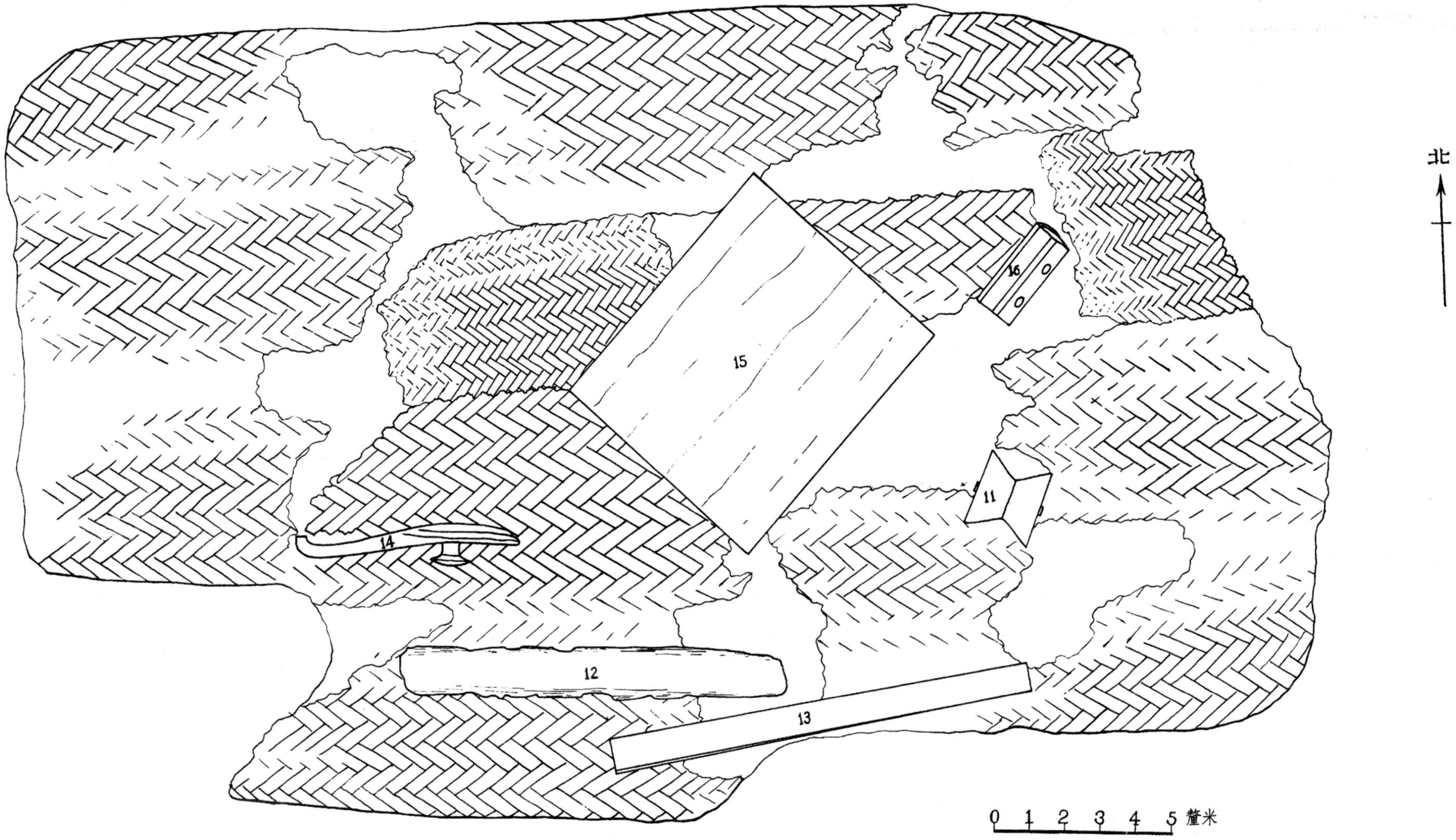

圖一四　周家臺三〇號秦墓竹笥中竹簡取出後的底部器物位置

11. 木轉輪(ZM30:13—11)　12. 鐵削刀(ZM30:13—12)　13. 小木條(ZM30:13—13)
14. 銅帶鈎(ZM30:13—14)　15. 方木塊(ZM30:13—15)　16. 竹夾木條(ZM30:13—16)

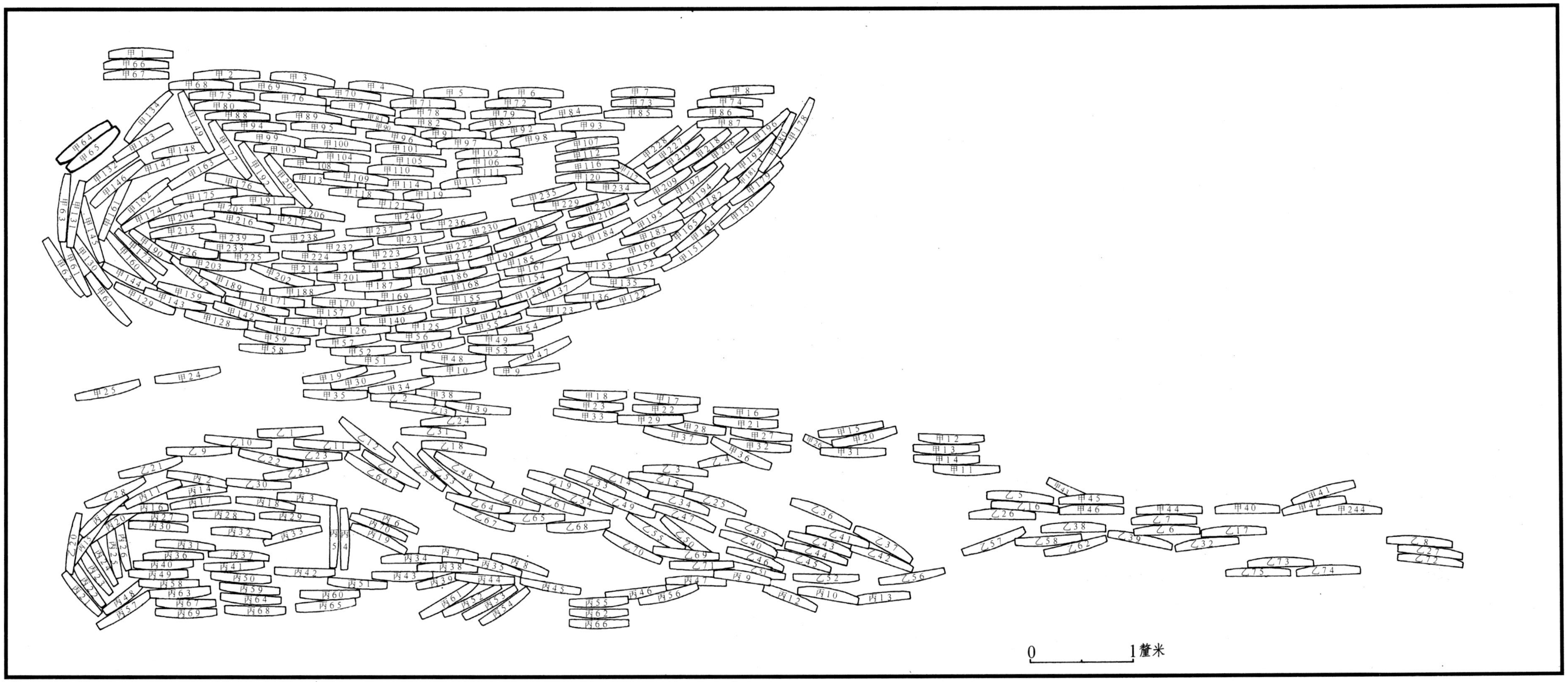

圖一五 周家臺三〇號秦墓竹簡尾端側視圖

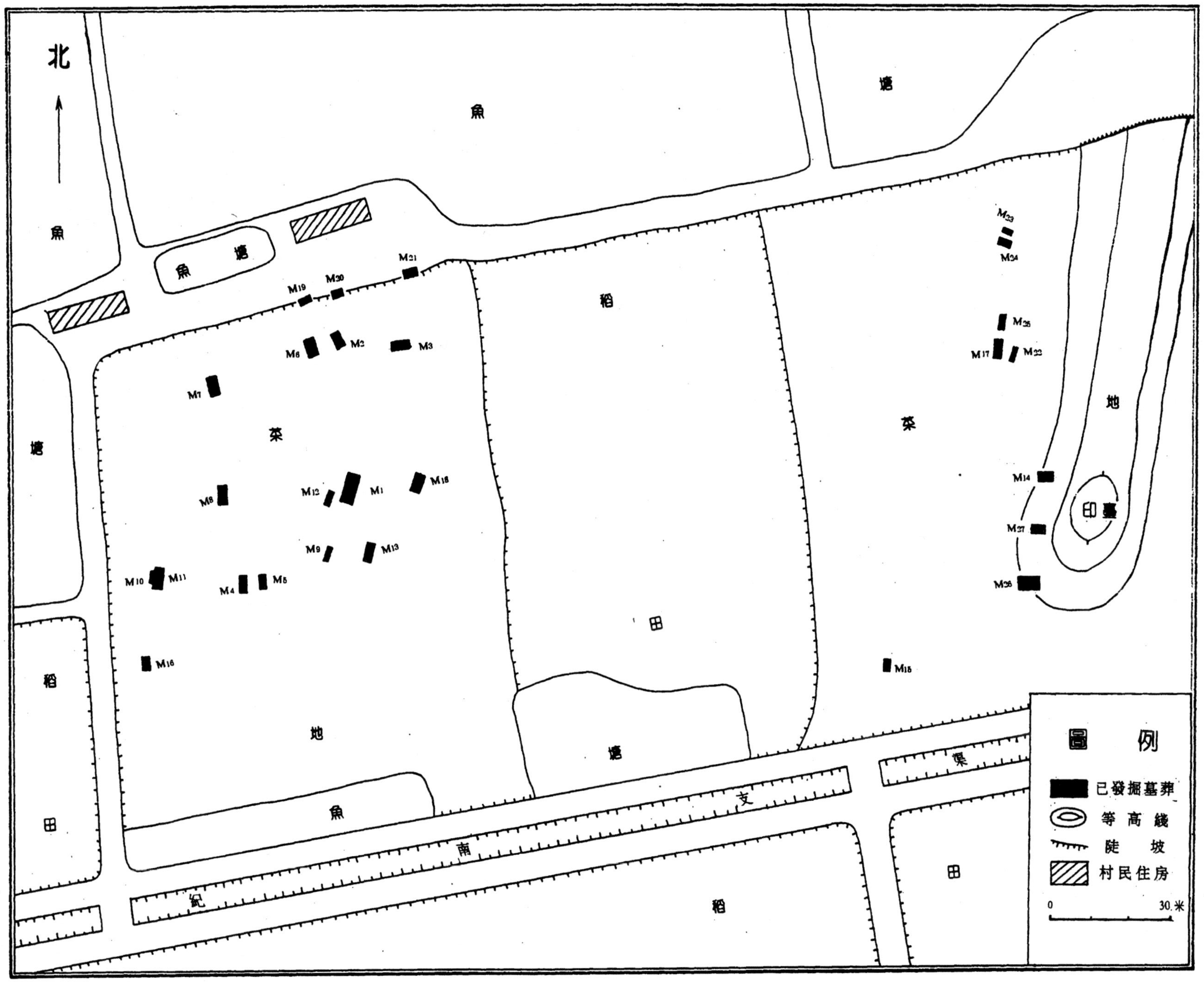

圖一六　蕭家草場墓地墓葬分布圖

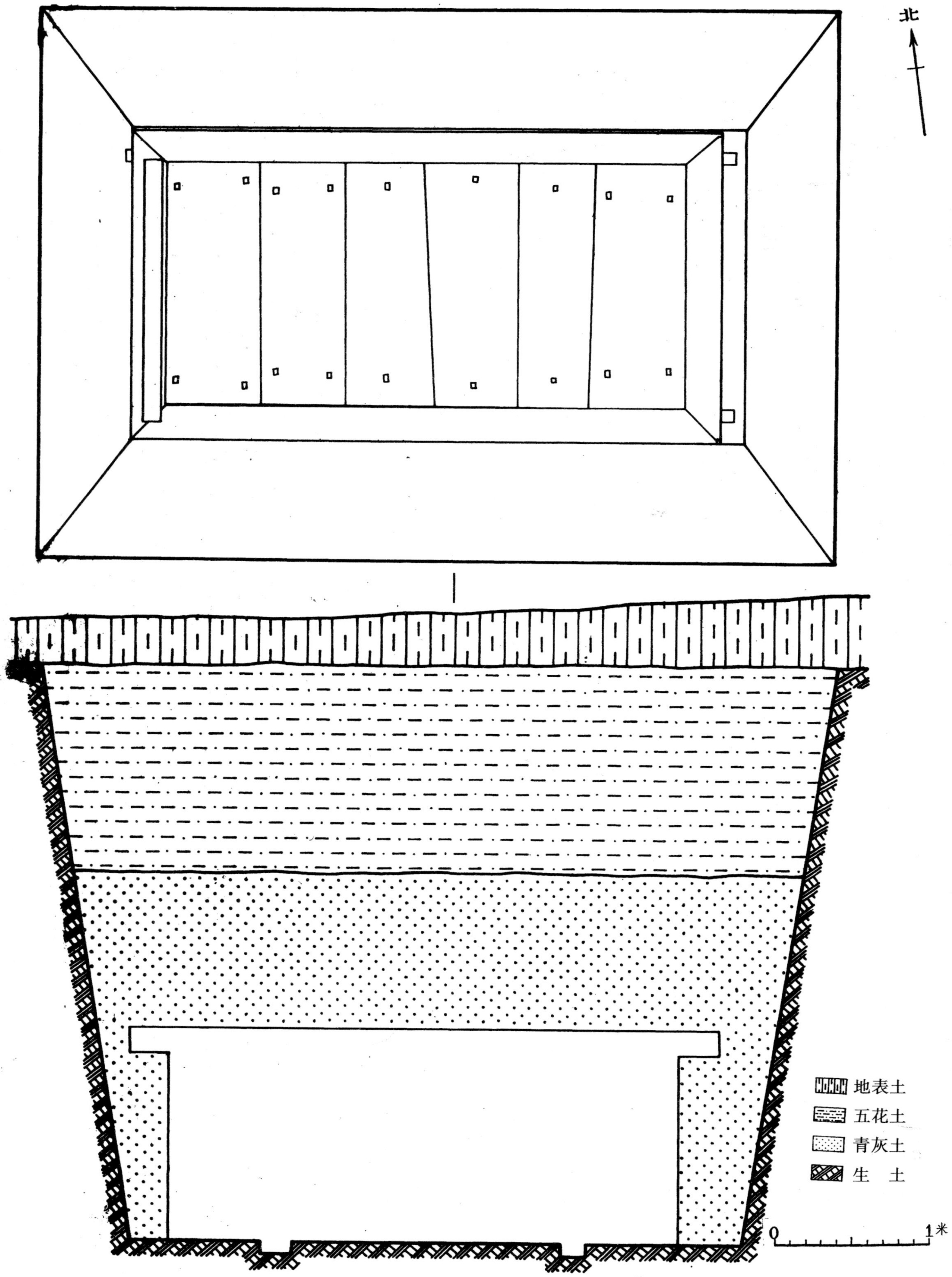

圖一七　蕭家草場二六號漢墓平剖面圖

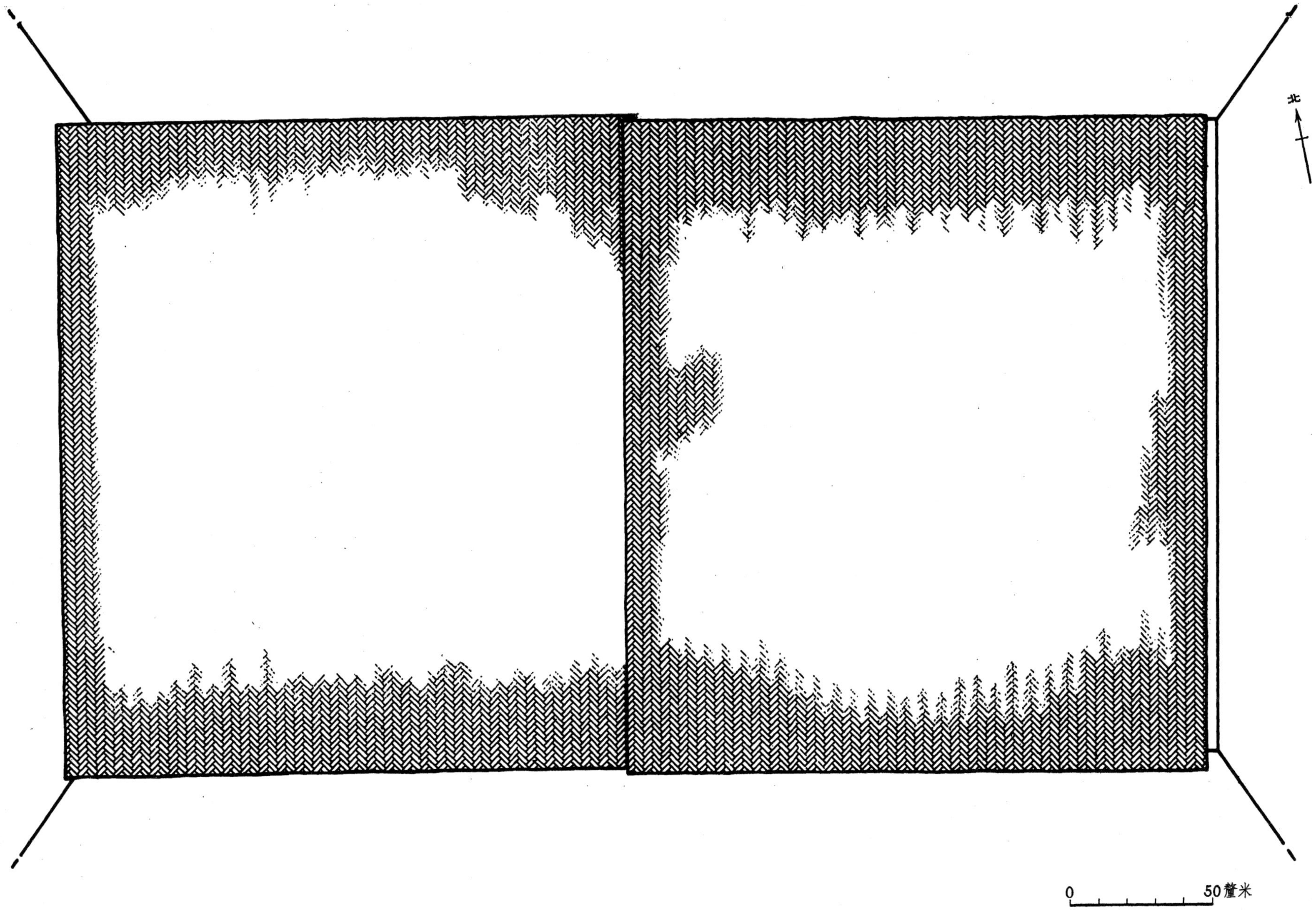

圖一八　蕭家草場二六號漢墓槨室蓋板上的竹席

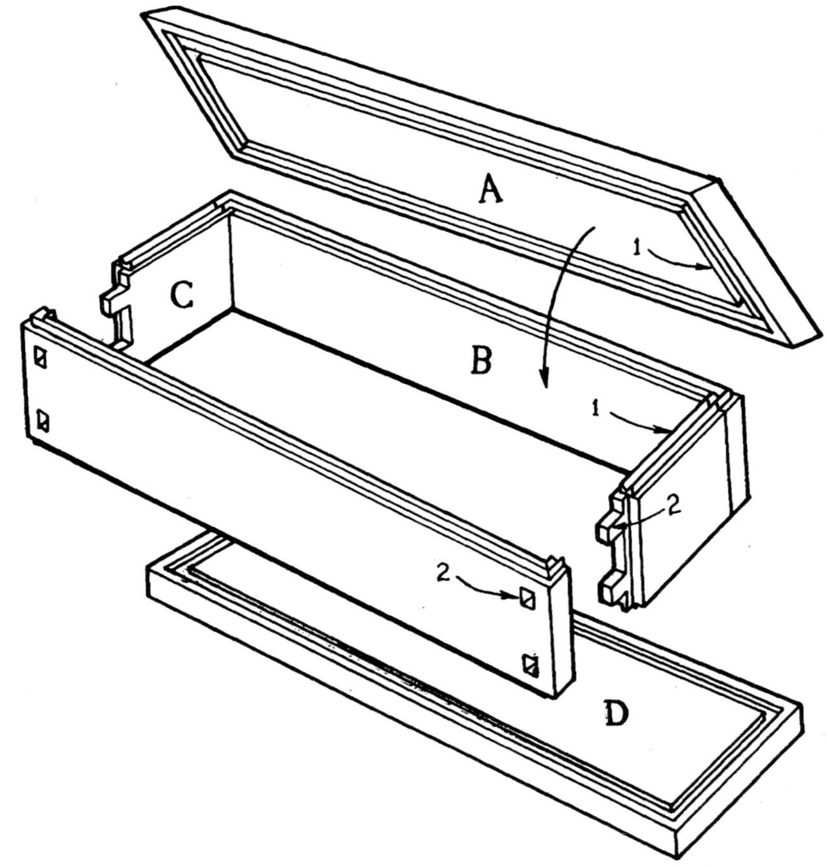

圖二一　蕭家草場二六號漢墓木棺結構示意圖

A. 蓋板　B. 牆板　C. 擋板　D. 底板

1. 子母口扣接　2. 半肩明榫

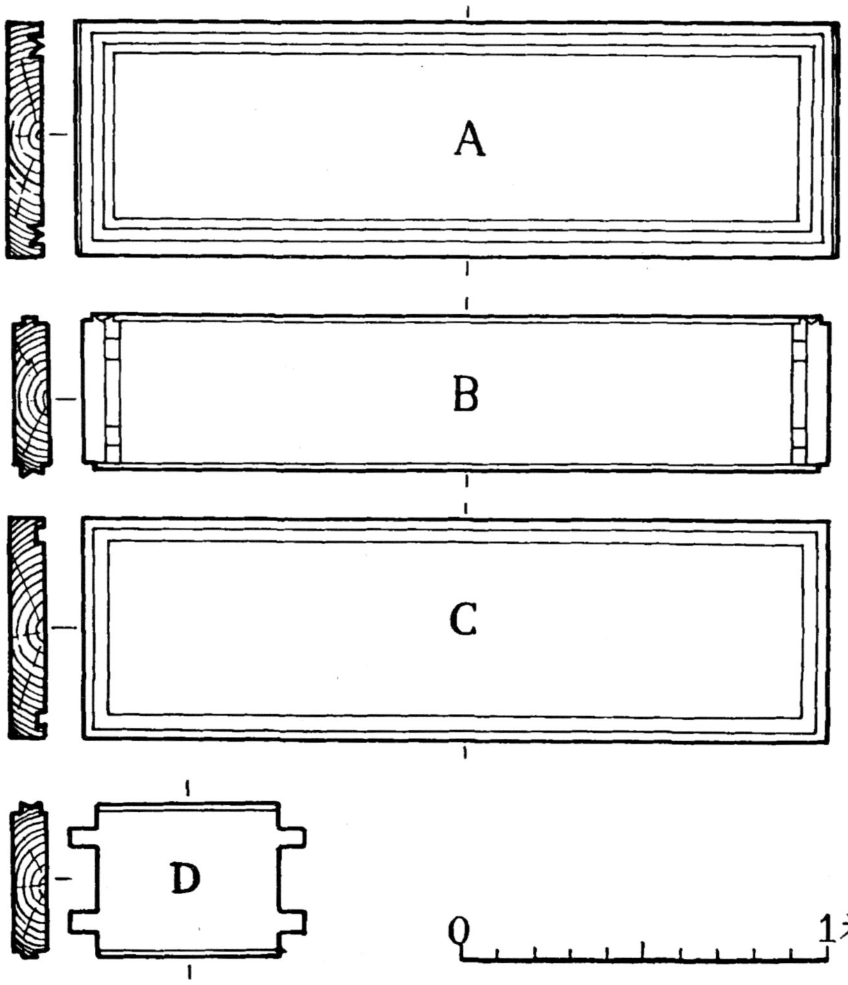

圖二二　蕭家草場二六號漢墓棺板結構細部圖

A. 蓋板内側平、横剖面　B. 牆板内側平、横剖面　C. 底板内側平、横剖面　D. 擋板平、横剖面

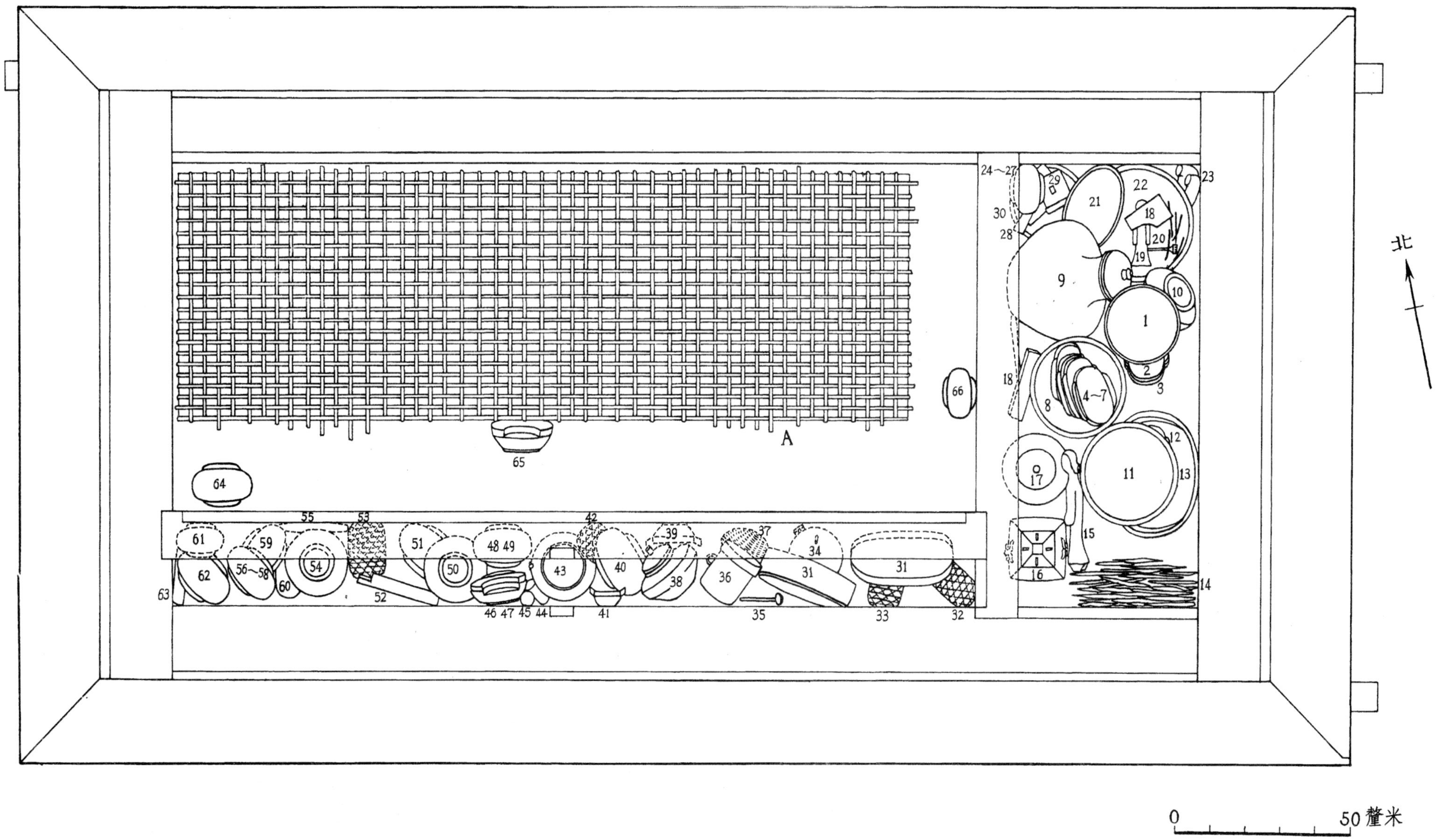

圖二三　蕭家草場二六號漢墓隨葬器物分布圖(第一層)

1. 漆圓奩　2—7、46、48、51、62. B 型漆耳杯　8、11. 漆盂　9. 陶瓮　10、17. 陶壺　12、24—27、41、60、61、66、68. D 型漆耳杯　13. 銅盤　14. 薪　15、72. A 型圓雕木立俑　16. 銅鈁　18. 木車　19. C 型圓雕木立俑　20. 木車傘　21、30. 漆盤　22. 陶盤　23. 木馬　28、70、74、78. A 型木片俑　29. 漆小卮　31. 漆大橢圓奩　32、33、42、53、87、94. 竹笿　34、83. 銅鼎　35. 銅勺　36. 漆大卮　37. 竹簍　38、84、85. 陶罐　39、40. A 型漆耳杯　43. 陶釜　44. 竹筷籠　45、52、63、90、91. 竹筒　47、49、56—59、64、65、69、89. C 型漆耳杯　50、54. 漆圓盒　55. 木絞繩棒　A. 竹簾

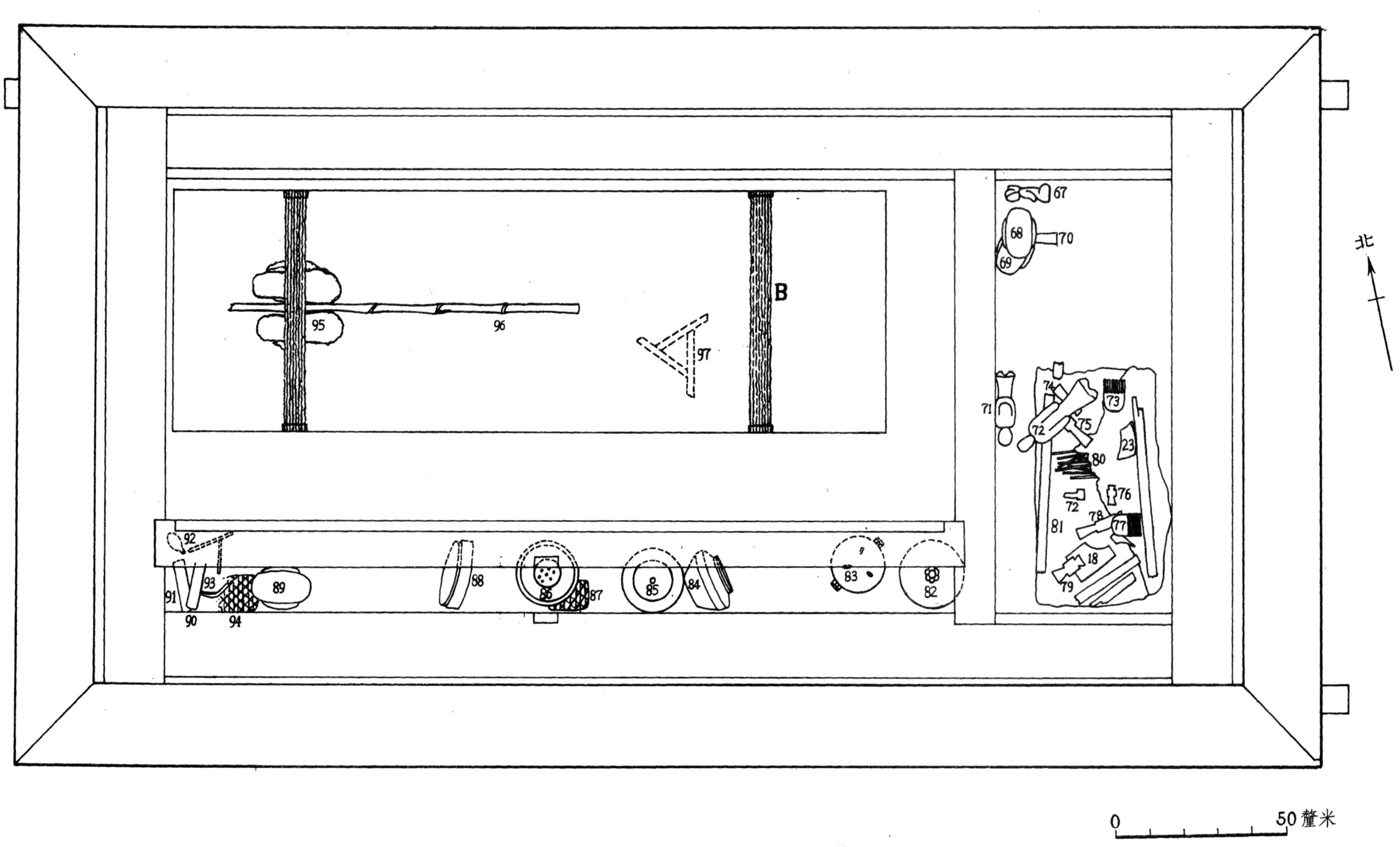

圖二四　蕭家草場二六號漢墓隨葬器物分布圖（第二層）

67. 圓雕木御俑　71. B 型圓雕木立俑　73. 木梳　75、79. B 型木片俑　76. C 型木片俑　77. 木篦
80. 竹簡　81. 竹笥　82. 銅蒜頭壺　86. 陶甑　88 漆小橢圓奩　92、93. 漆匕　95. 麻鞋　96. 竹杖
97. 木三角形器（在棺底之下）　B. 捆棺麻繩

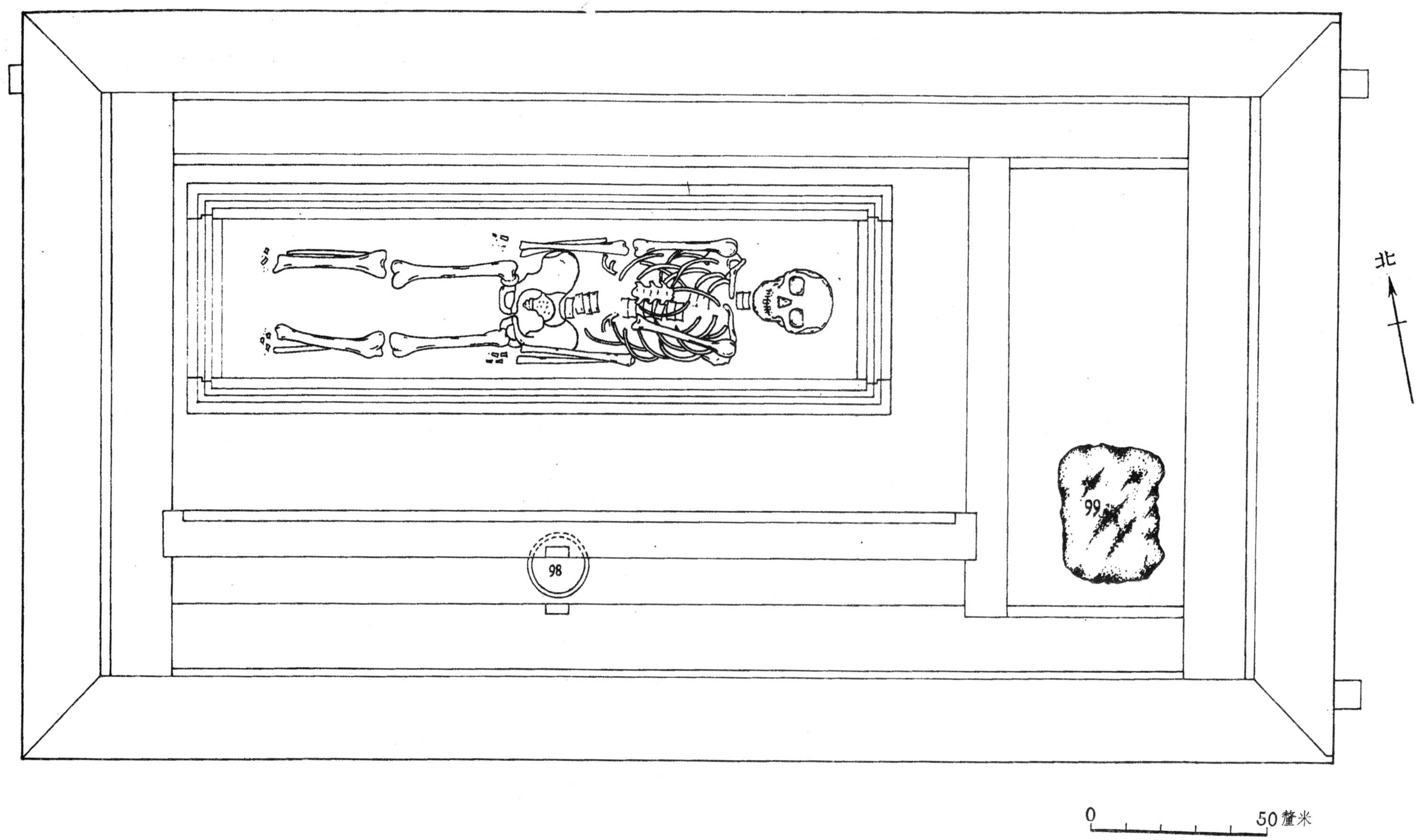

圖二五　蕭家草場二六號漢墓隨葬器物分布圖（第三層）

98. 陶盂　99. 黄粘土

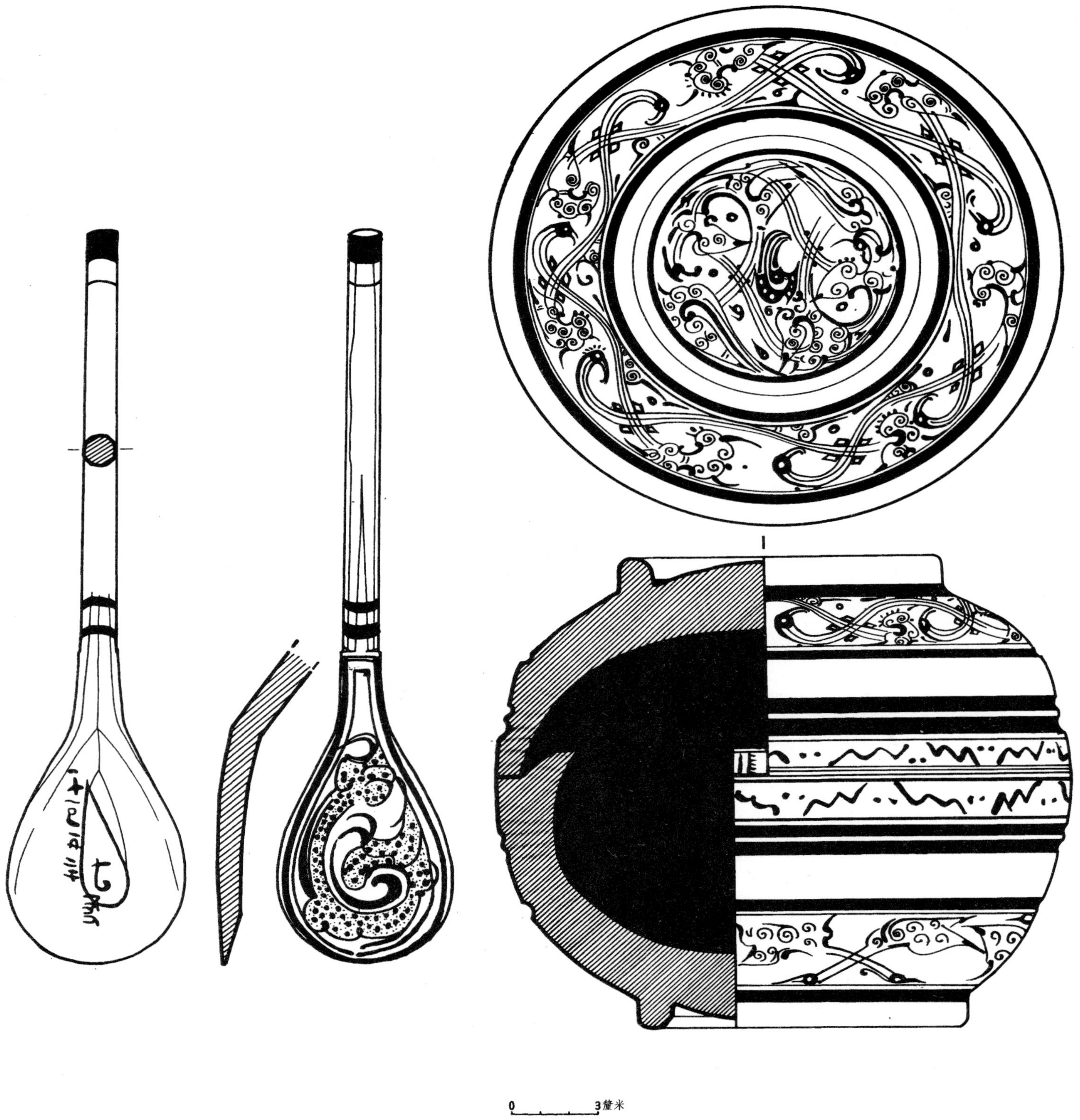

2　　1

圖二六　蕭家草場二六號漢墓漆器

1. 盒（XM26：50）　2. 匕（XM26：93）

圖二七　蕭家草場二六號漢墓漆盤（XM26:21）

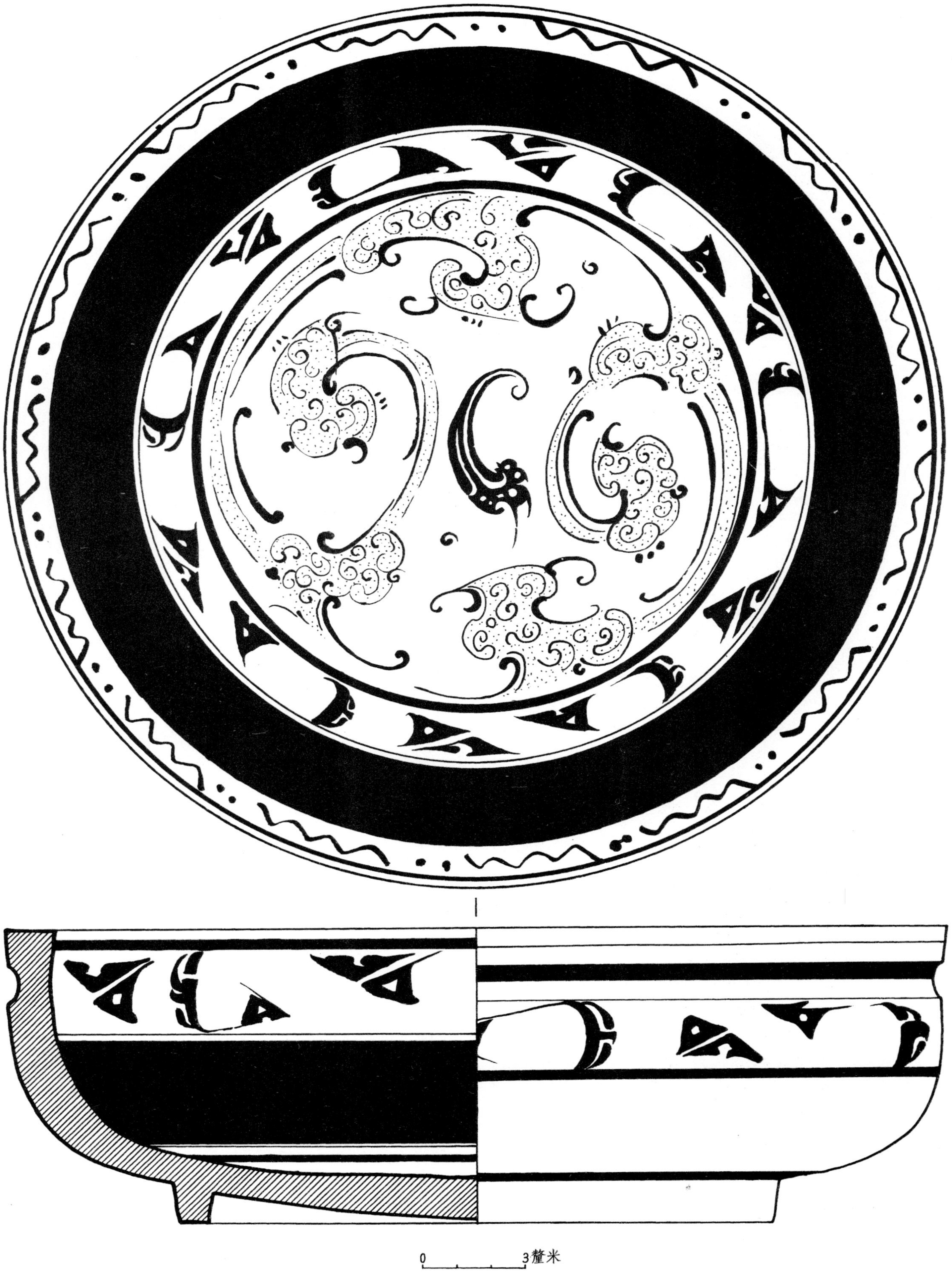

圖二八　蕭家草場二六號漢墓漆盂（XM26:8）

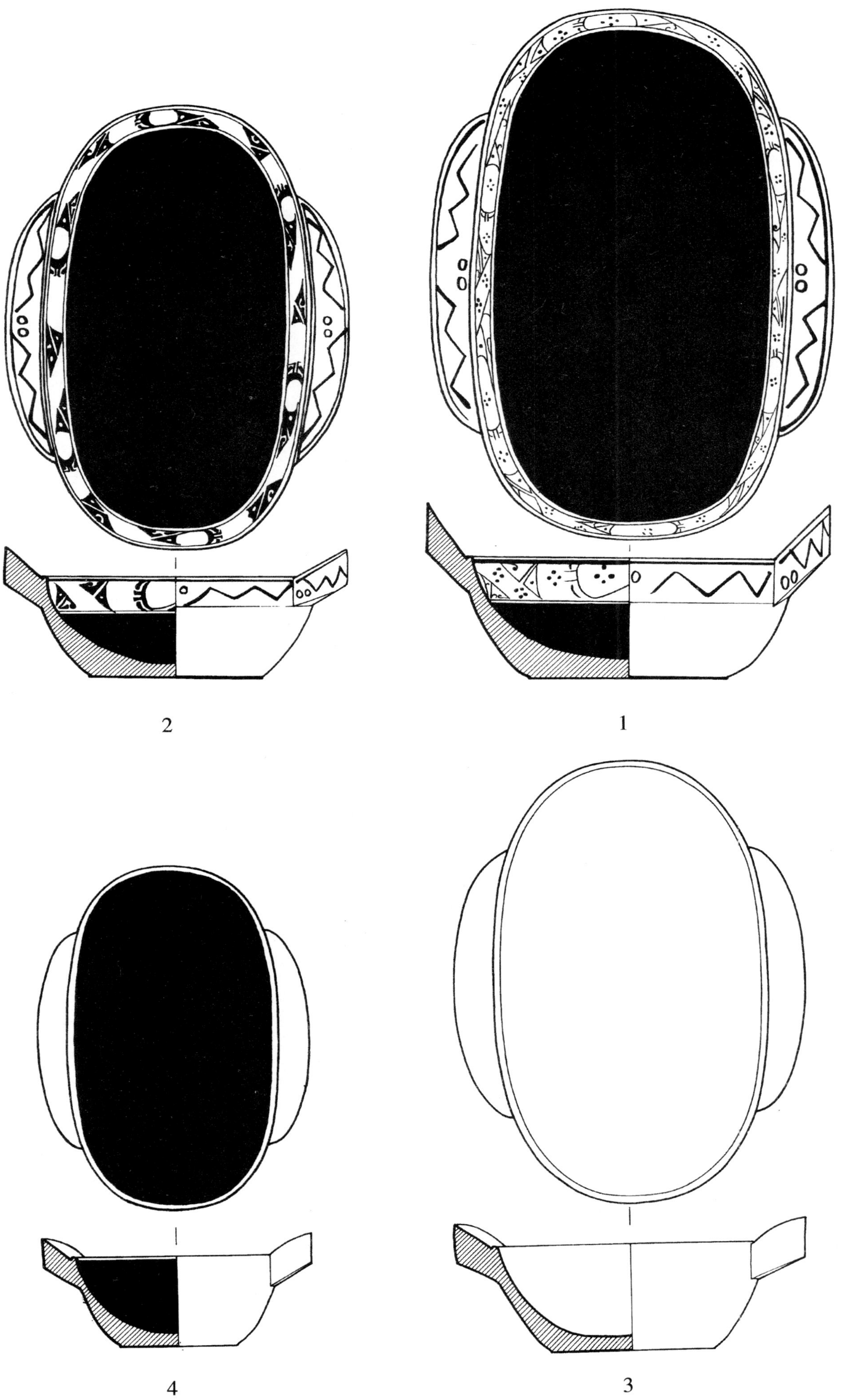

圖二九　蕭家草場二六號漢墓漆耳杯

1. A 型耳杯（XM26：40）　2. C 型耳杯（XM26：49）　3. B 型耳杯（XM26：7）　4. D 型耳杯（XM26：61）

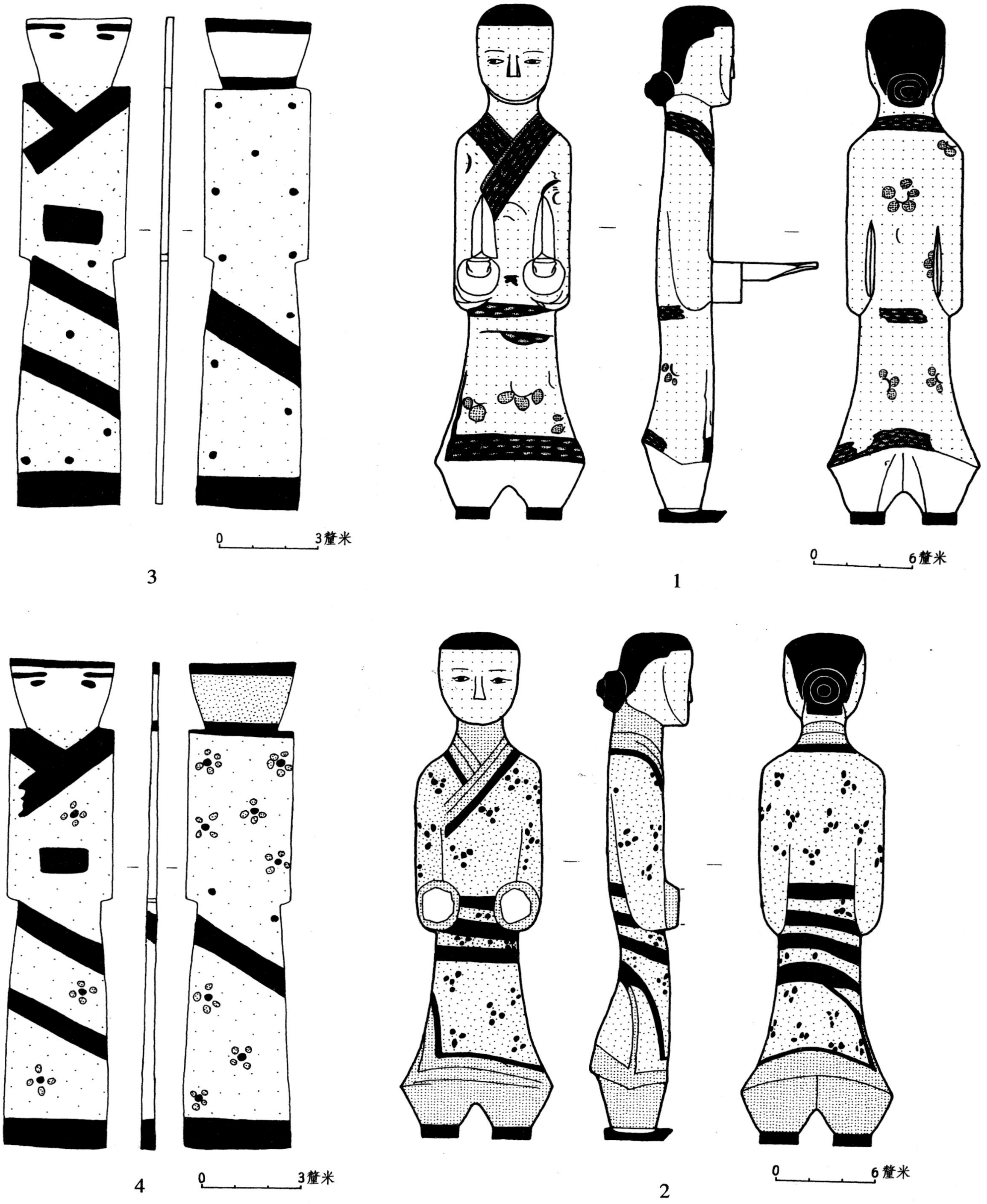

圖三二　蕭家草場二六號漢墓木俑一

1. A 型圓雕立俑（XM26：72）　2. A 型圓雕立俑（XM26：15）　3. A 型片俑（XM26：28）　4. A 型片俑（XM26：78）

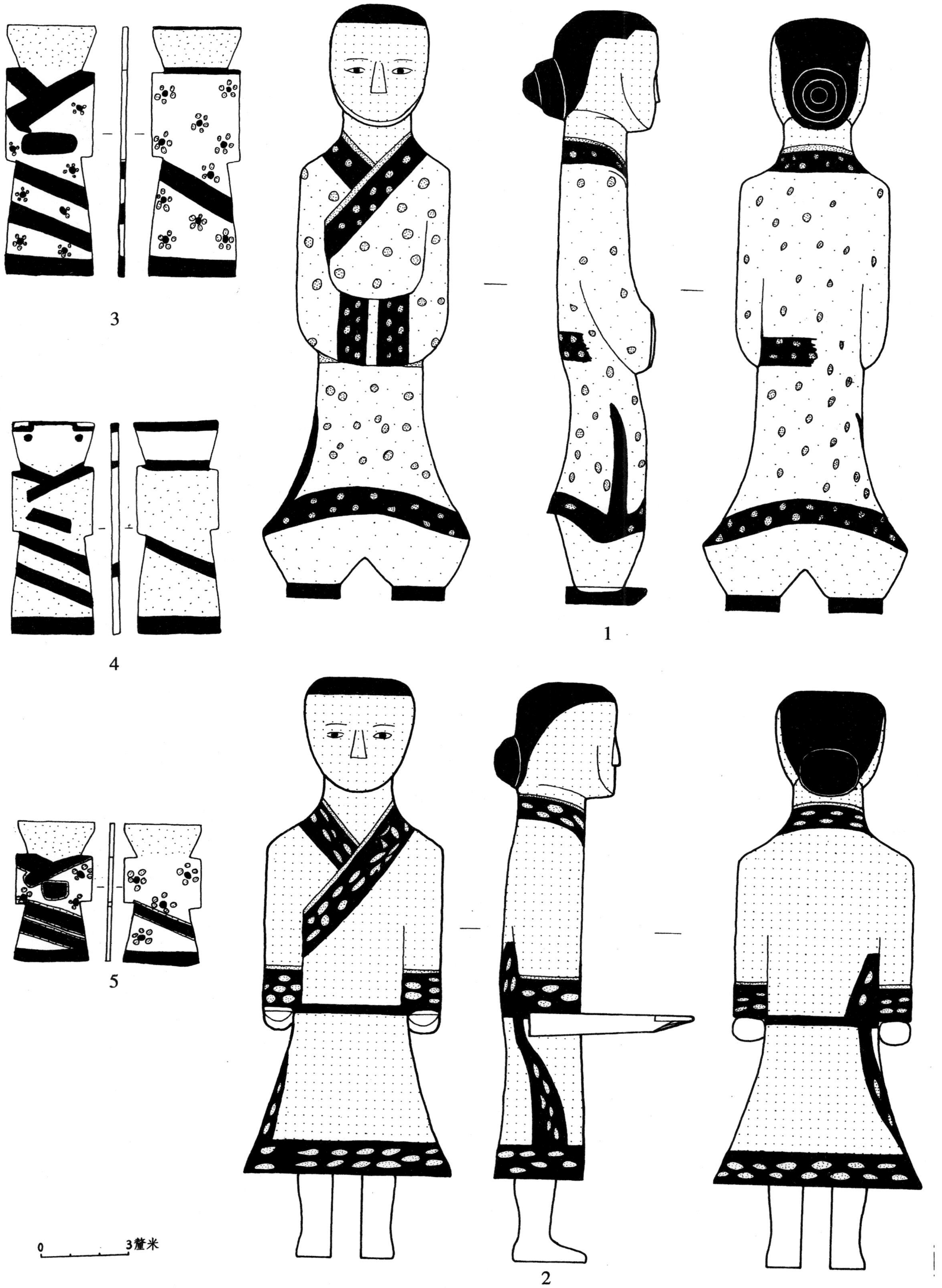

圖三三　蕭家草場二六號漢墓木俑二

1. B 型圓雕立俑（XM26：71）　2. C 型圓雕立俑（XM26：19）　3. B 型片俑（XM26：75）　4. B 型片俑（XM26：79）　5. C 型片俑（XM26：76）

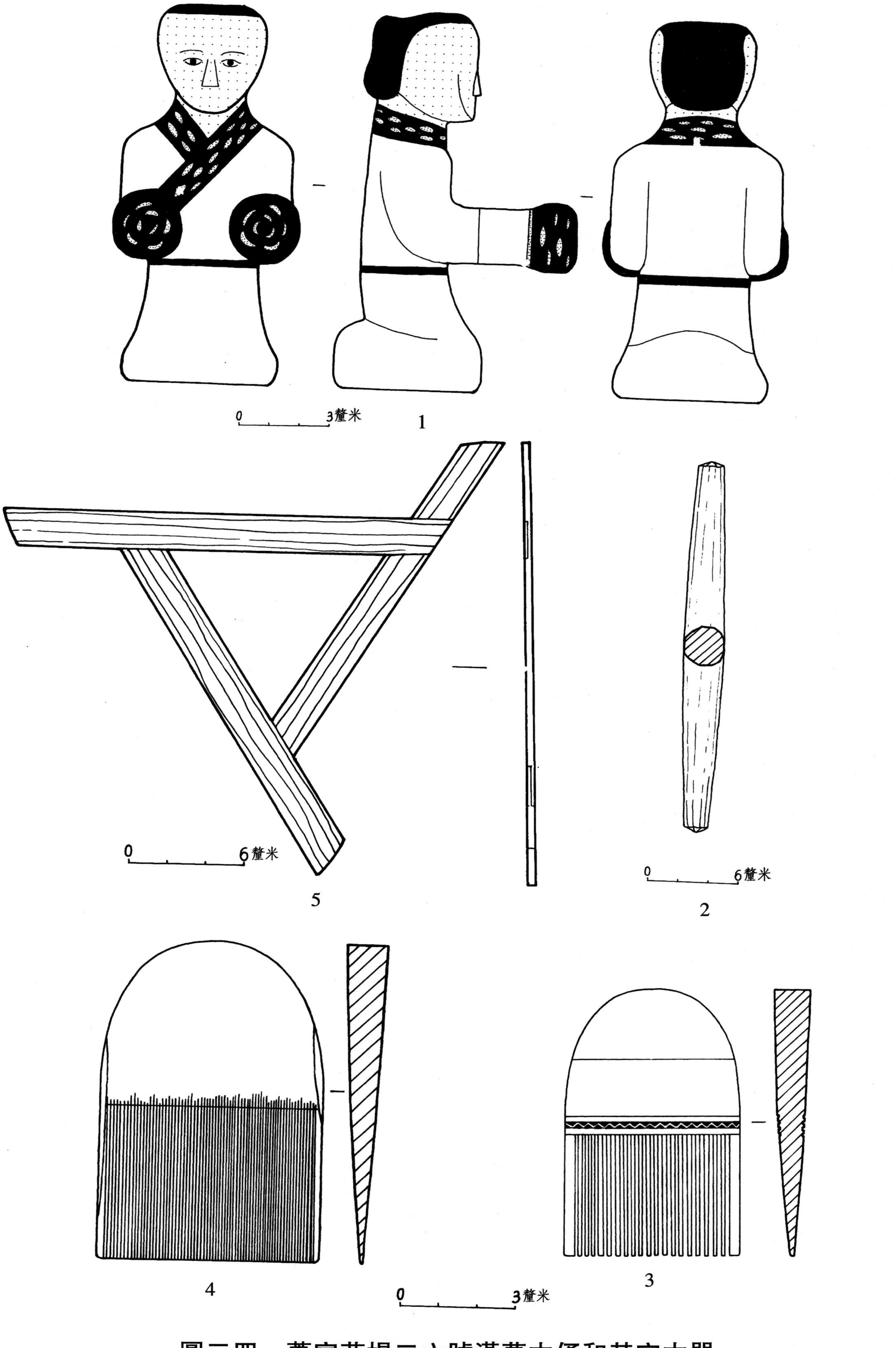

圖三四　蕭家草場二六號漢墓木俑和其它木器

1. 圓雕御俑（XM26:67）　2. 絞繩棒（XM26:55）　3. 梳（XM26:73）　4. 篦（XM26:77）　5. 三角形器（XM26:97）

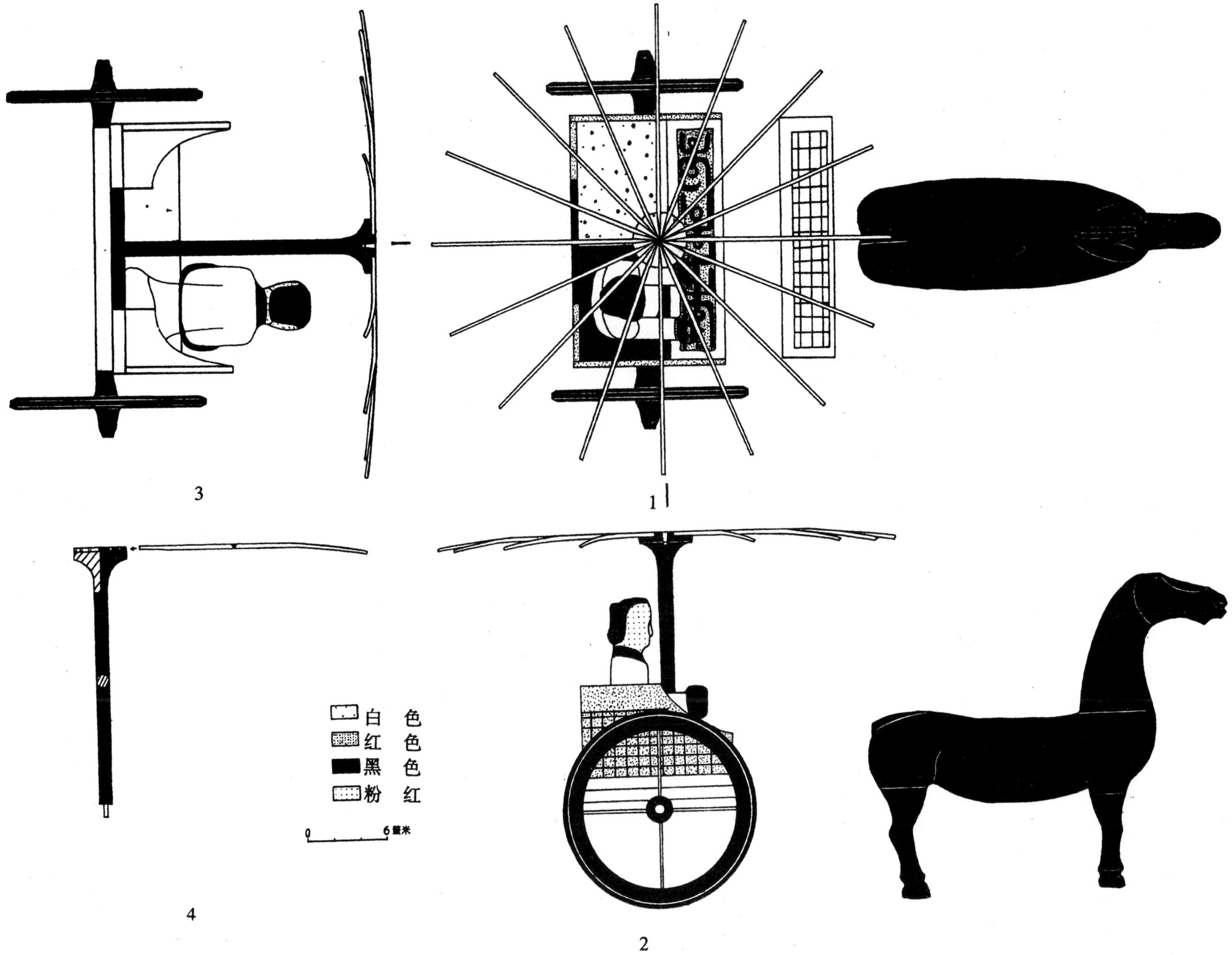

圖三五　蕭家草場二六號漢墓木車、木傘

1. 車(XM26:18)俯視圖　2. 車(XM26:18)側視圖　3. 車(XM26:18)後視圖　4. 傘(XM26:20)

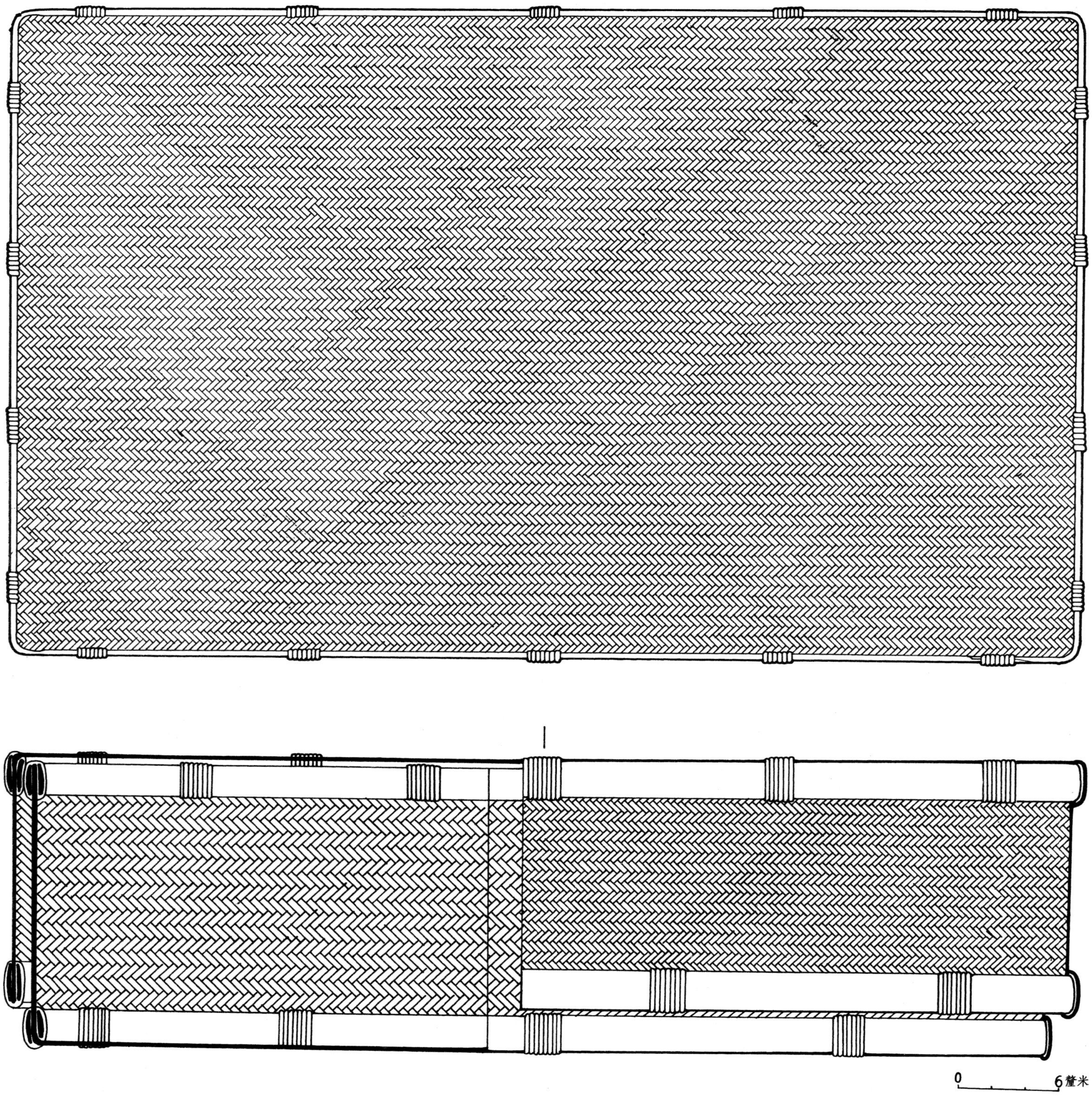

圖三六　蕭家草場二六號漢墓竹笥(XM26:81)復原圖

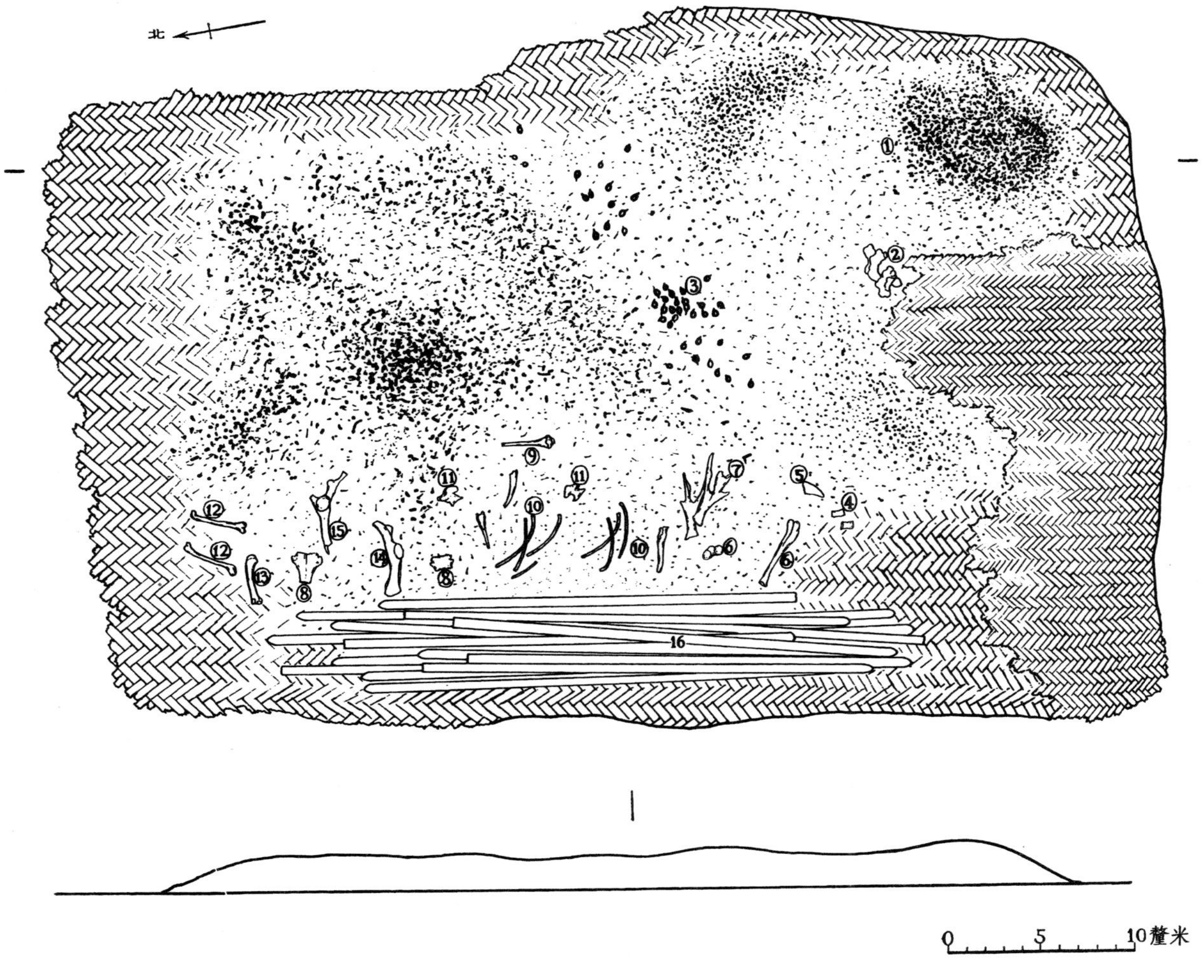

圖三七　蕭家草場二六號漢墓竹笥(XM26:81)隨葬品分布圖

1. 粟米　2. 生薑　3. 花椒　4. 幼豬蹄骨　5. 幼豬趾骨　6. 幼豬右脛骨　7. 幼豬左胛骨　8. 幼豬胸骨　9. 雞脛骨　10. 幼豬肋骨　11. 幼豬脊椎骨　12. 雞股骨　13. 雞肱骨　14. 幼豬左髖骨　15. 幼豬右髖骨　16. 竹籤

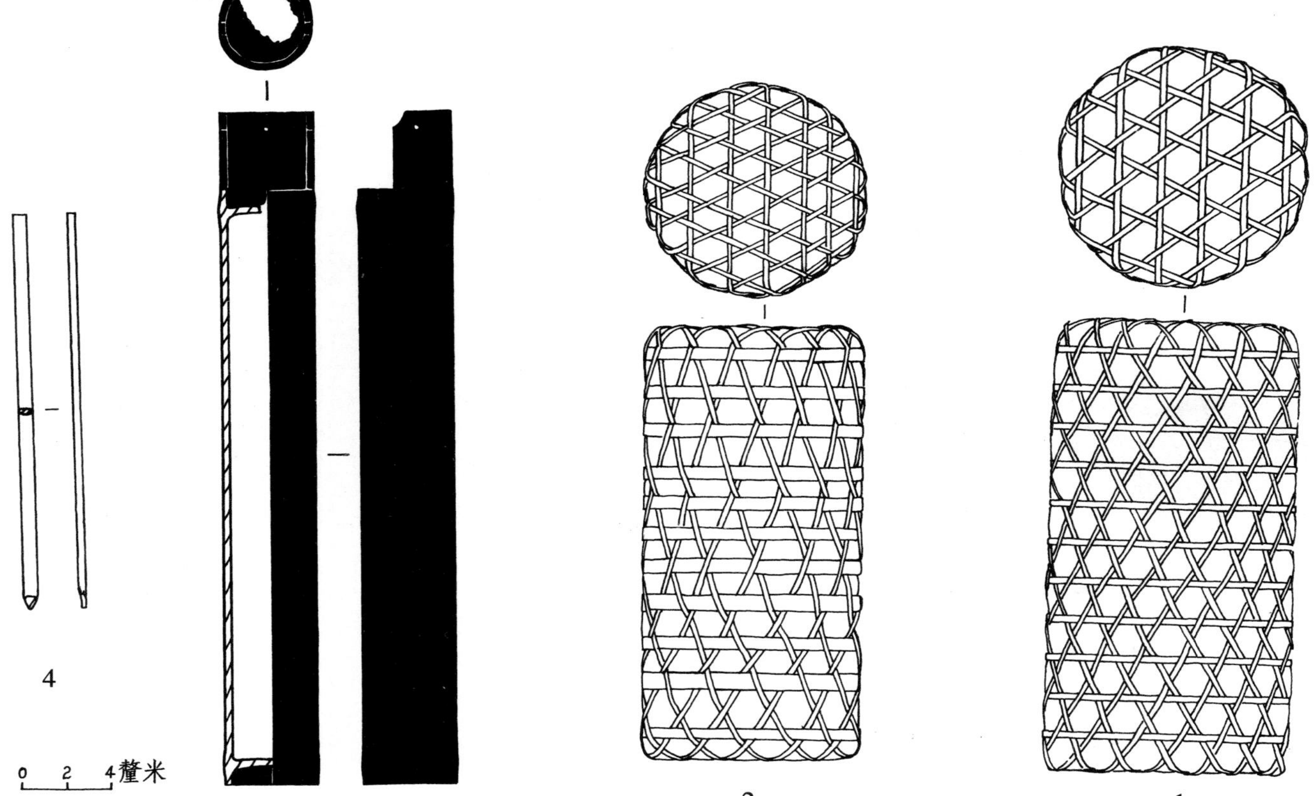

圖三八　蕭家草場二六號漢墓竹器

1. 笿(XM26:53)　2. 笿(XM26:32)　3. 筒(XM26:63)　4 籤(XM26:81—16)

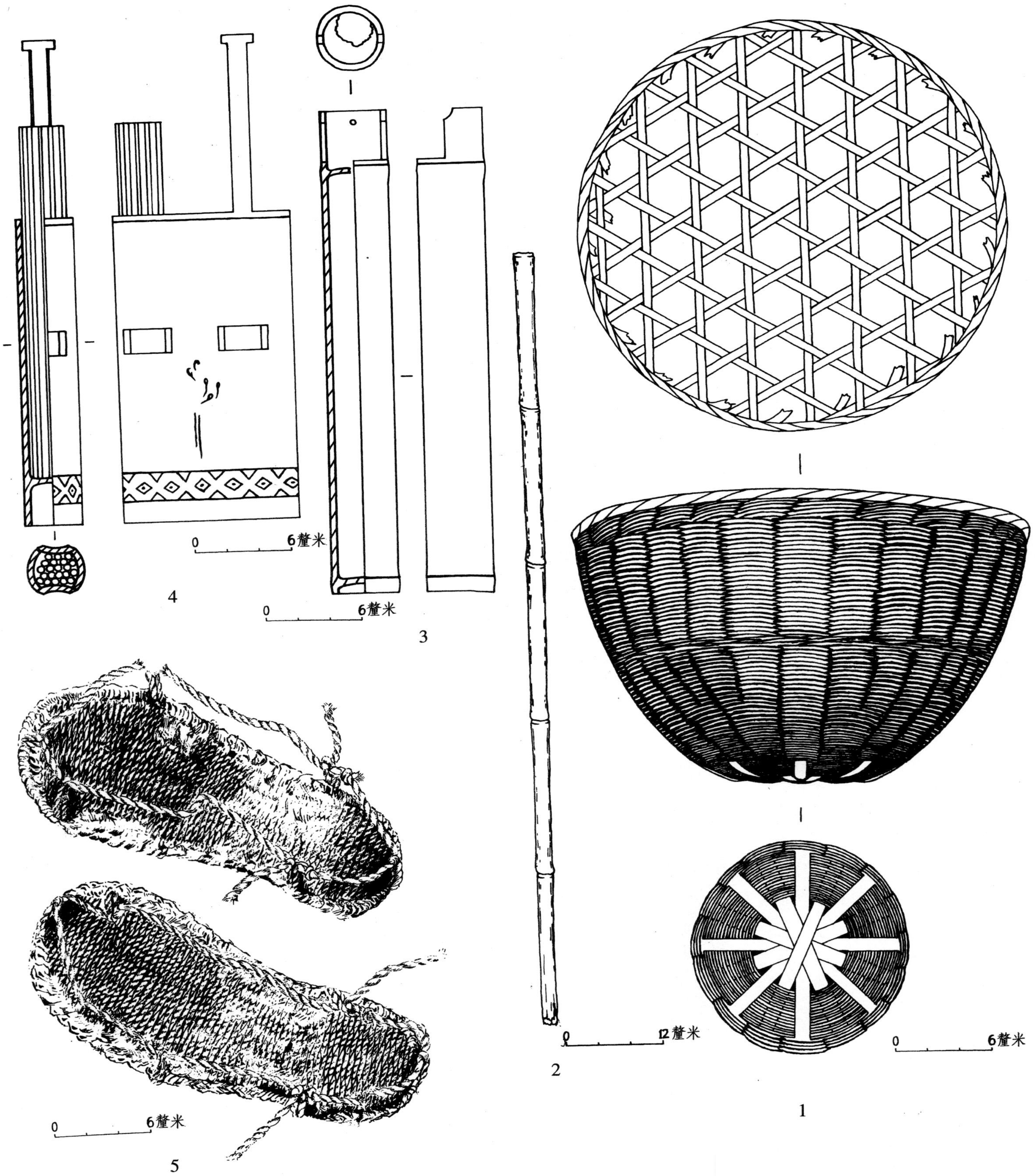

圖三九　蕭家草場二六號漢墓竹器、麻鞋

1. 簍(XM26:37)　2. 杖(XM26:96)　3. 筒(XM26:45)　4. 筷籠(XM26:44)　5. 麻鞋(XM26:95)

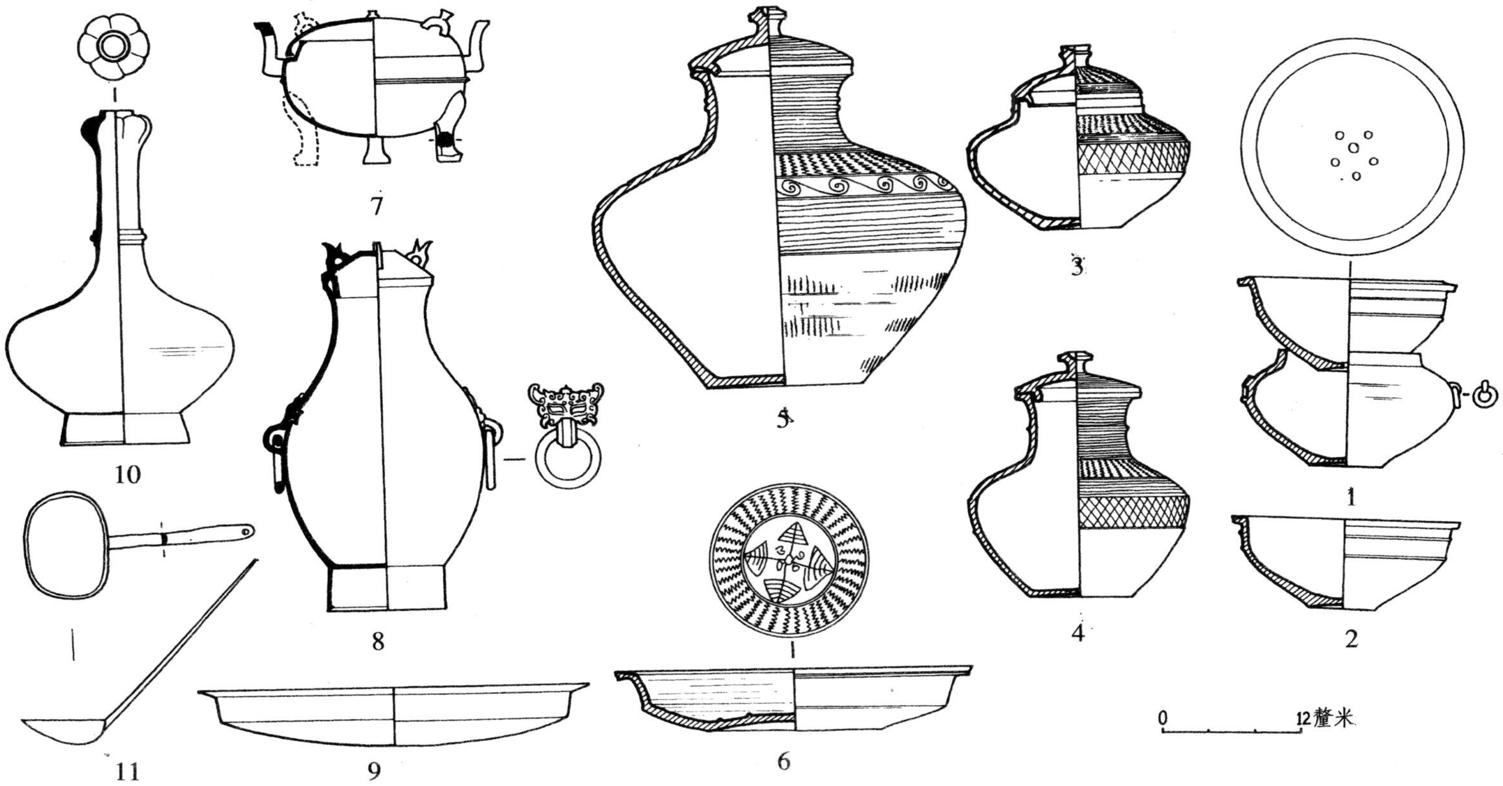

圖四〇　蕭家草場二六號漢墓陶器、銅器

1. 陶甗：上器陶甑（XM26：86），下器陶釜（XM26：43）　2. 陶盂（XM26：98）　3. 陶罐（XM26：85）　4. 陶壺（XM26：17）　5. 陶瓮（XM26：9）　6. 陶盤（XM26：22）　7. 銅鼎（XM26：83）　8. 銅鈁（XM26：16）　9. 銅盤（XM26：13）　10. 銅蒜頭壺（XM26：82）　11. 銅勺（XM26：35）

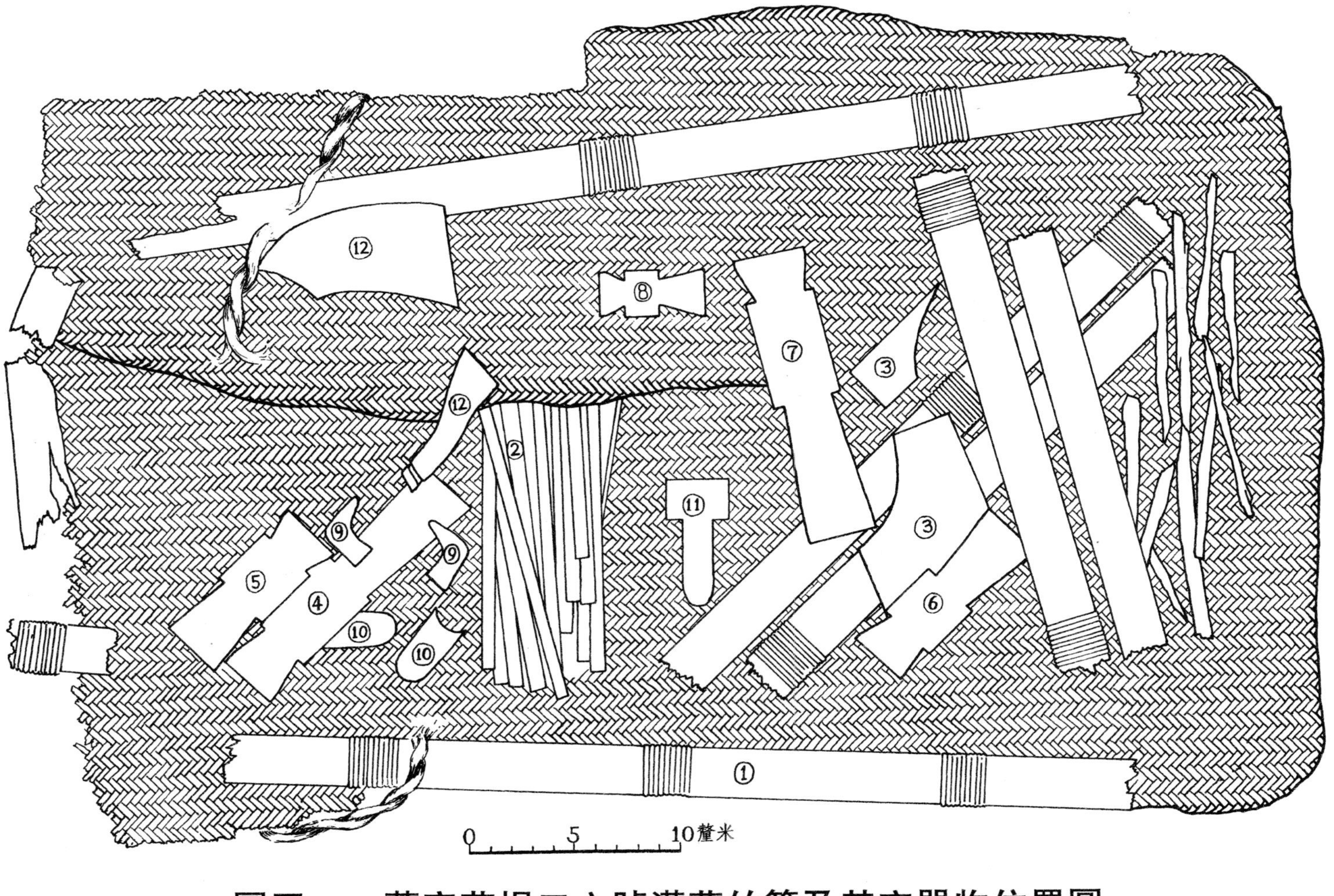

圖四一　蕭家草場二六號漢墓竹簡及其它器物位置圖

1. 竹笥（XM26：81）　2. 竹簡（XM26：80）　3. 木車（XM26：18）　4. A 型木片俑（XM26：74）　5. B 型木片俑（XM26：75）　6. B 型木片俑（XM26：79）　7. A 型木片俑（XM26：78）　8. C 型木片俑（XM26：76）　9. C 型圓雕木立俑足（XM26：19）　10. A 型圓雕木立俑履（XM26：72）　11. A 型圓雕木立俑手（XM26：72）　12. 木馬（XM26：23）

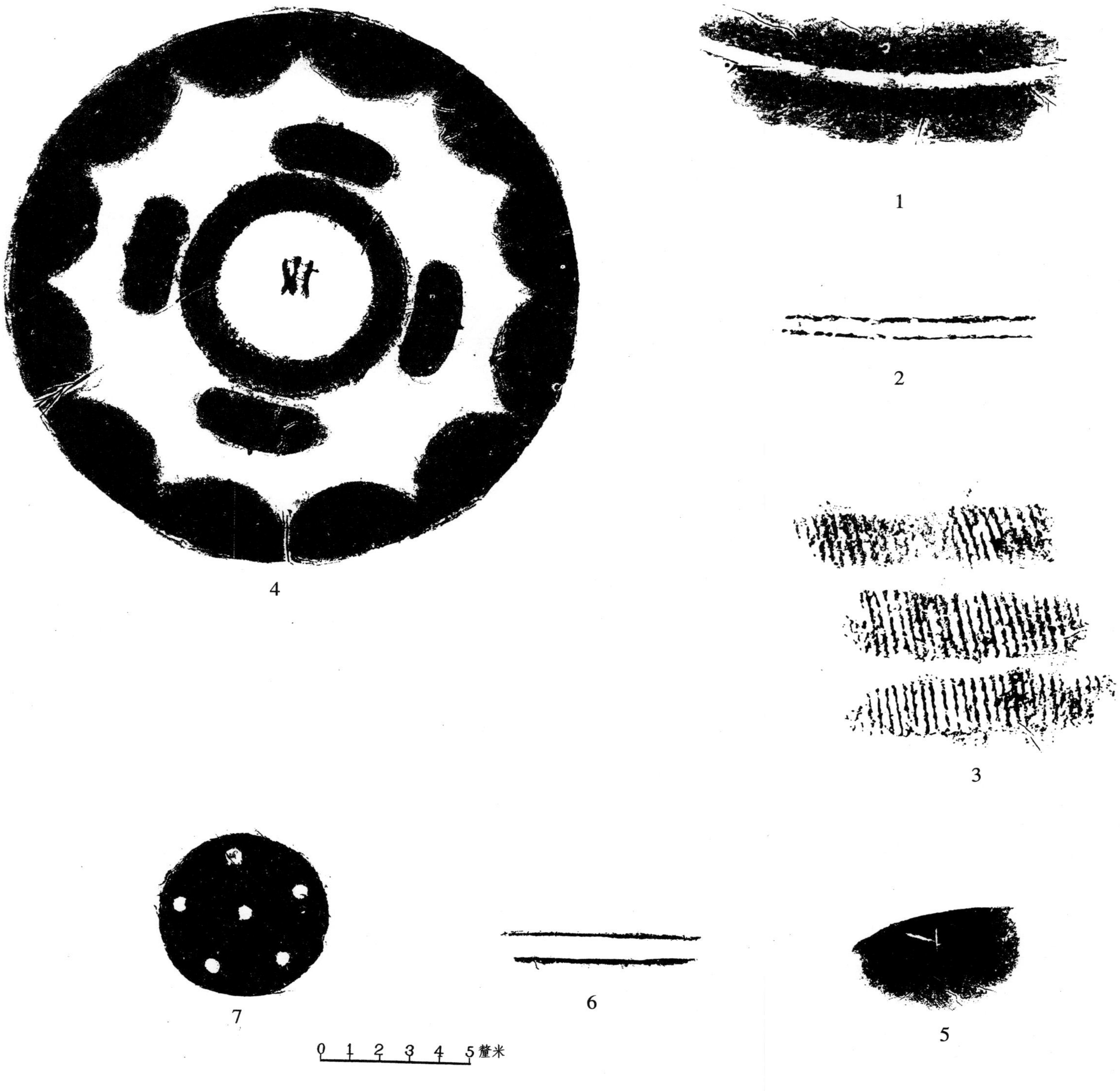

圖四二　周家臺三〇號秦墓、蕭家草場二六號漢墓
陶器、銅器紋飾及刻畫符號拓片

1. 凹弦紋（陶甑 ZM30:3）　2. 竹節狀弦紋（陶壺 ZM30:2）　3. 間斷細繩紋（陶瓮 ZM30:1）　4. 銅鏡（ZM30:20）
5. 刻畫符號（銅勺 XM26:35）　6. 竹節狀弦紋（陶瓮 XM26:9）　7. 甑底箄孔（陶甑 XM26:86）

附

録

附録一　周家臺三〇號秦墓竹簡編排順序號與出土登記號對照表

編排順序號	出土登記號
一	乙三九下
二	乙二八
三	乙七四
四	乙七
五	乙六二
六	乙七一
七	乙七〇
八	乙六六
九	乙三一
一〇	乙二二
一一	乙九
一二	乙二
一三	乙三
一四	乙四
一五	乙五
一六	乙五七下
一七	乙三三
一八	乙五七上 乙六下
一九	乙八
二〇	乙五八
二一	乙六九
二二	乙六八
二三	乙六三
二四	乙二三
二五	乙一〇
二六	乙一三
二七	乙一四
二八	乙一五
二九	乙一六
三〇	乙三七
三一	乙四一
三二	乙三八
三三	乙一七
三四	乙五一
三五	乙六五
三六	乙六七
三七	乙一二
三八	乙一一
三九	乙二四
四〇	乙二五
四一	乙二七
四二	乙三六
四三	乙四三
四四	乙四二
四五	乙五六
四六	乙六一
四七	乙六四
四八	乙五九
四九	乙一
五〇	乙三二
五一	乙二六
五二	乙四〇
五三	乙四四
五四	乙四五
五五	乙五二
五六	乙五五
五七	乙六〇
五八	乙五三
五九	乙一八
六〇	乙三四
六一	乙三五
六二	乙四六
六三	乙五〇
六四	乙五四
六五	乙四八
六六	乙一九
六七	乙四七
六八	乙四九
六九	甲一六三
七〇	甲二八
七一	甲五七
七二	乙三九上 甲一七七上
七三	甲五八
七四	甲一二
七五	乙二九
七六	甲一五
七七	乙三〇
七八	甲一五〇
七九	甲一三七

八〇背	甲三一背
八〇正	甲三一正
八一	甲二〇
八二	甲五三
八三	甲二五
八四	甲四八
八五	甲三八
八六	甲四七
八七	甲三〇
八八	甲五二
八九	甲二九
九〇	甲四九
九一	甲三三
九二	甲三四
九三	甲三五
九四	乙二一
九五	甲五九
九六	甲一五一
九七	甲二一
九八	甲二三
九九	甲二四
一〇〇	甲三九
一〇一	甲一二三

一〇二	甲一三六
一〇三	甲一三五
一〇四	甲三二
一〇五	甲一七
一〇六	甲一八
一〇七	甲一九
一〇八	甲五六
一〇九	甲五五
一一〇	甲五四
一一一	甲二七
一一二	甲一六
一一三	甲九
一一四	甲一〇
一一五	甲五〇
一一六	甲三七
一一七	甲四一上 甲八下
一一八	甲一一下
一一九	甲一三
一二〇	甲一四下
一二一	甲二二
一二二	甲二六
一二三	甲三六
一二四	乙七三中 甲四〇

一二五	甲四一下 甲七四
一二六	甲四三
一二七	甲四四
一二八	甲四五
一二九	甲一四上 甲四六
一三〇	甲五一
一三一	甲二四〇
一三二	甲二三八
一三三	甲一二一
一三四	甲一一九
一三五	甲一一五
一三六	甲二三六
一三七	甲二三七
一三八	甲二三二
一三九	甲二三九
一四〇	甲一一八
一四一	甲一一四
一四二	甲一一一
一四三	甲二二九
一四四	甲二三〇
一四五	甲二三一
一四六	甲二二四
一四七	甲二三三

一四八	甲一一三
一四九	甲一一〇
一五〇	甲二二二
一五一	甲一〇九
一五二	甲一〇六
一五三	甲二二〇
一五四	甲二二一
一五五	甲二二三
一五六	甲二一四
一五七	甲二二五
一五八	甲二二六
一五九	甲一〇八
一六〇	甲一〇四
一六一	甲一〇五
一六二	甲一〇二
一六三	甲一二〇
一六四	甲二二八
一六五	甲二一〇
一六六	甲二一一
一六七	甲二一二
一六八	甲二一三
一六九	甲二〇三
一七〇	甲二一五

一七一	甲二一六
一七二	甲二一七
一沁三	甲一〇三
一七四	甲一〇〇
一七五	甲一〇一
一七六	甲九八
一七七	甲一一六
一七八	甲一一七
一七九	甲二一九
一八〇	甲一九九
一八一	甲一九八
一八二	甲二〇〇
一八三	甲二〇一
一八四	甲二〇二
一八五	甲二〇四
一八六	甲二〇五
一八七	甲二〇六
一八八	甲二〇七
一八九	甲九九
一九〇	甲九五
一九一	甲九六
一九二	甲九七
一九三	甲一一二

一九四	甲二〇八
一九五	甲一〇上 甲一七八
一九六	甲一九七
一九七	甲一八三
一九八	甲一八四
一九九	甲一八五
二〇〇	甲一八六
二〇一	甲一八七
二〇二	甲一八八
二〇三	甲一八九
二〇四	甲一九〇
二〇五	甲一九一
二〇六	甲一九二
二〇七	甲一九四
二〇八	甲九〇
二〇九	甲九一
二一〇	甲九二
二一一	甲九三
二一二	甲一〇七
二一三	甲二一八
二一四	甲二〇九
二一五	甲一九六
二一六	甲二四一 甲一六六

二一七	甲一六七
二一八	甲一六八
二一九	甲一六九
二二〇	甲一七〇
二二一	甲一七一
二二二	甲一七二
二二三	甲一七三
二二四	甲一七四
二二五	甲一七六
二二六	甲一七五
二二七	甲八八
二二八	甲八九
二二九	甲八一
二三〇	甲八二
二三一	甲八三
二三二	甲八四
二三三	甲八五
二三四	甲八上 甲七三
二三五	甲八六
二三六	甲八七
二三七	甲一九四
二三八	甲一五二
二三九	甲一五三

二四〇	甲一五四
二四一	甲一五五
二四二	甲一五六
二四三	甲一五七
二四四	甲一五八
二四五	甲一五九
二四六	甲一六〇
二四七	甲一六一
二四八	甲一六二
二四九	甲八〇
二五〇	甲六七
二五一	甲七五
二五二	甲七六
二五三	甲七七
二五四	甲七八
二五五	甲七九
二五六	甲一二二
二五七	甲四二 甲一七七下
二五八	甲一九三
二五九	甲一八〇
二六〇	甲一三八
二六一	甲一三九
二六二	甲一八一

二六三	甲一四〇
二六四	甲一四一
二六五	甲一四二
二六六	甲一四三
二六七	甲一四四
二六八	甲一四五
二六九	甲一四六
二七〇	甲一四七
二七一	甲一四八
二七二	甲二三五
二七三	甲二三四
二七四	甲六六
二七五	甲六八
二七六	甲六九
二七七	甲七〇
二七八	甲七一
二七九	甲七二
二八〇	甲一六四
二八一	甲二四三中 甲二四三上 甲二四二 甲一六五
二八二	甲一七九
二八三	甲一八二
二八四	甲一九五

二八五	甲一二四
二八六	甲一二五
二八七	甲一二六
二八八	甲一二七
二八九	甲一二八
二九〇	甲一二九
二九一	甲六〇
二九二	甲六一
二九三	甲六二
二九四	甲一三〇
二九五	甲一三一
二九六	甲一三二
二九七	甲一三三
二九八	甲一三四
二九九	甲一四九
三〇〇	甲二四三下 甲二二七
三〇一	甲六三
三〇二	甲一
三〇三	甲二
三〇四	甲三
三〇五	甲四
三〇六	甲五
三〇七	甲二四四 甲六

三〇八	甲七
三〇九	丙五九
三一〇	丙六一
三一一	丙二六
三一二	丙四九
三一三	丙一九
三一四	丙一四
三一五	丙二九
三一六	丙二二
三一七	丙一一
三一八	丙六三
三一九	丙二三
三二〇	丙四七
三二一	丙五五
三二二	丙五四
三二三	丙三四
三二四	丙五六
三二五	丙四六 乙七二
三二六	丙一八
三二七	丙二〇
三二八	丙五八
三二九	丙三二
三三〇	乙二〇

三三一	丙六四
三三二	丙五三
三三三	丙一
三三四	丙四五
三三五	丙四四
三三六	丙三六
三三七	丙四三
三三八	丙三七
三三九	丙三八
三四〇	丙二四
三四一	丙五七
三四二	丙六九
三四三	丙六八 丙五一
三四四	丙六六
三四五	丙九
三四六	丙七
三四七	丙五
三四八	丙五二
三四九	丙一三
三五〇	丙一〇
三五一	丙六
三五二	丙四八
三五三	丙三

三五四	丙一五
三五五	丙六七
三五六	丙五〇
三五七	丙六〇
三五八	丙六二
三五九	丙三五
三六〇	丙三三

三六一	丙七〇
三六二	丙二七
三六三	丙八
三六四	丙四二
三六五	丙六五
三六六	丙三一
三六七	丙一一

三六八	丙三九
三六九	丙一六
三七〇	丙一七
三七一	丙二五
三七二	丙四
三七三	丙二
三七四	丙一二

三七五	丙四一
三七六	丙四〇
三七七	丙二八
三七八	丙三〇
三七九	乙七三上
三八〇	乙七五
三八一	乙七三下

附録二　蕭家草場二六號漢墓竹簡編排順序號與出土登記號對照表

編排順序號	出土登記號
一	三〇
二	三五
三	三二
四	二二
五	一〇
六	二〇
七	一一
八	一六
九	一七
一〇	五
一一	二
一二	一二
一三	一八
一四	一
一五	六
一六	四
一七	九
一八	八
一九	七
二〇	一九
二一	一四
二二	一三
二三	二四
二四	二三
二五	二五
二六	二六
二七	二七
二八	二八
二九	二九
三〇	三四
三一	三三
三二	一五
三三	二一
三四	三一
三五	三

附録三　周家臺三〇號秦墓曆譜竹簡與秦、漢初的曆法

張培瑜（中國科學院紫金山天文臺）
彭錦華（湖北省荊州市周梁玉橋遺址博物館）

西周幽厲以後，平王東遷，周室微弱，陪臣執政，正朔不行於諸侯，所以春秋戰國時期列國各自頒朔。那麼，秦滅六國前後曆法情況如何？秦和漢初施行的又是怎樣的曆法呢？歷史記載，語焉不詳，兩千年來一直是個謎。周家臺三〇號秦墓出土的曆譜竹簡對我們研究這些問題提供了極爲珍貴的材料。

（一）秦始皇三十四年曆譜

周家臺三〇號秦墓計有曆譜竹簡一三〇枚，其中有秦始皇三十四年（前二一三年）竹簡六四枚，有秦始皇三十六年（前二一一年）、三十七年（前二一〇年）兩年中月朔日干支及月大小竹簡二三枚，同時還有屬於這兩年的日干支竹簡三九枚，有空白竹簡四枚。此外，尚有秦二世元年（前二〇九年）月朔日干支及月大小的木牘一件。

秦始皇三十四年曆譜，記載了全年一三個月（此年有閏，稱後九月）各月的日干支，現將所記各月朔日干支列於表一。

表一

月名	十月	十一月	十二月	正月	二月	三月	四月	五月	六月	七月	八月	九月	後九月
朔日	戊戌	丁卯	丁酉	丁卯	丙申	乙丑	乙未	甲子	甲午	癸亥	癸巳	癸亥	癸巳
晦日	丙寅	丙申	乙丑	乙未	甲子	甲午	癸亥	癸巳	壬戌	壬辰	辛酉	壬辰	辛酉
大小	小（小）	大（大）	小（大）	小（小）	小（小）	大（大）	小（小）	大（大）	小（小）	大（大）	小（大）	大（大）	小（小）
日	二九	三〇	二九	二九	二九	三〇	二九	三〇	二九	三〇	二九	三〇	二九

注：括號内的月大小是據朔日干支得出的。

從朔日晦日干支可知，簡文所記明顯有誤。

（一）據平朔推步，一三個月中一般會有六個小月，個别時有七個，但絶不會超過七個。今由簡文所書，内中已有八個小月。

（二）同理，平朔計算不可能一年内出現兩組連大（連續大月三〇天），尤其不會發生三個月連大（如本年簡文七、八、九月三個大月），故簡文十一、十二、正月朔日丁卯、丁酉、丁卯及七、八、九、後九月朔日癸亥、癸巳、癸亥、癸巳七個月朔日中，至少有兩個月朔日是錯誤的。

（三）同樣，在六、七、八、九、後九月五個月的五個晦日（月之末日）壬戌、壬辰、辛酉、壬辰、辛酉中，内必有干支書誤。

（四）簡文所書十二月晦日乙丑、八月晦日辛酉分别與次月朔日（正月朔日丁卯、九月朔日癸亥）不接，則次月朔日或其月晦日干支必有誤書。

乙丑的次日是丙寅，辛酉的次日爲壬戌。所以最合理的改動是將簡文所書正月朔日由丁卯易爲丙寅，九日朔日由癸亥改爲壬戌。因爲陰陽曆月爲朔望月，月分大小，大月三〇天小月二九天，不可能一個月有三一天。所以九月朔日若改作壬戌，其晦日就不可能爲壬辰，且因其上月爲小月（癸巳至辛酉二九天），平朔推步不會出現連續小月，故斯月晦日應易爲辛卯日（壬戌至辛卯三〇天）。那麼，它的下個月（後九月）的朔日就順理成章地也應由癸巳日改作壬辰日。這樣，出土的秦始皇三十四年的曆譜朔日中，只需改動正月、九月、後九月三個朔日，九月一個晦日，即二六個朔日晦日中，只調整四天的干支，曆月大小及朔日干支的關係就可以理順了。這是調整最少也是最合理的改動。這樣調整與《文物》雜志一九九九年第六期上所刊登的《周家臺三〇號秦墓竹簡秦始皇三十四年曆譜釋文與考釋》一文是完全相同的。校改以後，秦始皇三十四年的曆日朔晦如表二。

表二

月名	十月	十一月	十二月	正月	二月	三月	四月	五月	六月	七月	八月	九月	後九月
朔日	戊戌	丁卯	丁酉	丙寅	丙申	乙丑	乙未	甲子	甲午	癸亥	癸巳	壬戌	壬辰
晦日	丙寅	丙申	乙丑	乙未	甲子	甲午	癸亥	癸巳	壬戌	壬辰	辛酉	辛卯	辛酉
大小	小	大	小	大	小	大	小	大	小	大	小	大	大
日	二九	三〇	二九	三〇	二九	三〇	二九	三〇	二九	三〇	二九	三〇	三〇

（二）漢初曆法

《史記·曆書》稱，「漢初襲秦正朔服色」，未説明用什麼曆法。《漢書》在「漢興襲秦正朔」後，又進一步説，「以北平侯張蒼言用顓頊曆」。但歷代學者用顓頊曆推漢初曆日與文獻所書多不相應。所以宋代劉羲叟認爲，「漢初用殷曆，或云用顓頊曆」。在他所作長曆中「今兩存之」。清末汪曰楨稱，「以史文考之，漢初曆法似殷曆爲合」。在他所作的《歷代長術輯要》中仍並列殷曆、顓頊曆的推步結果。研究歷史離不開曆日和時間標尺，本世紀出版的曆表基本上都以這兩部長曆爲依據，但秦和漢初行用何種曆法的問題並未解決。

一九七二年山東臨沂銀雀山二號漢墓出土了一組完整的漢武帝元光元年（前一三四年）的曆譜。經過研究這組曆譜的朔日與用殷曆、顓頊曆推步所得皆不相應。在出土的漢元光元年曆譜竹簡一三個朔日中，用顓頊曆推步僅得七個，占百分之五十四，而與殷曆計算相合的却有一〇個，占百分之七十七。這樣，與用殷曆推算的結果比較相近。經過分析，元光曆譜所給出的朔日干支及朔小餘（朔小餘數值以九四〇爲分母，所得爲日的分數，表示合朔的時刻），比顓頊曆要大四三〇—四八七分（以九四〇爲分母），比殷曆要大一二六—一八三分（以九四〇爲分母）。即合朔時刻比顓頊曆晚一〇·九八—一二·四三小時，比殷曆遲三·二二—四·六七小時。

通過元光元年曆譜研究確知，漢初曆法既不是殷曆，也不是顓頊曆。它的合朔時刻比顓頊曆差近半日，與殷曆差約四小時。交氣時刻（氣小餘）却與顓頊曆相合，與殷曆差近一日（二九／三二日，即二一·七五小時）。不同的朔小餘數值（合朔時刻）可以復原出不同的曆法。據元光元年曆譜復原漢初曆法共有五八種可能性，上下可相差八七·三分鐘。至於這五八種可能中究竟何者正確，只有待新的材料發現後才能判斷。漢元光元年曆譜的出土，使秦、漢初曆法研究向前跨進了一大步。

一九八四年初，江陵張家山西漢古墓出土了大量竹簡，這是八十年代我國考古學的重大發現。竹簡内容除「奏讞書」、「日書」、「算書」等文獻外，還有一些曆日和曆譜。在已公布的材料中，有一支記載漢惠帝三年（前一九二年）朔日的曆譜竹簡，這枚竹簡比元光元年曆譜早五八年。内容簡單，僅列有漢惠帝三年一二個月的朔日干支，但它以及「奏讞書」等文獻中提供的曆朔對研究秦、漢初曆法却很有用處，它與元光元年曆譜配合可使人們對漢初曆法的了解深入一步。

查《中國先秦史曆表》附表六知，惠帝三年入顓頊曆壬申蔀二三年、殷曆丙午蔀八年，與元光元年曆譜相似。惠帝三年曆譜朔日與用殷曆、顓頊曆推步得出的結果都有差異，一二個朔日中與顓頊曆相合者僅得五個，爲百分之四十二；而有九個朔日合殷曆，占百分之七十五。分析考查可知，惠帝三年曆譜比殷曆推步所得，朔小餘要大一五二—二〇九分（皆以九四〇爲分母，下同），較顓頊曆朔小餘大四五六—五一三分，即合朔時刻分別比殷曆、顓頊曆遲三·八八—五·四五小時和一一·六四—一三·一〇小時。而由元光元年已知，漢初曆法比顓頊曆合朔小餘大四三〇—四八七分，較殷曆大一二六—一八三分。漢初施行的曆法只有一種，它一定既在由元光元年曆譜得出的五八種可能之内，又要符合惠帝三年曆譜。由此可得出，漢初曆法一定滿足這樣的條件：它的合朔小餘較顓頊曆大四五六—四八七分，或比殷曆大一五二—一八三分。就是説，根據元光元年曆譜知道漢初施行的曆法有五八種可能性，而由張家山漢墓中惠帝三年曆譜的出土，縮小了考查的範圍，得出漢初曆法僅有三二種可能性，使漢初曆法的研究又有了新的發展。表三列出用顓頊曆、殷曆推步所得元光元年（前一三四年）、惠帝三年（前一九二年）月朔干支和朔小餘數值（即合朔時刻），同時列出漢初實際施行曆法在這兩年各月合朔必須滿足的朔小餘範圍。

表八

曆日		殷曆	顓頊曆	秦曆Ⅰ		秦曆Ⅱ	秦曆Ⅲ	
				朔	小餘範圍	小餘範圍	朔	小餘範圍
秦王政	二年十月 癸酉朔	癸酉 三九〇	癸酉 八六	癸酉	七二五—七四七	七二五—七三五	癸酉	五四二—五七三
	六年八月 丙子朔	乙亥 六九一	乙亥 三八七	丙子	八六—一〇八	八六—九六	乙亥	八四三—八七四
	八年七月 甲子朔	甲子 四四七	甲子 一四三	甲子	七八二—八〇四	七八二—七九二	甲子	五九九—六三〇
	二十年四月 丙戌朔	丙戌 四二二	丙戌 一一八	丙戌	七五七—七七九	七五七—七六七	丙戌	五七四—六〇五
	二十年七月 甲寅	乙卯 三九	甲寅 六七五	乙卯	三七四—三九六	三七四—三八四	乙卯	一九一—二二二
漢高祖	八年四月 甲辰朔	甲辰 一一六	癸卯 七五二	甲辰	四五一—四七三	四五一—四六一	甲辰	二六八—二九九
	十年七月 辛卯朔	庚寅 九二八	庚寅 六二四	辛卯	三二三—三四五	三二三—三三三	辛卯	一四〇—一七一
	十一年八月 甲申朔	甲申 三九四	甲申 九〇	甲申	七二九—七五一	七二九—七三九	甲申	五四六—五七七
漢文帝	十二年二月 乙巳朔	甲辰 八五四	甲辰 五五〇	乙巳	二四九—二七一	二四九—二五九	乙巳	六六—九七
	十六年後九月 戊申朔	戊申 一五七	丁未 七九三	戊申	四九二—五一四	四九二—五〇二	戊申	三〇九—三四〇

由此看出：

（一）漢初五個朔日與殷曆、顓頊曆推步不合。

可知漢初行用的既不是殷曆，也不是顓頊曆，但它們與由漢元光、惠帝曆譜復原的漢初曆法及據周家臺晚秦曆譜復原的秦曆却都能相接。僅據此五條曆朔無法判斷漢初曆法是否有過變動。前面説過，惠帝三年與元光元年曆譜相接，而與周家臺三〇號秦墓曆譜不應，秦、漢初曆法是不一樣的。就是説，依據《奏讞書》這三條漢高祖曆朔並不能確認秦、漢初曆法是在哪一年改動的。

（二）秦王政的五個曆日比較複雜，可合秦曆。

五個曆日中殷曆推步合三個，顓頊曆推步合四個。據周家臺三〇號秦墓曆譜復原的秦曆合四個，漢初曆法合三個。在顓頊曆和據周家臺三〇號秦墓曆譜竹簡復原的秦曆這兩者中，我們更傾向秦王政所行曆法爲後者。過去，我們曾據雲夢秦簡《大事記》秦王政「二十年四月丙戌朔」和「七月甲寅」及《吕氏春秋》「維秦八年秋甲子朔」，初步判斷秦王政所行爲顓頊曆。現在看來這個説法需要修正。原因是：①先前依據的材料太少，而這次周家臺三〇號秦墓出土了四年曆譜竹簡，給出了四九個月的曆朔，其中三六個月是連續相接的。②《大事記》「七月甲寅」中並未書朔。③《奏讞書》也是近年新出的材料，其中案例所書的秦王政「六年八月丙子朔」，用顓頊曆完全無法解釋，而與周家臺三〇號秦墓曆譜却能相接，毫無抵牾。

因此，我們初步認爲秦王政以及秦統一六國前後所用爲「秦曆」。雲夢秦簡《大事記》秦王政「二十年七月甲寅」中的「七月」很可能是「六月」書誤。

（五）秦和漢初曆法都與漢傳顓頊曆不應

根據出土的漢元光元年和惠帝三年曆譜可知，漢初實行的曆法比漢傳顓頊曆合朔小餘要大四五六—四八七分，合朔時刻較顓頊曆晚一一·六四—一二·四三小時，比殷曆合朔小餘要大一五二—一八三分，合朔時刻要遲三·八八—四·六七小時，復原漢初曆法有三二種可能，上下僅相差四九分鐘。漢初曆法的面貌比過去清楚多了。

周家臺三〇號秦墓出土了秦後期四個整年的曆譜，通過它們對晚秦曆法的情況更有了較詳細的了解。但秦王政初年僅有上述五個曆朔資料。整個秦朝曆法的真實面目現在還不能説完全清楚。除雲夢秦簡《大事記》「七月甲寅」這一曆日的月名、干支是否有誤還有待深入研究外，其他四條書明秦王政的月朔干支皆與據周家臺三〇號秦墓曆譜竹簡復原的秦曆推步結果相符。復原的秦曆比漢傳顓頊曆推步朔小餘大六三九—六四九分，合朔時刻要遲一六·三一—一六·五七小時，比殷曆朔小餘大三三五—三四五分，合朔時刻要晚九·〇六—九·三二小時。晚秦曆法朔小餘僅相差一一分，共有一一種秦曆的復原方法，它們上下相差僅一七分鐘。

過去我們曾提出了一種便於推步的復原漢初曆法的方法。晚秦曆法共有一一種復原的可能性。下面介紹我們推導曆元氣朔相齊起於夜半便於計算的一種復原方法。它的近距曆元是：公元前一七七九年正月甲子夜半朔旦立春。下面，試將上述近年考古發掘出土的秦漢簡牘及文獻記載的曆朔分別對應的蔀名及入蔀年列於表九中。

表九

紀年			秦曆		漢初曆法	
中國紀年		公元前	蔀名	入蔀年	蔀名	入蔀年
秦王政	二年	二四五	甲子	十五	己卯	四八
	六年	二四一		一九		五二
	八年	二三九		二一		五四
	二十年	二二七		三三		六六

側面以平緩的弧綫相連接，没有明顯的轉折。顱側壁較直。乳突上脊明顯向兩側外凸（圖版七五·二）。

側面觀　整個顱矢狀弧並非一條平滑的弧綫，可見三處明顯的轉折。前額部較陡直，至額結節部位轉向後傾，至頂結節處明顯轉向後下；至顱後點區域便折向前下方。顳鱗上緣呈圓弧形。乳突較大。乳突上脊粗壯。顴弓中等粗壯（圖版七五·一）。

後面觀　顱頂略呈兩面坡型。顱骨最大寬度在頂骨中部（不計乳突上脊）。枕外隆凸較顯著，枕區粗糙。上項綫明顯呈脊狀。有印加骨存在。

底面觀　枕骨大孔呈寬橢圓形。項平面明顯外凸。枕髁後面有一對凹窩。莖突完整，左側稍短但較粗壯，全長分别爲二八和三一毫米。齶形界於拋物綫形與「U」字形之間。硬齶兩側與牙牀連接處長有許多瘤狀骨刺。

下頜骨　頦部呈尖圓形。下頜體在臼齒處明顯外鼓，顯得粗壯。下頜枝向後傾斜角度不大。下頜角明顯外翻，有瘤狀突起。下頜體下緣平滑。

從頭骨的觀察結果分析，顱頂縫較簡單，鼻根點凹陷不明顯，鼻前棘較發育，眶角圓鈍，犬齒窩不很發達，表明墓主人屬於蒙古人種範疇。

（三）　頭骨的測量和比較

根據頭骨的各項測量值進行形態分類（見附表一），二六號漢墓墓主爲狹而長的顱型，特狹面型和狹的上面型，窄額，中眶，面部突度基本上是中、平頜型，狹的鼻型，上頜齒槽弓爲短齒槽型。

現將蕭家草場二六號漢墓頭骨與隨州擂鼓墩一號墓曾侯乙頭骨和荆門包山二號墓頭骨相比較，〔八〕他們在主要形態特徵方面的趨向是一致的（表二）。

表二　蕭家草場二六號漢墓顱骨的形態分類及其比較

項目＼標本	蕭家草場二六號漢墓		曾侯乙墓		包山二號墓	
	數據	形態分類	數據	形態分類	數據	形態分類
顱指數(8 :1)	七〇·六三	長顱型	七〇·九六	長顱型	七〇·八	長顱型
顱長高指數(17 :1)	七二·八九	正顱型	七六·一四	高顱型	七六·〇	高顱型
顱寬高指數(17 :8)	一〇三·二〇	狹顱型	一〇七·三〇	狹顱型	一〇七·四	狹顱型
上面指數(48 :45)(sd)	五四·〇三	偏狹的中面型	五三·八九	中面型	五七·一	狹面型

垂直顱面指數(sd)	四八·三八	小	五三·〇五	中	五六·三	大
額寬指數(9:8)	六三·〇四	狹額型	六六·六二	中額型	七三·〇	闊額型
面部凸度指數(40:5)	八九·四三	平頜型	九〇·八九	平頜型	九二·一	平頜型
眶指數　左(52:51)	八一·八六	中眶型	八二·一五	中眶型	八四·八	偏高的中眶型
右	八一·九四	中眶型	八〇·四八	中眶型	七九·〇	中眶型
鼻指數(54:55)	四六·八七	狹鼻型	四六·二九	狹鼻型	四七·四	狹的中鼻型
鼻根指數(SS:SC)	五二·五〇	大	三〇·六一	小	四一·六	中
齒槽弓指數(61:60)	一二六·九六	短齒槽型	一二七·六三	短齒槽型	一二八·六	短齒槽型
總面角(72)	八三·〇	中頜型	八四·〇	中頜型	八四·〇	中頜型
鼻面角(73)	八二·〇	中頜型	八一·五	中頜型	八五·〇	中一平頜型
齒槽面角(74)	八七·〇	平頜型	七四·〇	突頜型	八一·〇	中頜型
鼻顴角(77)	一四一·〇	中	一四五·〇	大	一三八·〇	小
顴上頜角	一二四·〇	很小	一二三·〇	很小	一二四·九	小

選取顱骨形態的若干主要特徵與東亞、南亞和現代華北、華南組羣進行比較，進一步考察蕭家草場二六號漢墓人骨在形態學方面的種羣傾向(見表三)。在研究包山楚墓人骨時，我們曾從顱型、面型、眶型、鼻型、鼻突度和面部突度六個方面進行了討論，認爲在「各種主要的顱面形態測量上，華北和華南之間的明顯偏離特徵並不普遍，其主要差異僅在華北組羣的面部一般趨向更高，而華南組羣則更趨向於低面。……華北的鼻型更傾向於狹鼻，華南更傾向於闊鼻。這種南北之間的形態偏離方向，顯然也是與南亞和東亞(遠東)蒙古人種之間同類特徵的變異方向是平行的，即東亞蒙古人種……上面趨向更高，相應的具有更高的面指數和垂直顱面指數，……鼻高更高，鼻指數明顯趨向更小，而南亞人種則趨向於闊鼻。」檢視蕭家草場二六號漢墓頭骨，狹鼻型，鼻指數在華北和東亞組羣的變異範圍內，偏向於最低值。顱高偏高。顱型狹而長。這些都是與華北組羣相一致的。某些項目有些異趨性(如上面高偏低)，可能由於地處南北交匯處，在南北交流融合中產生某些變異的原因。

表三　蕭家草場二六號漢墓頭骨與華北、華南和東亞、南亞人種頭骨測量之比較

項　目	蕭家草場二六號漢墓	華　北	華　南	東　亞	南　亞
顱長（1）	一九〇・〇	一七六・三—一八〇・八	一七五・六—一八〇・七	一七五・〇—一八〇・八	一六八・四—一八一・三
顱寬（8）	一三四・二	一三七・七—一四四・〇	一三七・六—一四一・六	一三七・六—一四二・六	一三五・七—一四三・六
顱指數（8:1）	七〇・六三	七七・一—八〇・九	七六・九—七九・七	七七・一—八一・五	七六・六—八三・五
顱高（17）	一三八・五	一三二・三—一四〇・二	一三六・四—一三九・四	一三六・四—一四〇・二	一三四・〇—一四〇・九
顱長高指數（17:1）	七二・八九	七四・二—七八・七	七五・三—七八・二	七五・三—八〇・二	七五・八—八〇・二
顱寬高指數（17:8）	一〇三・二〇	九二・二—一〇〇・三	九六・九—一〇〇・〇	九六・八—一〇〇・三	九四・四—一〇一・二
最小額寬（9）	八四・六	八九・四—九五・〇	八九・〇—九三・七	八九・〇—九三・七	八九・七—九五・四
額傾角（32）		八三・三—八六・四	八五・〇—八五・〇	八三・三—八六・四	八二・五—九一・七
顴寬（45）	一二四・〇	一三〇・六—一三五・八	一三一・六—一三六・七	一三〇・六—一三六・七	一三一・四—一三六・二
上面高（48）（sd）	六七・〇	七一・六—七六・二	六八・七—七三・八	七一・〇—七六・六	五九・八—七一・九
垂直顱面指數（48:17）（sd）	四八・三八	五一・八—五六・〇	四九・五—五三・六	五一・七—五四・九	四三・八—五二・五
面指數（48:45）（sd）	五四・〇三	五四・三—五六・八	五一・四—五五・七	五一・七—五六・八	四五・一—五三・七
鼻顴角（77）	一四一・〇	一四五・一—一四六・一	一四五・〇—一四五・一	一四四・〇—一四七・三	一四一・〇—一四七・八
面角（72）	八三・〇	八〇・六—八六・〇	八一・七—八七・四	八〇・六—八六・五	八〇・六—八六・七
眶指數（52:51）	八一・九〇	八〇・七—八五・〇	八一・二—八四・九	八〇・七—八五・〇	七八・二—八六・八
鼻指數（54:55）	四六・八七	四五・二—五〇・一	四八・二—五四・四	四五・二—五〇・三	四七・七—五五・五
鼻根指數（SS:SC）	五二・五〇	二七・〇—三七・二	三一・七—三一・七	三一・七—三七・二	二六・一—四三・二
鼻骨角〔75（1）〕	三一・〇	一七・一—一九・八	一三・七—二〇・八	一三・七—一九・八	一二・〇—一八・三

（四） 根據長骨推算身高

肢骨的測量數據列入附表二。依據我們在《包山楚墓人骨鑒定》一文中的理由，我們選用了P. H. Stevenson（一九二九）。根據四八例華北男性標本推導出來計算身高的公式和邵象清先生（一九八五）編著的《人體測量手册》中的漢族男性身高計算公式，來推算蕭家草場二六號漢墓人骨的身高，結果如下：

華北男性身高公式（Stevenson　一九二九）

身高 = 54.25 + 1.4294 ×（股骨長 + 脛骨長）± 1.9214 = 160.60 ± 1.9（釐米）

身高 = 55.3865 + 0.6024 × 股骨長 + 2.4014 × 脛骨長 ± 1.8605 = 159.39 ± 1.9（釐米）

漢族男性身高公式（邵象清　一九八五）

身高 = 66.349 + 1.24 ×（股骨長 + 脛骨長）± 3.220 = 158.61 ± 3.2（釐米）

身高 = 65.515 + 1.77 × 股骨長 + 0.63 × 脛骨長 ± 3.168 = 159.70 ± 3.2（釐米）

上述四組公式的計算結果比較接近，取其平均值爲一五九·五八釐米（不計入正負誤差）。

（五） 結語

對蕭家草場二六號漢墓人骨的觀測和比較，男性特徵明顯，年齡大約四十至四十五歲，身高大約一六〇釐米，腦量大約一四二〇毫升。根據頭骨的形態觀察和測量分析，長而狹的顱型、中眶型、狹鼻型，與華北組群有某些接近。有些特征可能受到南北組羣交匯融合的影響，存在異趨傾向。

〔一〕莫楚屏、李天元：《曾侯乙墓人骨研究》，載《曾侯乙墓》，文物出版社，一九八九年。

〔二〕任光金：《寰椎的測量、相關與性別判別分析》，載《人類學學報》第五卷第二期，一九八六年。

〔三〕任光金：《肩胛骨的性別判別分析》，載《人類學學報》第六卷第二期，一九八七年。

〔四〕孫尚輝、歐永章：《國人坐骨大切迹的測量與性別判別分析》，載《人類學學報》第五卷第四期，一九八六年。吴新智等：《中國漢族髖骨的性別差異和判斷》，載《人類學學報》第一卷第二期，一九八二年。

ssAL	顴上頜角(∠zm－ss－zm)	一二四·〇		(右)	八一·九四
75	鼻尖角(n－rhi FH)	六二·〇	52 ∶51a	眶指數Ⅱ(左)	八六·七〇
75(1)	鼻骨角(∠rhi－n－pr)	三一·〇		(右)	八七·一九
∠N	鼻根點角(∠ba－n－pr)	六一·〇	54 ∶55	鼻指數	四六·八七
∠A	上齒槽角(∠n－pr－ba)	八〇·〇	$\frac{SS}{SC}$	鼻根指數	五二·五〇
∠B	顱底角(∠pr－ba－n)	三九·〇			
∠F	額角(n－b FH)	四七·〇	9 ∶8	額寬指數	六三·〇四
33	枕角(∠l－o FH)	一一八·〇	16 ∶7	枕大孔指數	七八·七六
	枕骨曲角(∠l－i－o)	一一四·〇	$\frac{n-sd}{17}$	垂直顱面指數	四八·三八
79	下頜角(左)	一二五度			
	(右)	一二四度	45 ∶48	横的顱面指數	一九三·七五
8 ∶1	顱指數	七〇·六三	29 ∶26	額骨弦弧指數	八八·四九
17 ∶1	顱長高指數	七二·八九	30 ∶27	頂骨弦弧指數	九〇·八三
17 ∶8	顱寬高指數	一〇三·二〇	31 ∶28	枕骨弦弧指數	七九·八六
47 ∶45	全面指數	九六·七七	68 ∶65	下頜骨指數	六九·一一
$\frac{n-sd}{45}$	上面指數	五四·〇三		下頜體高厚指數(M_1M_2處，左)	五九·四三
				(右)	五三·四七
48 ∶45	上面指數	五一·六一		下頜體高厚指數(頦孔處，左)	三六·四八
40 ∶5	面部凸度指數	八九·四三		(右)	四〇·四〇
52 ∶51	眶指數Ⅰ(左)	八一·八六			

附表二　蕭家草場二六號漢墓肢骨測量

單位：毫米

標本	馬丁號	項目	數據 左	數據 右
肩胛骨	1	形態寬(總高)	一四一·八	一三八·六
	2	形態長	九七·八	九八·二
	10	肩胛岡長	一二六·四	一二八·〇
	12	關節盂長	三五·四	三六·二
	13	關節盂寬	二七·四	二八·〇
肱骨	1	最大長	二九三·〇	二九六·〇
	2	生理長	二九二·〇	二九五·〇
尺骨	1	最大長	二四八·〇	二四七·〇
	2	生理長	二一六·六	二一八·六
橈骨	1	最大長	二二六·〇	二二八·〇
	2	生理長	二一二·五	二一五·五
髖骨	1	最大長	一八八·〇	一八三·〇
	4	最大寬	一九三·八	一九一·二
	9	髂骨高	一二〇·四	一二〇·四
	12	髂骨寬	一五六·八	一五四·六
	15	坐骨長	八三·八	八一·四
	16	恥骨長	八八·〇	八五·八
髖骨		坐骨大切迹寬	五八·二	六一·六
		坐骨大切迹深	三八·四	三六·〇
		OB長	二八·七	二三·四
股骨	1	最大長	四一五·〇	四一四·五
	2	生理長	四一二·〇	四一一·〇
脛骨	1	最大長	三二九·〇	三二九·〇
	2	生理長	三一〇·〇	三一三·〇
腓骨	1	最大長	三二五·〇	三二六·〇
骶骨	1	弓長	一一七·〇	
	2	前弦長	九四·〇	
	5	最大寬	一一二·〇	
	6	弓高	二九·四	
	7	弓高垂足點—骶岬間距	五九·七	
	19	底正中橫徑	六五·八	
寰椎		矢徑	四六·三	
		全寬	七七·四	

中華書局已出簡帛圖書

居延漢簡甲乙編　中國社會科學院考古研究所編

敦煌漢簡　甘肅省文物考古研究所編

流沙墜簡　羅振玉、王國維編著

居延新簡·甲渠候官　甘肅省文物考古研究所、甘肅省博物館、中國文物研究所、中國社會科學院歷史研究所編

望山楚簡　湖北省文物考古研究所、北京大學中文系編

尹灣漢墓簡牘　連雲港市博物館、東海縣博物館、中國社會科學院簡帛研究中心、中國文物研究所編

九店楚簡　湖北省文物考古研究所、北京大學中文系編

關沮秦漢墓簡牘　湖北省荊州市周梁玉橋遺址博物館編

龍崗秦簡　中國文物研究所、湖北省文物考古研究所編

敦煌懸泉月令詔條　中國文物研究所、甘肅省文物考古研究所編